我国保险治理法律法规研究

1979—2022

郝 臣 著

南开大学出版社

天 津

图书在版编目(CIP)数据

我国保险治理法律法规研究 :1979－2022 / 郝臣著
. —天津:南开大学出版社,2023.6
ISBN 978-7-310-06443-4

Ⅰ.①我… Ⅱ.①郝… Ⅲ.①保险法－研究－中国
Ⅳ.①D922.284.4

中国国家版本馆 CIP 数据核字(2023)第 100268 号

我国保险治理法律法规研究 1979－2022
WOGUO BAOXIAN ZHILI FALÜ FAGUI YANJIU 1979－2022

南开大学出版社出版发行
出版人:陈 敬
地址:天津市南开区卫津路 94 号   邮政编码:300071
营销部电话:(022)23508339   营销部传真:(022)23508542
https://nkup.nankai.edu.cn

天津创先河普业印刷有限公司印刷   全国各地新华书店经销
2023 年 6 月第 1 版   2023 年 6 月第 1 次印刷
230×170 毫米   16 开本   17.75 印张   316 千字
定价:92.00 元

如遇图书印装质量问题,请与本社营销部联系调换,电话:(022)23508339

序言

自 1932 年伯利和米恩斯（Berle & Means）提出公司治理问题以来，理论界对公司治理展开了深入的研究。在实务界，治理的理念和原则也受到了前所未有的重视。伴随着治理实践的深入，我国公司治理经历了从强制合规到自主合规再到强调有效性的过程。保险公司治理作为我国公司治理和金融机构治理的重要组成部分，自 2006 年《关于规范保险公司治理结构的指导意见（试行）》（保监发〔2006〕2 号）实施以来，已经成为我国继市场行为和偿付能力之后的第三大保险监管支柱。

本人从 2005 年开始关注保险公司治理问题，以协调人身份参与了李维安教授主持的中国保监会软科学项目"中国保险公司治理评价研究"，课题组成员经过若干次调研和讨论，设计了我国首套完全针对保险公司的治理评价指标体系。之后，随着对保险公司和保险公司治理理解的加深，编者逐渐将研究领域聚焦于保险公司治理。在保险公司治理研究道路上，编者先后主持了 3 项保险公司治理方面的国家社科基金项目，分别是国家社科基金青年项目"保险公司治理的合规性与有效性及其对绩效影响的实证研究"（项目号：11CGL045）、国家社科基金年度项目"保险公司治理、投资效率与投保人利益保护研究"（项目号：16BGL055）和国家社科基金后期资助项目"我国中小型保险机构治理研究"（项目号：20FGLB037）；同时也出版了《中国保险公司治理研究》《保险公司治理对绩效影响实证研究——基于公司治理评价视角》《我国中小型保险机构治理研究》等著作。

本人认为不但要做好的研究，同时还要进一步普及和推广治理理念和相关的法律法规。于是，在已有研究积累的基础上，萌生出编写一本我国保险治理方面的法律法规文件汇编的想法；但规划中的文件汇编并不是对相关文件原文的简单整理，而是对已有相关文件进行的系统分析。通过对治理法律法规文件的梳理，一方面可以更好地了解我国保险治理实践的发展历程；另一方面也可以将整理好的法律法规文件作为保险治理理论研究者和实务工作者的工具书，为其决策提供参考。

本书前期的工作实际上开始于 2016 年，当时我带领团队成员开始搜集整理了保险治理领域中保险公司治理相关的重要法律法规文件。在前期工作的基础上，我们紧接着开展了后续的具体研究工作，主要包括：第一，随着研究的深入，在界定金融治理、保险治理、保险业治理、保险机构治理和保险公司治理概念的基础上，开始跟踪和梳理保险业治理、保险机构治理和保险公司治理领域的相关法律法规文件；第二，本书撰写小组于2022 年 8 月确定了 1979 年我国保险业复业以来的保险治理法律法规文件初步样本，并多次开会讨论这些文件的分类，最终确定采用"效力层次+内容细分"相结合的分类方式，其中内容细分最多有五级分类；第三，在确定保险治理法律法规文件分类框架的基础上，撰写小组正式开始书稿撰写工作，并于 2022 年 11 月底完成完整初稿；第四，撰写小组持续关注 2022年下半年出台的保险治理法律法规文件，并将本书初稿相关数据更新至2022 年底；第五，撰写小组在 2023 年 1 月完成了书稿的校对工作，并于2023 年 2 月上旬正式将书稿提交至出版社。

本书具体写作分工如下：郝臣负责书稿总体框架设计，第一章初稿由郝臣和曹嘉宁负责完成，第二章初稿由郝臣和董迎秋负责完成，第三章初稿由郝臣、董迎秋、冯子朔和曹嘉宁负责完成，第四章初稿由曹嘉宁、冯子朔和马贵军负责完成，第五章初稿由冯子朔、曹嘉宁和马贵军负责完成，第六章初稿由董迎秋、曹嘉宁和冯子朔负责完成，第七章初稿由郝臣负责完成，最后由郝臣负责总纂统稿工作。

最后，感谢国家社会科学基金项目"我国中小型保险机构治理研究"（项目号：20FGLB037）、天津市哲学社会科学规划基金项目"我国保险公司治理质量研究——基于公司治理评价视角"和南开大学中国公司治理研究院著作出版专项计划的大力支持，感谢南开大学出版社编辑的专业校对，同时也感谢团队成员在保险治理领域的付出和努力！希望本书的出版能够为我国保险业治理能力的提升和实现保险业高质量发展贡献绵薄之力！

郝臣

2023 年 2 月 4 日

于南开园

目　录

表目录

图目录

第一章　引言

构建新发展格局，推动高质量发展，是现阶段金融业承担的重要历史使命（郭树清，2021）。保险业作为金融业的重要分支，其高质量发展牵动着经济社会的方方面面。而保险治理则是保险业实现高质量发展的重要抓手，要从多方面推动完善公司治理机制，持续改进银行保险企业的公司治理结构（郭树清，2020）。基于此，本书聚焦法律法规主题展开了保险治理的研究，以期更好服务保险行业的高质量发展。本章是引言部分，主要介绍了本书的研究背景、研究意义、研究内容与研究创新；同时还介绍了国家法律法规数据库、北大法宝数据库、法信数据库、威科先行数据库中法律法规文件的类型和效力级别，并重点阐明本书对保险治理法律法规文件的具体分类标准。

第一节　研究背景与意义

本节主要介绍本书的研究背景与意义。在研究背景方面，我国保险业的快速发展以及高质量发展均对保险治理能力提出了更高要求；在研究意义方面，剖析了本书的理论贡献和现实贡献，突出了本书出版的重要性、实用性和紧迫性。

一、研究背景

（一）我国保险业快速发展对保险治理能力提出了更高要求

我国保险业复业以来取得了长足发展，尤其是党的十八大以来，保险业规模迅速壮大。中国保险行业协会出版的《中国保险业发展报告（2021）》对我国保险业行业发展概况、行业监管政策、服务实体经济质效等方面进行了系统梳理和分析，该报告附录收录了中国保险业 2021 年度十件大事、中国保险行业协会 2021 年度会员大事记和会员单位名单。本书通过整理中国银保监会官网公开披露的数据发现（参见表 1-1）：在保费收入①方面，1999 年我国保险业保费收入仅 1393.22 亿元，而到 2022 年底，保费收入规模已达 46957.18 亿元，年复合增长 16.53%；在资产总额方面，1999 年保险业资产总额为 2604.09 亿元，到 2022 年底资产总额增加至 271467.47 亿元，年复合增长 22.39%；在赔付支出方面，保险业年赔付支出总额从 1999 年的 510.24 亿元增长到 2022 年的 15485.15 亿元，年复合增长 16.00%；在保险资金运用余额方面，1999 年保险资金运用余额②为 1817.39 亿元，到 2022 年底增加至 250508.92 亿元，年复合增长 23.88%。我国保险业的快速发展需要良好的治理能力提供支撑和保障，这就对我国保险治理能力提出了新的、更高的要求。

表 1-1　我国保险业重要数据统计

年份	保险业保费收入（亿元）	保险业资产总额（亿元）	保险业赔付支出（亿元）	保险资金运用余额（亿元）
1999	1393.22	2604.09	510.24	1817.39
2000	1595.86	3373.89	527.36	2538.61
2001	2109.35	4591.34	598.25	3643.18
2002	3053.14	6494.07	706.73	5530.33
2003	3880.40	9122.84	841.01	8378.53
2004	4318.14	11853.55	1004.44	10680.72
2005	4927.34	15225.97	1129.67	14135.84
2006	5641.44	19731.32	1438.46	17785.39
2007	7035.76	29003.92	2265.21	26721.94
2008	9784.10	33418.44	2971.17	30552.77
2009	11137.30	40634.75	3125.48	37417.12
2010	14527.97	50481.61	3200.43	46046.62
2011	14339.25	60138.10	3929.37	55473.85
2012	15487.93	73545.73	4716.32	68542.58

---

① 补充说明：中国银保监会官网在 1999—2006 年披露了保险业保费收入数据，而自 2007 年至今则披露了原保险保费收入数据，原保险保费收入为按《企业会计准则（2006）》（中华人民共和国财政部令第 33 号）设置的统计指标，其计算方式为"保费收入−分保费收入"，其中分保费收入即再保险保费收入。

② 补充说明：根据《保险资金运用管理办法》（中华人民共和国保监会令〔2018〕1 号）规定，保险资金运用形式仅限于银行存款、买卖债券等有价证券、投资不动产、投资股权等。中国银保监会官网自 2013 年起开始披露保险资金运用余额数据，在 1999—2012 年并未直接披露，而是分别披露了保险业银行存款数据和保险业投资数据，因此 1999—2012 年的保险资金运用余额采用"银行存款+投资"的方式计算。

续表

年份	保险业保费收入（亿元）	保险业资产总额（亿元）	保险业赔付支出（亿元）	保险资金运用余额（亿元）
2013	17222.24	82886.95	6212.90	76873.41
2014	20234.81	101591.47	7216.21	93314.43
2015	24282.52	123597.76	8674.14	111795.49
2016	30959.10	151169.17	10512.89	133910.67
2017	36581.01	167489.37	11180.79	149206.21
2018	38016.62	183308.92	12297.87	164088.38
2019	42645.00	205645.00	12894.00	185271.00
2020	45257.34	232984.30	13907.10	216801.13
2021	44900.17	248874.05	15608.64	232280.06
2022	46957.18	271467.47	15485.15	250508.92

资料来源：中国银保监会官网（http://www.cbirc.gov.cn/）。

（二）我国保险业高质量发展对保险治理水平提出了更高要求

保险是人类社会可持续发展的重要保障（孙祁祥，2023）。近年来，我国监管部门高度重视保险业的高质量发展。2019 年 12 月 30 日，中国银保监会发布《关于推动银行业和保险业高质量发展的指导意见》（银保监发〔2019〕52 号），强调各级监管部门和各银行保险机构要高度重视推动银行业和保险业高质量发展工作，持续提升公司治理水平，基本建立中国特色现代金融企业制度。2021 年 3 月 2 日，国新办就推动银行业保险业高质量发展有关情况举行发布会，中国银保监会主席郭树清指出，要"以银行业保险业高质量发展的新突破，促进国民经济加快构建新发展格局"。

学术界也围绕我国保险业高质量发展进行了多方面的研究。例如，张海军（2019）、姜华（2019）、周延礼（2019）、张峭（2019）、李有祥（2019）、冯文丽和张惠敏（2019）、王克和张峭（2019）、冯文丽和苏晓鹏（2020）、王国军（2020）、王军（2021）、刘婧（2021）、朱艳霞（2022）、朱俊生和张峭（2022）、曹斯蔚（2022）、庹国柱和李慧（2022）等关注了我国农业保险高质量发展的问题；许予朋（2022）等关注了我国普惠保险业务高质量发展的问题；曹德云（2022）、朱艳霞（2022）关注了我国保险资管高质量发展的问题；随力瑞、李媛媛和方会琳（2022）关注了我国家庭商业保险高质量发展的问题；唐金成和韩晴（2022）关注了我国关税保险高质量发展的问题；林善明（2022）关注了我国森林保险高质量发展的问题；王兴智（2021）关注了我国人寿保险高质量发展的问题；张恒国（2021）

关注了我国保险中介高质量发展的问题；栗亮和蒋昭昆（2021）关注了我国出口信用保险高质量发展的问题；张曾莲和徐方圆（2021）关注了我国董事高管责任险高质量发展的问题；尚鹏辉（2019）、华山（2020）关注了我国商业健康保险高质量发展的问题；喻强（2022）关注了我国绿色保险高质量发展的问题；也有学者关注了个人保险代理人高质量发展的问题（睢岚、马千惠和陈明玮，2022）、互联网保险公司高质量发展评价的问题（侯旭华和汤宇卉，2022）。我国的人均保费不仅大大低于发达国家，而且低于世界平均水平；保险行业的保障水平和能力、保险机构的治理结构、管理能力、技术水平、产品服务等都有很大的改善空间。由此可见，如果中国保险业要从保险大国迈向保险强国，还有很长的路要走（孙祁祥，2021）。

可见，实务界和学术界均非常关注保险业的高质量发展。公司治理是我国保险监管的三大支柱之一，是健全现代金融企业制度的"牛鼻子"（郭树清，2022），也是保险业高质量发展的重要抓手和落脚点。要实现保险业的高质量发展，必须矢志不渝地推动保险业公司治理水平迈上新台阶。

二、研究意义

（一）理论意义

早在 20 世纪 90 年代，就有学者将法律因素引入解释金融发展和经济增长的具体研究中（Shleifer & Vishny，1986；Morck，Shleifer & Vishny，1988；Shleifer & Vishny，1997；La Porta et al.，1997；La Porta et al.，1998；La Porta、Silanes & Shleifer，1999；La Porta et al.，2000；Djankov et al.，2008；Balas et al.，2009；Djankov et al.，2010）。一个国家的法律和经济结果高度相关（La Porta，Silanes & Shleifer，2008），具体到保险行业，保险治理法律法规也与保险业治理能力高度相关。然而，目前学术界对于保险业法律法规与治理研究的学术著作相对较少，特别是关于我国保险业法律法规与治理的学术著作鲜有。因此，本书专门关注了作为治理环境重要内容的保险治理法律法规状况，是治理领域首本基于大样本、长周期数据、关注某一具体行业、聚焦于法律法规主题的学术著作，丰富了保险治理的研究成果。此外，本书整理的 1000 部保险治理法律法规文件为后续相关研究提供了数据基础。

（二）现实意义

党的二十大报告中指出到 2035 年，我国要"基本实现国家治理体系和治理能力现代化"。保险业作为国民经济的"稳定器"和"推动器"，其治理现代化也是国家治理体系和治理能力现代化的重要组成部分。本书分析总结了我国自 1979 年保险业复业以来有关保险治理的 1000 部法律法规文件，为监管机构和行业自律组织有效进行保险监管和制定治理相关法律法规文件提供了决策参考，也为我国保险公司等相关主体提高公司治理水平、合法合规稳健经营提供了权威依据，为推动保险业治理现代化进而促进国家治理体系和治理能力现代化贡献了绵薄之力。

第二节 研究内容与创新

本节主要介绍本书的研究内容与创新。在研究内容方面，本书梳理总结了 1979 年我国保险业复业以来至 2022 年总计 44 年各类主体出台的保险治理法律法规文件；在研究创新方面，对本书所体现的新的研究思路、新的学术观点以及新的研究方法进行了凝练概括。

一、研究内容

本书的研究内容是我国保险业复业以来各类主体出台的保险治理法律法规文件的梳理总结。保险治理法律法规是保险业公司治理的制度基础，对其进行整理、分类以及分析具有显著的理论意义和现实意义。本书在界定保险治理、保险业治理、保险机构治理和保险公司治理内涵的基础上，采用手工整理的方式对我国 1979—2022 年间 1000 部涵盖保险业治理、保险机构治理以及保险公司治理的法律法规文件进行了搜集，整理的具体内容包括文件发布主体、文件编号、文件有效性情况、文件修改情况、文件内容分类等信息，并基于整理出的信息展开统计分析研究，以期全面反映我国保险治理的发展脉络和现状。本书所涉及的法律法规文件主要来源于中国政府网（https://www.gov.cn/）、中国银行保险监督管理委员会官网（http://www.cbirc.gov.cn/）和北大法宝数据库（https://www.pkulaw.com/）。

二、研究创新

（一）新思路

中国保险行业协会在 2021 年编写了与本书紧密相关的我国保险公司治理法律法规文件汇编，总计《保险机构公司治理监管制度汇编——股东治理》《保险机构公司治理监管制度汇编——董事会治理》《保险机构公司治理监管制度汇编——监事会和高管层治理》《保险机构公司治理监管制度汇编——风险内控》《保险机构公司治理监管制度汇编——关联交易治理》

《保险机构公司治理监管制度汇编——市场约束》《保险机构公司治理监管制度汇编——其他利益相关者》7 册。该汇编全面收录了全国人大、国务院、最高人民法院、财政部、中国银保监会、审计署 1993 年 4 月至 2021年 6 月发布的保险行业公司治理相关法律法规、监管处罚案例等，并给出了相关法律法规原文。本书聚焦于大样本、长周期数据，手工检索和整理了 1979 年我国保险业复业以来至 2022 年总计 44 年各类主体出台的 1000部保险治理法律法规文件，并对治理文件情况进行了总体分析以及对保险业治理、保险机构治理和保险公司治理的具体分析，但不是对法律法规原文的直接呈现，因此本书是对中国保险行业协会汇编的深化和创新。本书是治理领域首本基于大样本、长周期数据、关注某一具体行业、聚焦于法律法规主题的保险治理学术著作，同时也具有一定的工具书属性，为保险领域研究人员和保险业从业人员提供了系统参考。

（二）新观点

本书在金融治理的框架下，界定了保险治理的内涵，给出了保险业治理、保险机构治理和保险公司治理的定义。保险治理是指广义的保险业治理，广义的保险业治理涵盖保险机构治理，而狭义的保险业治理则不包括保险机构治理。同时，广义的保险机构治理涵盖保险公司治理，而狭义的保险机构治理不包括保险公司治理。广义的保险公司治理目标是包括投保人在内的所有利益相关者利益的最大化，而狭义的保险公司治理与一般公司治理并无明显差别，其治理的目标是股东利益最大化。

（三）新方法

本书在对保险治理法律法规文件按照效力级别不同进行常规分类之外，还按照治理内容不同，将其划分为保险业治理法律法规文件、保险机构治理法律法规文件和保险公司治理法律法规文件三大类，并且在大类分类的基础上，进一步将保险治理法律法规文件细分为第五级，全面细致地对保险治理法律法规文件进行了归纳分类。

第三节　法律法规文件的类型与效力

本节的主要内容是法律法规文件的类型与效力。首先介绍了我国法律法规文件的主要类型；其次根据文件效力不同，以表格形式总结了国家法律法规数据库（https://flk.npc.gov.cn/）、北大法宝数据库（https://www.

pkulaw.com/）、法信数据库（https://www.faxin.cn/）和威科先行数据库（https://www.wkinfo.com.cn/）中法律法规文件的分类；最后提出了本研究关于法律法规文件的分类思路，以及保险业治理法律法规文件、保险机构治理法律法规文件和保险公司治理法律法规文件的具体分类结果。

一、法律法规文件的类型

（一）法律

宪法是国家的根本大法，具有最高法律权威和最高法律效力。宪法是制定普通法律的依据，普通法律的内容必须符合宪法的规定，不得与宪法相抵触。

法律是指全国人民代表大会及其常务委员会依照法定程序制定，由国家主席签署，并以国家主席令公布实施的规范性文件。其中，由全国人民代表大会制定和修改的法律称为"基本法律"，如《中华人民共和国宪法（2018 修正）》（全国人民代表大会公告第 1 号）、《中华人民共和国刑法》（中华人民共和国主席令第 66 号）等；由全国人民代表大会常务委员会制定和修改的法律称为"普通法律"，如《中华人民共和国森林法》（中华人民共和国主席令第 39 号）、《中华人民共和国野生动物保护法》（中华人民共和国主席令第 126 号）等，法律的效力仅次于宪法。广义的法律包含一般意义上的法律、有关法律问题和重大问题的决定、法律解释、工作答复、工作文件、任免、条约批准和中央人民政府委员会通过的法令八个二级分类。

（二）行政法规

行政法规是国务院为领导和管理国家各项行政工作，根据宪法和法律，按照《行政法规制定程序条例》（中华人民共和国国务院令第 694 号）的规定而制定的政治、经济、教育、科技、文化、外事等各类法规的总称。行政法规的制定主体是国务院，行政法规必须根据宪法和法律的授权且必须经过法定程序方能制定，具有法的效力，一般由条例、办法、实施细则、规定等形式组成。发布行政法规需要国务院总理签署国务院令，其效力仅次于宪法和法律，高于部门规章和地方性法规。广义的行政法规包含一般意义上的行政法规和国务院规范性文件两个二级分类。

（三）部门规章

部门规章是国务院所属的各部、各委员会根据法律和行政法规制定的规范性文件，其数量较多，也是经济法的渊源。例如，国家工商行政管理局发布的《关于禁止侵犯商业秘密行为的若干规定》（中华人民共和国国家工商行政管理局令第 86 号）、财政部发布的《中华人民共和国发票管理办法》(中华人民共和国国务院令第 709 号)等。部门规章的主要形式是命令、指示、规定等。《中华人民共和国宪法(2018 修正)》(全国人民代表大会公告第 1 号)第九十条第二款规定,各部、各委员会根据法律和国务院的行政法规、决定、命令,在本部门的权限内,发布命令、指示和规章。广义的部门规章包含一般意义上的部门规章、部门规范性文件、部门工作文件和行政许可批复四个二级分类。

(四)其他法律法规

本书涉及的其他法律法规还包括司法解释性质文件、党内法规制度、行业规定等。

二、法律法规文件的效力

(一)国家法律法规数据库的分类

根据国家法律法规数据库中法律法规文件效力的不同,可将法律法规文件划分为宪法、法律、行政法规、监察法规、地方性法规和司法解释六个类别,其中三个类别有二级分类,具体详见表 1-2。

表 1-2 国家法律法规数据库中法律法规文件效力级别分类

一级编号	一级分类	二级分类
1	宪法	/
2	法律	宪法相关法、民法商法、行政法、经济法、社会法、刑法、诉讼与非诉讼程序法
		法律解释
		有关法律问题和重大问题的决定
		修改、废止的决定
3	行政法规	/
4	监察法规	/
5	地方性法规	省级地方性法规
		设区的市地方性法规
		自治州单行条例
		自治州自治条例
		自治县单行条例
		自治县自治条例
		经济特区法规
		海南自由贸易港法规
		修改、废止的决定
6	司法解释	最高法司法解释
		最高检司法解释

资料来源:根据国家法律法规数据库自行整理;补充说明:/表示没有该层级分类。

（二）北大法宝数据库的分类

根据北大法宝数据库中法律法规文件效力的不同，可将法律法规文件划分为广义法律、广义行政法规、监察法规、广义司法解释、广义部门规章、军事法规规章、党内法规制度、团体规定和行业规定九个类别，其中五个类别有二级分类，具体详见表1-3。

表1-3　北大法宝数据库中法律法规文件效力级别分类

一级编号	一级分类	二级分类
1	广义法律	一般意义上的法律
		有关法律问题和重大问题的决定
		法律解释
		工作答复
		工作文件
		任免
		条约批准
		中央人民政府委员会通过的法令
2	广义行政法规	一般意义上的行政法规
		行政法规解释
		国务院规范性文件
3	监察法规	/
4	广义司法解释	一般意义上的司法解释
		司法解释性质文件
		"两高"工作文件
5	广义部门规章	一般意义上的部门规章
		部门规范性文件
		部门工作文件
		行政许可批复
6	军事法规规章	军事法规
		军事规章
		军事规范性文件
7	党内法规制度	/
8	团体规定	/
9	行业规定	/

资料来源：根据北大法宝数据库自行整理；补充说明：/表示没有该层级分类。

（三）法信数据库的分类

根据法信数据库中法律法规文件效力的不同，可将法律法规文件划分为国家法律、地方性法规、立法资料、司法资料和地方司法资料五个类别，其中三个类别有二级分类，具体详见表 1-4。

表 1-4　法信数据库中法律法规文件效力级别分类

一级编号	一级分类	二级分类
1	国家法律	法律立法解释
		司法解释
		行政法规
		部门规章
		其他文件
2	地方性法规	地方性法规
		地方政府规章
		地方司法文件
		地方规范性文件
3	立法资料	全国人大立法资料
		中央行政立法资料
		地方人大立法资料
		地方行政立法资料
4	司法资料	"两高"司法资料
5	地方司法资料	地方司法资料

资料来源：根据法信数据库自行整理。

（四）威科先行数据库的分类

根据威科先行数据库中法律法规文件效力的不同，可将法律法规文件划分为法律、行政法规、司法解释、监察法规、部门规章、地方性法规、地方司法文件、政党及组织文件、行业规范、军事法规和国际条约十一个类别，与其他数据库不同，所有类别均没有二级分类，具体详见表 1-5。

表 1-5　威科先行数据库中法律法规文件效力级别分类

一级编号	一级分类	二级分类
1	法律	/
2	行政法规	/
3	司法解释	/
4	监察法规	/
5	部门规章	/
6	地方性法规	/
7	地方司法文件	/

一级编号	一级分类	二级分类
8	政党及组织文件	/
9	行业规范	/
10	军事法规	/
11	国际条约	/

资料来源：根据威科先行数据库自行整理。补充说明：/表示没有该层级分类。

（五）本研究的具体分类

国家法律法规数据库、北大法宝数据库、法信数据库、威科先行数据库等法律法规主题的数据库中均以法律法规文件的效力级别进行分类，但具体分类的结果并不统一。本研究在对保险治理法律法规文件按照效力级别不同进行常规分类之外，也按照治理内容不同，将保险治理法律法规文件划分为保险业治理法律法规文件、保险机构治理法律法规文件和保险公司治理法律法规文件三大类，进而再进行进一步的细分，具体分类标准见表1-6、表1-7和表1-8。需要说明的是，表1-6、表1-7和表1-8中所划分的治理内容具体对应的法律法规文件，在第四章、第五章和第六章进行系统分析时也以"治理内容+文件"的表示方法再次强调了文件属性，而不是单纯的治理内容属性。

表1-6　保险业治理法律法规文件具体分类

一级分类	二级分类	三级分类	四级分类	五级分类
保险业治理法律法规文件	法律文件	核心法律	/	/
		基础法律	/	/
	方针规划	发展方针	/	/
		发展规划	服务经济	/
			服务社会	/
			阶段规划	/
			业务规划	/
			专项规划	/
	行业监管	监管基础	/	/
		监管报表	/	/
		监管方式	现场监管	/
			非现场监管	/
		监管通知	/	/
		文件规范	/	/

续表

一级分类	二级分类	三级分类	四级分类	五级分类
		统计规范	/	/
		人员监管	从业人员监管	/
			中介从业人员监管	/
			销售人员监管	/
			监管人员监管	/
			监管人员与从业人员监管	/
			其他人员监管	/
		市场监管	/	/
		业务监管	具体险种业务监管	健康保险监管
				养老保险监管
				信用和保证保险监管
				责任保险监管
				互联网保险监管
				再保险监管
			业务审批	/
			业务合规管理	/
			销售管理	/
			合同管理	/
			其他业务监管	/
	行业组织	监管机构	监管机构治理基础	机构设置与人员编制
				规章制定程序
				行政许可行为规范
				公章使用
				工作规则
				问责机制
				激励机制
				行政复议机制
			监管机构职责	/
			监管机构派出机构治理	/
			监管费用治理	/
			监管机构专项治理	/
			监管机构财务治理	/

续表

一级分类	二级分类	三级分类	四级分类	五级分类
			监管机构合作治理	/
			监管文件制定规范	/
			监管机构处罚规范	/
			监管机构举报处理规范	/
			监管机构政务公开规范	工作方案
				信息披露
				报告规范
			监管机构宣传与通报规范	/
			监管机构信访规范	/
		社团组织	/	/

资料来源：作者整理。补充说明：/表示没有该层级分类。

表1-7　保险机构治理法律法规文件具体分类

一级分类	二级分类	三级分类	四级分类	五级分类
保险机构治理法律法规文件	保险机构	保险机构大类治理	股东治理	/
			董监高治理	任职资格
				培训规范
			高管治理	/
			利益相关者治理	员工
				消费者
			激励约束机制	问责机制
			信科治理	/
			应急治理	/
			外部监管	行为监管
				财务会计治理
				报告规范
				行政许可
		中资境外保险机构治理	治理基础	/
			分支机构治理	/
		外资保险机构治理	外部监管	行为监管
			分支机构治理	治理基础
				报告规范
		金融控股公司治理	治理基础	/
			董监高治理	任职资格
		保险保障基金公司治理	外部监管	业务监管

一级分类	二级分类	三级分类	四级分类	五级分类
经营机构	经营机构	保险经营机构大类治理	治理基础	/
			治理标准	/
			股东治理	/
			董监高治理	高管治理
				培训规范
			信科治理	/
			利益相关者治理	员工
				消费者
			风险管理	/
			内部审计	/
			内部控制与合规管理	/
			激励约束机制	激励机制
			外部监管	行为监管
				财务会计治理
				关联交易管理
				报告规范
				监管通知
			监管评价	治理评价
				风险管理能力评价
				其他评价
		保险集团（控股）公司治理	治理基础	/
			外部监管	偿付能力监管
				报表规范
				行政许可
			监管评价	治理评价
		再保险公司治理	治理基础	/
			外部监管	报告规范
			稽核与处罚	/
		相互保险组织治理	治理基础	/
			信息披露	/
		保险资产管理公司治理	治理基础	/
			高管治理	/
			外部监管	业务监管
				报告规范
				统计规范
			监管评价	/

续表

一级分类	二级分类	三级分类	四级分类	五级分类
		保险投资公司治理	治理基础	/
	中介机构	保险中介机构大类治理	治理基础	/
			治理标准	/
			股东治理	/
			分支机构治理	/
			信科治理	/
			外部监管	监管基础
				监管方式
				准入管理
				财务会计治理
				人员监管
				行为监管
				业务监管
				报表规范
				行政许可
			外部审计	/
		保险经纪机构治理	治理基础	/
			外部监管	人员监管
				报表规范
				行政许可
		保险代理机构治理	治理基础	/
			外部监管	人员监管
				业务监管
				行政许可
				服务标准
		保险公估机构治理	治理基础	/
			外部监管	业务监管
				报表规范
				行政许可

资料来源：作者整理。补充说明：/表示没有该层级分类。

表 1-8　保险公司治理法律法规文件具体分类

一级分类	二级分类	三级分类	四级分类	五级分类
保险公司治理法律法规文件	治理制度	公司治理基础	/	/
		公司治理标准	/	/
		公司章程	/	/

续表

一级分类	二级分类	三级分类	四级分类	五级分类
		股东治理	/	/
		董事会治理	/	/
		董监高治理	独立董事治理	/
			任职资格管理	/
			激励约束机制	/
		监事会治理	/	/
		高管治理	特定高管治理	/
			任职资格管理	/
			激励约束机制	/
	内部治理	领导人员治理	激励约束机制	/
		利益相关者治理	员工	/
		风险管理	/	/
		内部控制	/	/
		内部审计	/	/
		稽查审计	/	/
		精算管理	/	/
		合规管理	/	/
		内部控制与合规管理	/	/
		信科治理	/	/
	外部治理	外部监管	监管手段	/
			行为监管	/
			关联交易管理	/
			偿付能力监管	监管制度
				报告规范
				标准规范
			资金运用监管	资金运用监管基础
				综合投资
				债券投资
				股票投资
				股权投资
				境外投资
				基础设施投资
				金融产品投资
				其他资金运用

一级分类	二级分类	三级分类	四级分类	五级分类
			融资监管	/
			信息系统监管	/
			产品管理	/
			财务会计治理	/
			数据治理	/
			分支机构治理	/
			报告规范	/
			报道规范	/
			行政许可	/
			接管机制	/
			其他监管	/
		监管评价	治理评价	/
			服务评价	/
			经营评价	/
			治理销售误导	/
			投诉处理评价	/
		信息披露	综合规定	/
			具体规则	/
			披露渠道	/
			专项信息披露	/
		利益相关者治理	消费者	/
			债权人	/
		外部审计	/	/
		并购机制	/	/

资料来源：作者整理。补充说明：/表示没有该层级分类。

第二章　保险治理内涵

所谓保险治理是指广义的保险业治理，是金融治理的重要内容。广义的保险业治理包括保险机构治理，保险机构治理也有广义和狭义之分，广义保险机构治理包含保险公司治理，而狭义保险机构治理则不包含保险公司治理。狭义的保险业治理不包括保险机构治理，即保险经营机构治理和保险中介机构治理。本章分别就保险业治理、保险机构治理和保险公司治理的内涵进行了分析并给出相应的定义。

第一节　保险业治理

本节的主要内容是保险业治理的内涵。首先从金融治理的定义出发，引出了金融治理下的保险业治理定义，并结合现有学者的研究，进一步介绍广义的保险业治理与狭义的保险业治理，最后总结我国保险业治理体系。

一、金融治理的提出

（一）金融治理定义的提出

近年来，金融治理体系建设、完善金融治理、互联网金融治理、地方金融治理、供应链金融治理、全球金融治理等与金融治理相关的词语多次被提及，也有很多文献对金融治理相关内容展开了研究，但对于金融治理的本质和体系框架还需要进一步认识和理解。金融治理（Finance Governance）是指为了实现金融的健康和可持续发展、更好服务实体经济的目标而作出的关于金融发展的重大事项和问题的前瞻性和应急性的制度安排（郝臣，2020；郝臣等，2019；郝臣等，2020；郝臣，2023）。

（二）金融治理体系框架的构建

郝臣和李元祯（2021）尝试构建了现代治理体系，金融治理是现代治理体系的重要构成内容。按照治理边界，金融治理可以划分为全球金融治理（Global Finance Governance）、区域金融治理（Regional Finance Governance）、国家金融治理（National Finance Governance）和地区金融治理（Area Finance Governance）四个层次，治理体系框架如图 2-1 所示。从现代治理体系下审视金融治理可以发现，从治理边界维度来说，全球金融治理、区域金融治理、国家金融治理和地区金融治理均是对应的全球治理、区域治理、国家治理和地区治理的重要组成；从治理内容维度来说，金融治理是经济治理的重要内容，同时也涉及政治治理、文化治理、社会治理和生态治理；从治理对象维度来说，金融治理既有组织治理即金融机构治理内容，也有非组织治理内容。

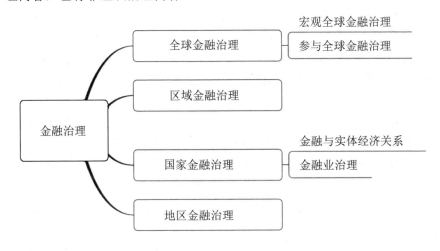

图 2-1 金融治理体系框架图

资料来源：作者整理。

在金融治理体系框架中，全球层次的金融治理即为全球金融治理，国家间协作区域层次的金融治理即为区域金融治理，国家内部层次的金融治理即为国家金融治理，国家某一特定地区的金融治理即为地区金融治理。其中，国家金融治理包括金融与实体经济关系（Relationship between Finance and Real Economy）和金融业治理（Financial Industry Governance）两部分。金融业治理按照内容性质不同可以划分为顶层设计（Top-Level Design）、金融监管（Finance Regulation）和金融机构治理（Financial Institution Governance）三方面，而按照适用行业不同又可分为银行业治理（Bank Industry Governance）和保险业治理（Insurance Industry Governance）等。

二、金融业治理下的保险业治理

已有学者针对金融业治理问题展开研究。金融监管是金融业治理的重要内容，周道炯（2000）系统地阐述了现代金融监管体制的理论与实践问题，尝试构建了金融监管的完整框架。周小川（2008）对我国金融体系在改革开放进程中体制的转变作出了系统科学的论述，从对外贸易、企业改革、社保改革、银行改革、住房改革、金融监管、资本市场等方面介绍了金融体制改革的成就及未来发展。吴晓灵（2008）从金融宏观调控、外汇管理与外汇市场、银行业改革与监管、货币市场和金融衍生品市场、资本市场、保险市场、监管协调与金融稳定、金融基础建设八个方面对中国金融体制改革 30 年进行了回顾与展望。王志凯（2010）指出，金融业治理的实质是促进金融的发展与创新，金融监管的目的是稳定金融产业；中国金融业治理改革的关键，在于明确金融产业治理和监管的目标及把握金融产业治理与监管的环节与手段。陈雨露和马勇（2013）指出，效率性决定金融体系的"活力"，稳定性决定金融体系的"弹性"，而危机控制能力则决定金融体系的"张力"，三大因素相辅相成，共同构成了现代金融体系竞争力的三大核心支柱。陈丽涛（2014）指出金融业内部治理存在企业内部治理不完善和金融体系结构不完备两大问题。曹远征（2018）关注了中国金融体制改革的起点、特征与推进方式。郝臣和付金薇（2018）认为保险业在完善国家治理体系以及推进治理能力现代化的进程中具有重要意义，前提是保险业要自身治理好。郝臣等（2018）认为保险业治理是国家金融治理体系的有机组成部分，并给出了保险业治理的定义。李梦宇（2021）在分析欧盟、美国、日本、新加坡和我国在金融业数据治理方面的道路差异的基础上，指明我国金融业数据治理方面可执行、可落地的相关办法仍有待完善、细化。何杰（2021）关注了深圳绿色金融发展。

金融业治理是金融治理体系中国家金融治理的重要内容，金融业治理（Financial Industry Governance）是指针对金融行业的治理，具体来说是指为了实现一个国家金融业又好又快的发展而作出的一系列重要治理制度安排（郝臣，2023）。金融业治理按照适用行业不同又可以分为银行业治理（Bank Industry Governance）、保险业治理（Insurance Industry Governance）、证券业治理（Securities Industry Governance）、期货业治理（Futures Industry Governance）、融资租赁业治理（Financing Leasing Industry Governance）、典当业治理（Pawn Industry Governance）、拍卖业治理（Auction Industry Governance）等。需要说明的是，广义银行业治理包括狭义银行业治理、信托业治理、货币经纪业治理等。

一些学者围绕保险业治理相关领域展开了研究。例如，吴定富（2004）全面介绍了我国保险业 1979－2003 年的发展状况并深入分析了保险业发展特点和趋势。刘鸿儒（2009）指出我国保险市场20 世纪80 年代发展中遇到了三个困难：一是企业体制未改，非国有企业少，国有企业靠财政保险，不愿意参加商业保险；二是财政体制，央地划分严格，地方投保给中国人民保险公司被地方政府看作中央财政拿走了一块；三是当时中国人民保险公司全力保护一统天下局面而不想动。周延礼（2020）从理论探讨、论坛访谈、调研报告三个方面总结了作者近些年对保险业的观察和思考。

保险业治理是金融业治理的重要组成部分，广义的保险业治理是指政府部门对保险行业未来发展的顶层设计，即发展方针的制定；监管机构对保险业未来发展方针的落实和对保险机构的监管，即发展规划的设计和相关监管制度的制定；包括行业协会在内的非政府组织对保险机构的自律引导，即发挥非政府监管的作用；行业内各组织（包括监管机构、非政府组织、保险经营机构、保险中介机构等）的治理结构构建与治理机制作用的发挥。狭义的保险业治理是指广义的保险业治理定义中除保险经营机构治理和保险中介机构治理外的所有内容。从上述定义可以看出，广义的保险业治理包括了保险机构治理，而狭义的保险业治理不包括保险机构治理。

保险业治理的目标是保证这些组织能够科学和有效地进行决策，最终使保险业在符合国家相关产业政策的前提下健康发展，进而服务经济和社会，参与国家治理（郝臣、李慧聪和崔光耀，2017；郝臣和付金薇，2018；郝臣等，2018）。

三、我国保险业治理体系

保险业治理框架体系如图 2-2 所示。保险业治理包括了治理结构和治理机制两个方面的内容，治理结构体现为治理子系统，治理机制则体现为顶层设计、保险监管等。上面给出了保险业治理的内涵界定，为了更好地理解其内容，可用数字"1""2""3""4"来进一步刻画保险业治理，具体含义如下：

所谓"1"，是指保险业治理的一大目标。保险业治理的目标是保险业健康发展，也就是说，我国开展的各种类型的治理活动，建立的各种机制与机构，终极目标只有一个，即让我国保险业能够又好又快地发展。

所谓"2"，是指保险业治理的两大环境，即制度环境和产业环境。治理活动离不开制度环境，治理好了，反过来也会使制度环境得到改善；治理活动更离不开产业环境，产业环境中的市场集中度、市场结构等都可能会对治理产生影响。

所谓"3"，是指保险业的三大治理机制，即顶层设计、保险监管和自律引导。其中顶层设计主要是由政府这一治理主体使用，保险监管主要是由保险监管机构来使用，而自律引导则主要是由中国保险行业协会、中国保险学会等非政府组织使用。

所谓"4"，是指保险业的四大治理子系统，主要包括保险监管机构治理子系统、非政府组织治理子系统、保险中介机构治理子系统和保险经营机构治理子系统。保险业治理包括保险机构治理，保险机构治理包括保险公司治理。

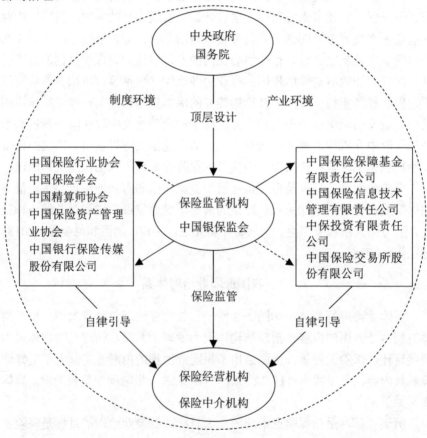

图 2-2　保险业治理体系框架图

资料来源：作者整理。

需要说明的是，金融业中银行业、信托业、证券业、基金业、租赁业、投资银行业、期货业、典当业等的治理体系与保险业治理体系本质上无异，只是体系中涉及的具体治理主体、治理机制和治理结构略有不同。

第二节　保险机构治理

本节的主要内容是保险机构治理的内涵。首先从保险机构、保险经营机构和保险中介机构的类型出发，引出保险机构治理定义，并构建了我国保险机构治理的体系框架，进而对我国保险机构进行具体分析，并阐明了保险机构治理的内涵。

一、保险机构及其类型

（一）保险机构类型划分

保险机构（Insurance Institution）包括保险经营机构（Insurance Business Institution）和保险中介机构（Insurance Intermediary Institution）。

目前没有保险经营机构的准确定义，本书认为保险经营机构是指除了保险中介机构以外的所有保险机构，作者之前出版的著作或发表的论文以及本书一直坚持这样的划分思路。法律法规文件中多使用"保险机构"一词，法律法规文件中的"保险机构"多是指狭义的保险机构，实际上就是本书界定的"保险经营机构"；广义的保险机构包括保险经营机构和保险中介机构，保险中介机构的范围相对比较明确。作者检索发现，部分法律法规文件使用了"保险法人机构"一词，主要是与"保险分支机构"相对应；此外，也有部分法律法规文件使用了"保险经营机构"一词，例如《国务院关于加快发展现代保险服务业的若干意见》（国发〔2014〕29 号）、《中国人民银行金融监管办事处管理暂行办法》（1999 年 8 月 13 日中国人民银行发布）、《中国银保监会办公厅关于进一步明确农业保险业务经营条件的通知》（2020 年 6 月 1 日中国银保监会办公厅发布）、《关于进一步加强保险业诚信建设的通知》（保监发〔2005〕7 号）、《关于指定披露保险信息报纸的通知》（保监办发〔2003〕22 号）等。

保险经营机构包括保险集团（控股）公司、保险公司、相互保险组织、再保险公司、保险资产管理公司、保险公司分支机构、外资保险公司代表处以及其他机构；保险中介机构包括保险代理机构、保险经纪机构、保险公估机构等。相互保险组织是指在平等自愿、民主管理的基础上，由全体会员持有并以互助合作方式为会员提供保险服务的组织，包括一般相互保险组织，专业性、区域性相互保险组织等组织形式。需要注意的是，保险机构不仅包括法人机构，还包括数量众多的不具有法人资格的机构即保险机构分支机构等，我国再保险机构中的外资再保险机构均为分公司。

（二）保险经营机构的具体类型

作为我国财产险和人身险保险机构母公司的保险集团（控股）公司是我国保险经营机构的重要组成之一。根据《保险集团公司管理办法（试行）》（保监发〔2010〕29 号）规定，保险集团公司是指经监管机构批准设立并依法登记注册，名称中具有"保险集团"或"保险控股"字样，对保险集团内其他成员公司实施控制、共同控制和重大影响的公司。保险集团公司在我国保险公司相关法律法规文件适用对象条款中常被称为"保险集团（控股）公司"。

财产险和人身险保险机构是我国保险经营机构的核心组成部分，多数为公司制组织形式。我国财产保险机构包括中国人民财产保险股份有限公司、太平财产保险有限公司、中国大地财产保险股份有限公司、中国太平洋财产保险股份有限公司、中国平安财产保险股份有限公司等。我国人身保险机构包括中国人寿保险股份有限公司、中国太平洋人寿保险股份有限公司、中国平安人寿保险股份有限公司、新华人寿保险股份有限公司、泰康人寿保险股份有限公司等，人身保险机构又包括人寿保险机构、养老保险机构和健康保险机构。

在我国保险经营机构中还包括一家出口信用保险机构即中国出口信用保险公司（简称中国信保），是政策性保险经营机构。

再保险机构也是我国保险经营机构的一种类型，这些机构为财产险和人身险保险机构提供再保险服务。我国再保险机构包括中资再保险机构和外资再保险机构。

保险资产管理机构也是我国保险经营机构的重要组成之一。我国保险资产管理机构包括中国人保资产管理有限公司、中国人寿资产管理有限公司、华泰资产管理有限公司、中再资产管理股份有限公司、平安资产管理有限责任公司、泰康资产管理有限责任公司、太平洋资产管理有限责任公司、新华资产管理股份有限公司等。

此外，我国保险经营机构中还有外资保险公司代表处。根据《外资保险公司管理条例（2019 修订）》（中华人民共和国国务院令第 720 号）规定，申请设立外资保险公司的外国保险公司，应当满足经营保险业务 30 年以上、在中国境内已经设立代表机构 2 年以上等条件。为了加速我国保险业开放进程，《外资保险公司管理条例实施细则》（中国银保监会令〔2019〕

第 4 号）取消了这两项规定。登记状态为存续、在业或正常的外资保险公司代表处有 131 家（程竹，2019）。

在上述各类保险经营机构中，有部分机构是国内系统重要性保险机构（Domestic Systemically Important Insurer，缩写为 D-SII，下同），这些机构由于规模、公司治理、外部关联性、资产变现和可替代性等因素，一旦发生重大风险事件导致难以持续经营，可能引发系统性风险。根据 2016 年原中国保监会办公厅发布的《关于开展国内系统重要性保险机构评定数据收集工作的通知》，国内系统重要性保险机构包括 16 家，具体有：中国人民保险集团股份有限公司、中国人寿保险（集团）公司、中国太平保险集团有限责任公司、中国再保险（集团）股份有限公司、中国平安保险（集团）股份有限公司、中国太平洋保险（集团）股份有限公司、中华联合保险控股股份有限公司、阳光保险集团股份有限公司、泰康人寿保险股份有限公司、新华人寿保险股份有限公司、华泰保险集团股份有限公司、安邦保险集团股份有限公司、富德保险控股股份有限公司、合众人寿保险股份有限公司、中邮人寿保险股份有限公司和华夏人寿保险股份有限公司。

（三）保险中介机构的具体类型

保险中介机构，也称为保险中介人，一般可分为狭义保险中介机构和广义保险中介机构。狭义保险中介机构包括保险代理机构、保险经纪机构和保险公估机构；广义保险中介机构除了上述三种以外，还应该包括与保险中介服务有直接关系的单位和个人，如保险顾问、保险咨询事务所、法律事务所、审计事务所、会计师事务所、保险中介行业协会、保险精算师事务所、保险中介资格考试机构、保险中介信用评估机构等。

本章主要采用狭义的定义，即保险中介机构主要指保险代理机构、保险经纪机构和保险公估机构。

保险代理机构包括专业代理机构和兼业代理机构。专业代理机构即经监管机构批准取得经营保险代理业务许可证，根据保险人的委托，向保险人收取佣金，在保险人授权的范围内专门代为办理保险业务的单位。兼业代理机构即在从事自身业务的同时，根据保险人的委托，向保险人收取佣金，在保险人授权的范围内代办保险业务的单位。兼业代理机构主要包括银行代理、行业代理和单位代理三种。

经纪机构是基于投保人的利益，为投保人与保险人订立保险合同提供中介服务，并依法收取佣金的单位。

公估机构是指接受保险当事人委托，专门从事保险标的的评估、勘验、鉴定、估损、理算等业务的单位。

二、保险机构治理定义

（一）保险机构治理定义的提出

保险机构治理受到了学者的广泛关注，郝新东和邓慧（2011）认为一个成熟的市场退出机制应当能够合理化解和妥善处理保险机构退出所带来的各种风险和矛盾。魏瑄（2016）认为 D-SII 监管要求促进保险集团进一步优化公司治理。朱南军和高子涵（2017）论证了建立国内系统重要性保险机构监管体系的必要性和可行性。董迎秋等（2018）认为从实务角度，保险业公司治理框架的基本内容主要包括治理结构、治理机制和治理监督三大部分。郭树清（2020）指出对现代化的银行保险机构而言，完善公司治理永远在路上。郝臣和刘琦（2020）构建了一套针对我国保险机构的由六大维度、总计 60 个指标组成的保险机构治理评价指标体系。郝臣和刘琦（2020）基于中国保险机构治理指数分析了 2016—2019 年我国中小型保险机构治理现状，发现我国保险业治理水平和治理能力在 2016—2019 年期间有显著提高，不同类型保险机构治理之间存在显著差异，中小型保险机构尤其是小型保险机构的公司治理是改进的重点。刘咏（2020）认为保险机构要将消保融入公司治理各环节，从董事会、消保委员会、高管层到明确的执行部门，消保工作责任逐级授权，层层落实。董迎秋和王瑞涵（2020）认为构建战略型董事会是保险业公司治理建设的重要方向。郝臣（2022）专门关注了我国中小型保险机构治理的现状与问题。

保险业中任何组织都不可避免地存在治理问题，保险机构治理是保险业治理的重要内容。本章认为保险机构治理是指为了规范保险机构行为，维护利益相关者利益而构建的一系列正式或非正式、内部或外部的治理制度安排，包括内部治理与外部治理两个方面和治理结构与治理机制两个层面。

（二）保险机构治理体系框架的构建

本章按照保险机构业务类型和法人资格不同构建了我国保险机构治理体系框架，保险机构治理包括保险经营机构法人机构治理、保险中介机构法人机构治理、保险经营机构分支机构治理和保险中介机构分支机构治理。我国保险机构治理体系如图 2-3 所示。

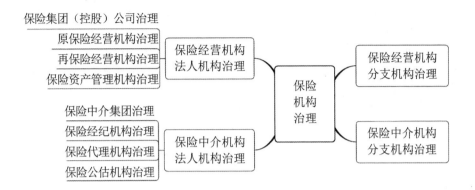

图 2-3　保险机构治理体系框架图

资料来源：作者整理。

（三）保险机构治理的具体分析

按照保险机构业务类型细分，保险机构治理包括保险经营机构治理和保险中介机构治理。保险经营机构治理包括保险集团（控股）公司治理、原保险经营机构治理、再保险经营机构治理、保险资产管理机构治理等，其中原保险经营机构治理主要包括财产保险机构治理和人身保险机构治理。保险中介机构治理包括保险中介集团治理、保险经纪机构治理、保险代理机构治理（分为保险专业代理机构治理和保险兼业代理机构治理）和保险公估机构治理。

按照保险机构是否具有法人资格划分，保险机构治理又包括保险机构法人机构治理和保险分支机构治理。保险法人机构治理可以进一步划分为保险经营机构法人机构治理和保险中介机构法人机构治理。保险法人机构治理中的财产保险机构治理按照机构法人资格不同分为财产保险公司治理和非公司型财产保险机构治理（主要是指非公司型相互保险组织治理），保险法人机构治理中的人身保险机构治理按照机构法人资格不同分为人身保险公司治理和非公司型人身保险机构治理（主要是指非公司型相互保险组织治理）。保险分支机构治理按业务类型不同可以分为保险经营机构分支机构治理和保险中介机构分支机构治理，也可按资本性质不同分为中资保险经营机构分支机构治理和外资保险经营机构分支机构治理，外资再保险机构分公司治理是外资保险经营机构分支机构治理的重要内容。

需要注意的是，一方面，不同类型的保险机构治理在目标、原则、结构与机制等方面均存在一定的特殊性，即使不同业务的同类型机构在治理上也存在着细微差异；另一方面，保险机构是以公司或非公司的形式经营保险及相关业务的经济主体，公司形式的保险机构必然具有公司的一般特征，一般治理原理也会在保险机构中发挥基础性作用，这一点不能否认。此外，保险机构治理不仅包括保险法人机构治理，还包括保险机构分支机构治理等；在保险机构分支机构治理中，保险公司分支机构治理为关注重点，后文将对其进行分析。

第三节　保险公司治理

本节的主要内容是保险公司治理的内涵。首先介绍保险公司及其分支机构、保险公司治理的提出与目标，引出我国保险公司治理的定义，进而构建我国保险公司治理体系框架，最后论述保险公司分支机构治理定义的提出过程。

一、保险公司及其分支机构

保险公司（Insurance Company）是指经保险监管机构批准设立，并依法登记注册经营保险业务的公司，也即保险公司法人机构。保险公司分支机构（Subordinate Entity of Insurance Company），是指经保险监督管理机构批准，保险公司依法设立的营业性机构和营销服务机构。一些法规提到的保险公司分支机构包括分公司、中心支公司、支公司、营业部和营销服务部，如《中国银保监会关于印发保险公司分支机构市场准入管理办法的通知（2021）》（银保监发〔2021〕37 号），还有一些法规将各类专属机构纳入保险公司分支机构范畴，如《保险公司管理规定（2015 修订）》（中国保监会令 2015 年第 3 号），该法规还指出保险公司分支机构的层级依次为分公司、中心支公司、支公司、营业部或者营销服务部。与其他保险机构分支机构相比，专属机构的职能和业务范围有所不同，为了更全面地分析保险公司分支机构，本章提及的保险公司分支机构（Branch Office）包括分公司（Branch）、中心支公司（Center Sub-company）、支公司（Sub-company）、营业部（Business Department）、营销服务部（Marketing Service Department）以及各类专属机构，不同层级保险公司分支机构详见图 2-4。

具体而言，保险分公司是指保险公司在各省、自治区、直辖市和计划单列市设立的，在业务、资金、人事等方面受本公司管辖，而不具有法人资格的分支机构；中心支公司是指保险公司在各地、市设立的，在业务、资金、人事等方面受分公司管辖而不具有法人资格的分支机构；支公司是指保险公司在各区、县设立的在业务、资金、人事等方面受分公司或中心支公司管辖而不具有法人资格的分支机构；营业部，是指各保险公司省级公司直属的，在业务、资金、人事等方面受本公司管辖而不具有法人资格的业务经营单位；营销服务部，是指在工商行政管理机关登记注册，由保险公司或者保险公司分支机构设立的对保险营销人员进行管理，为客户提供保险服务的机构；专属机构主要包括电话销售中心，电话销售中心是保险公司直接经营电话销售业务的专属机构，持有《专属机构经营保险业务许可证》。

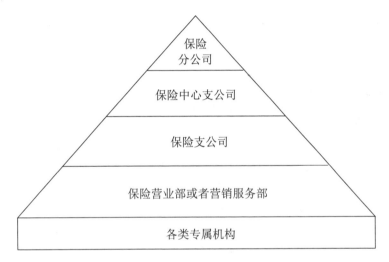

图 2-4　保险公司分支机构层级框架图

资料来源：作者整理。

根据《保险法（2015 修正）》（中华人民共和国主席令第 26 号），保险公司分支机构不具有法人资格，其民事责任由保险公司承担，保险公司在中华人民共和国境内设立分支机构，应当经保险监督管理机构批准。根据《保险公司管理规定（2015 修订）》（中国保监会令 2015 年第 3 号），保险公司可以不逐级设立分支机构，但其在住所地以外的各省、自治区、直辖市开展业务，应当首先设立分公司。

二、保险公司治理的提出与目标

（一）保险公司治理的提出

20 世纪 90 年代中期之前，公司治理研究主要针对非金融机构，对于金融机构的关注主要体现为商业银行的专家式债权监督和非银行金融机构的市场评价式监督，即参与非金融机构的治理。股东的"搭便车"行为使经理人的机会主义行为缺乏必要的监督，其结果往往是股东的利益遭受损失。而债务的硬预算约束特点和独特的破产制度可以给非金融机构经理人不同于股权的压力，从而赋予金融机构在公司治理中的独特和重要的角色，这便是金融机构专家式债权监督。公司治理的市场评价式监督主要依赖保险公司、证券公司、各类基金公司等机构客观公正的评价和相应的信息发布活动对经理人产生监督效果，进而降低代理成本，提高治理绩效。因此，此时的金融机构治理更多指的是金融机构参与一般公司的治理，而不是严格意义上的金融机构治理。

对于金融机构自身治理的关注源于金融危机。研究金融危机的原因时，人们更习惯于将目光聚焦于当时爆发的具体金融风险，而公司治理缺陷往往才是机构一夜倾覆的内在症结。否则，我们很难解释，为何这些金融机构明明已经建立了金融风险预警与控制制度，却依然难逃"垮台"的命运——这往往是因为这些机构本身的公司治理结构与治理机制还存在着极大的问题与不足。金融机构多数具有外部性强、财务杠杆率高、信息严重不对称的特征；只有规范的公司治理结构，才能使之形成有效自我约束，进而树立良好市场形象，获得社会公众信任，实现健康可持续发展（郭树清，2020）。1997 年开始的东南亚金融危机，以及美国发生的包括安然、安达信等在内的一系列大公司的财务丑闻，都进一步引起了人们对银行和非银行类金融机构自身治理问题的重视。与非金融机构相比较，保险公司、商业银行、证券公司等金融机构具有许多与生俱来的特殊性质，并由此决定了金融机构治理不是公司治理理论在金融机构领域的简单运用，而是结合其特殊性进行治理结构与治理机制的创新。

在 20 世纪 90 年代中期之后，公司治理的研究和实践无疑已经进入非金融机构和金融机构并重的新阶段（李维安，2005）。正是由于金融机构自身治理和对业务对象治理的双重问题，如果金融机构的治理不善，必将使得其治理风险日积月累达到阈值，并最终以风险事故的形式爆发，进而导致其自身陷入经营困境，甚至破产倒闭。从这个意义上讲，金融机构最大、最根本的风险是治理风险；将着力点放在治理风险，是金融机构治理研究的明确选择和指导各类金融机构改革和发展的主要方向。郝臣、李艺华和董迎秋（2019）基于监管函和行政处罚决定书对我国保险公司治理风险进行分析识别并提出了防范治理风险的对策建议。

金融机构运营的对象是资金或有价证券等重要社会资源，鉴于它们在整个社会中的重要地位，金融机构还会受到来自监管机构、行业组织等有关部门的相应管制和治理。这也是金融机构自身治理问题的重要内容之一。作为金融机构的重要组成部分，保险公司的治理问题也逐渐受到国际保险监督官协会（International Association of Insurance Supervisors，简称 IAIS，下同）、经济合作与发展组织（OECD）等国际组织、各国政府以及保险公司自身的广泛关注。IAIS 十分重视保险公司治理问题，在 1997 年首次发布的《保险核心原则》（Insurance Core Principles，简称 ICPs，下同）中，即将保险公司治理监管列为重要内容。此后，在 2000 年、2003 年版的 ICPs 中，保险公司治理监管的内容不断得到强化和细化。2004 年，IAIS 专门颁布《保险公司治理核心原则》（Insurance Core Principles on Corporate Governance），将此前核心原则中与公司治理监管相关的内容汇集起来，并做了较为完整的阐述，它可以视为 IAIS 对公司治理监管的完整思路。《保险公司治理核心原则》分为公司治理核心原则、高管资格、控制权变化、内控体系、现场检查、风险评估与管理和信息披露与透明度七部分。2006 年，原中国保监会借鉴国际保险监督官协会核心监管原则，引入保险公司治理结构监管，建立了市场行为监管、偿付能力监管和公司治理监管的三支柱监管体系；2008 年，美国次贷危机引发了严重的国际金融危机，在总结和反思这场危机时，公司治理不完善被认为是一个重要因素（袁力，2010）。由此，基于保险公司特性的保险公司治理在全球范围内兴起（杨馥，2009），保险公司治理的理论研究也正是基于这样的现实背景而逐步深入。

保险公司治理的英文翻译有 Insurance Company Governance 和 Insurer Governance 两种方式，这两种翻译在学术文献和各类文件中均有出现。我国《保险法》英文版中将保险公司翻译为 Insurance Company，而 Insurer 则对应保险人。我国《保险法》中的保险人是指与投保人订立保险合同并按照合同约定承担赔偿或者给付保险金责任的保险公司，因此二者没有本质区别；保险人多与 Proposer 或 Applicant 即投保人一词一起出现。可以这样理解，在涉及保险公司设立、管理和监管等内容而强调其法人地位时，多用 Company 一词；而涉及保险公司投保业务时，对于保险公司的翻译多用 Insurer 一词，因此本章关于保险公司治理的翻译采用了第一种方式。

（二）保险公司治理的目标

1. 公司治理目标的三种观点

目标是对活动预期结果的主观设想，是在头脑中形成的一种主观意识形态，也是活动的预期目的，为活动指明方向。公司治理目标（Corporate Governance Goal）是指在一定的治理环境下，公司治理主体和治理客体通过开展各类治理活动所要达到的预期目的。公司治理目标作为牵引公司治理动力的方向，其优化无疑是当前我国完善公司治理结构，提升公司治理水准的一项重要内容（李小平，2003）；有学者发现，公司治理目标选择不同，带来的经济后果即对公司绩效的影响也不一样（宋炜，2013）。在一般公司治理领域，关于公司治理的目标主要有股东价值最大化、利益相关者利益最大化和股东利益为主导的利益相关者利益最大化三种观点。

第一种观点：股东价值最大化。麦康奈尔和瑟韦斯（McConnell & Servaes，1990）是这一观点的代表学者。公司治理缘起于内部人控制带来的所有者和经营者的委托代理问题，因此这种观点在公司治理研究的早期较为流行，但股东价值最大化会让公司承担更高的风险，例如近年来随着大小股东之间委托代理问题的出现，发现大股东常常会通过关联交易、担保贷款等方式掏空公司，因此股东价值最大化这一治理目标在目前研究中应用较少。

第二种观点：利益相关者利益最大化。米切尔、阿格莱和伍德（Mitchell，Agle & Wood，1997）是这一观点的代表学者。伴随利益相关者理论的发展和相关理念的普及，公司治理从"股东至上"的单边发展到利益相关者的共同治理，这种表达方式也是目前的主流表达方式。

第三种观点：股东利益为主导的利益相关者利益最大化。詹森（Jensen，2000，2001，2002）是这一观点的代表学者。这种表达方式综合了前两种观点，但还是把股东利益放在第一位。

在国内，吴淑琨、柏杰和席酉民（1998）、冯根福（2001）、苏冬蔚和林大庞（2010）、李豫湘和孟祥龙（2010）、赵清辉（2013）等学者在研究公司治理的过程中提出制衡是公司治理的目标或者强调制衡机制的作用。实际上，制衡机制的最终目标还是保护股东等利益相关者的利益。

每一种公司治理目标都有其适用的条件和背景，界定公司治理目标需要考虑各利益相关者对公司投入专用性资产的程度（Investment）和参与治理的可行性（Feasibility），两大因素共同决定了对其利益保护的程度（Protect），即 P＝I×F。因此，对处于弱势地位利益相关者利益的保护特别是其中投入较多专用性资产的利益相关者的利益保护就是公司治理的重要目标，例如郎咸平（2004）认为公司治理就是中小股东权益保护；当然，在保护重要利益相关者利益的同时，也不能忽视其他的利益相关者利益。公司治理目标是一个动态的概念，会受到公司所在国家和地区外部环境、公司所在行业与经营特点等内外部因素的影响。

2. 保险公司治理目标的提出

（1）保护投保人利益是保险公司治理的重要目标

保险公司在经营目标、经营产品、经营范围、社会影响、经营过程、交易过程、成果核算、收益分配、资本结构等方面体现出来的经营特殊性表明投保人是保险公司所有利益相关者中的弱势利益相关者，因此，相较于保险公司的股东，尤其是大股东、高级管理人员等利益相关者来说，其利益更易受到侵害。

投保人为保险公司的发展贡献了重要资源，既是保险公司的客户或消费者，也是保险公司的债权人，因此投保人是保险公司非常重要的利益相关者（即核心利益相关者），将其纳入保险公司治理的参与者十分必要。在一般公司中，债权人可以通过在借款合同中加入限制性条款、提出重整、接受和解、破产清算环节通过债权人委员会行使相应的权利等各种治理方式或者途径来保护自身的利益。而保险公司投保人参与治理的途径相对有限，上述治理方式或者途径基本上行不通；投诉是投保人参与治理的主要方式，但消费者投诉机制的有效性又受到多种因素影响，同时投保人的分散性也导致了其参与治理的动力不足。总体来说，参与治理的途径不充分和参与治理的动力不足使得保险公司投保人治理或者债权治理严重缺失。

投保人是保险公司重要的利益相关者，一方面其利益容易受到侵害，另外一方面缺乏有效的参与治理途径和充足的动力，这就决定了保护投保人的利益是保险公司治理的重要目标或者说首要目标。

（2）保险公司治理目标的分类：过程目标和最终目标

李维安（2001）提出公司治理的目标是决策科学，而非制衡。类似地，谢志华（2008）专门针对公司治理目标进行了讨论，提出传统公司治理的目标包括防止信息作假、防止损害所有者的权益和防止经营效率低下（或防止决策失误）三个方面，把这三者作为公司治理的平行目标是不准确的，并认为防止决策失误即决策科学是三个目标中最重要的。

结合一般公司治理目标的多种表达方式以及上述保险公司治理特点的分析，本节提出的保险公司治理目标（Insurance Company Governance Goal）可以划分为过程目标（Process Goal）和最终目标（Final Goal），具体如图 2-5 所示。

保险公司治理的过程目标是决策科学，即通过治理结构搭建、治理机制建立和治理活动开展，实现保险公司在承保和投资两大核心业务上的科学决策；而保险公司治理的最终目标是保护投保人、股东等利益相关者的利益，即通过科学决策，降低代理成本，实现以投保人和股东利益为主导的利益相关者利益最大化。过程目标是最终目标的前提或基础，如果保险公司没有实现科学决策，所有利益相关者的利益都会受到影响。需要说明的是，强调投保人利益保护并不是说股东、董事、高级管理人员、员工、监管机构、政府等其他公司内部和公司外部利益相关者的利益不重要；保险公司在实现股东利益最大化的过程中，不能以牺牲投保人的利益、中小股东的利益乃至行业的健康发展作为代价。

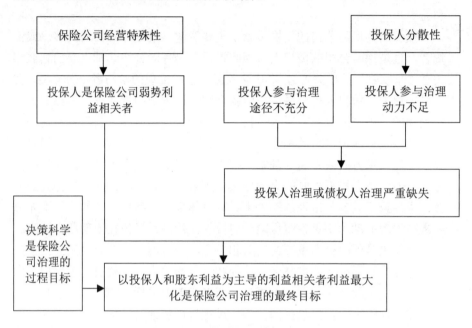

图 2-5 保险公司治理目标图

资料来源：作者整理。

三、保险公司治理的定义

（一）四个版本保险公司治理定义比较

学术界对保险公司治理的研究源于 1972 年斯皮勒（Spiller）从所有权视角对保险公司财务绩效所进行的分析，国外对保险公司治理的研究已经到深入研究的阶段；国内对保险公司治理问题的研究处于刚刚起步阶段，保险公司治理研究的基本理论框架还没有建立，保险公司治理的合规性（是否按照规定建立了基本的治理结构与治理机制）、保险公司治理的有效性（治理结构与治理机制是否发挥了应有的作用）、治理绩效等问题有待研究；研究方法较为单一，研究样本也较少（郝臣、李慧聪和罗胜，2011）。而保险公司治理领域遇到的第一个基础问题就是何谓保险公司治理，即先界定保险公司治理的含义，这与一般公司治理研究发展历程相似，也是从基本概念着手。完善的保险公司治理被广泛认同为保险业进一步深化体制改革和建立现代企业制度的核心内容，而且被认为是提升保险业竞争力的必由之路（李维安和曹廷求，2005）。

2015 年郝臣在与李维安教授合著的《公司治理手册》中首次给出了保险公司治理的定义，"所谓保险公司治理是指对保险公司这一特殊行业企业的治理，也是金融机构治理的重要内容之一"，这是一个比较笼统的定义，也是保险公司治理的第一版定义。

2016 年郝臣在著作《保险公司治理对绩效影响实证研究——基于公司治理评价视角》进一步界定了保险公司治理的含义，认为保险公司治理是指对财产险、人身险、再保险和相互制保险公司这一特殊行业公司的治理，即"保险公司+治理"；而不是公司治理理论在保险公司上的简单运用，即"公司治理+保险公司"，这是保险公司治理的第二版定义。

随着对保险公司治理研究的深入，需要进一步科学、准确地界定好保险公司治理的内涵与外延，郝臣（2017）给出了保险公司治理的第三版定义。首先保险公司治理具有狭义和广义之分，所谓狭义的保险公司治理是指关于保险公司"三会一层"构成、地位与性质、基本职权、运作规则等的治理制度安排。广义的保险公司治理是指协调股东、投保人、高级管理人员、员工、社区、政府等利益相关者利益的，一套来自公司内部和外部、正式和非正式，以实现保险公司决策科学化进而实现利益相关者利益最大化的治理制度安排。

郝臣、李艺华、崔光耀、刘琦和王萍（2019）在上述保险公司治理第三版定义的基础上提出了第四版保险公司治理的定义。他们认为保险公司治理有狭义和广义之分。狭义的保险公司治理是指保险公司的内部治理结构与治理机制，即通过"三会一层"的构成、地位与性质、基本职权、运作规则等方面的治理制度来解决股东与高级管理人员以及大股东与小股东之间的委托代理问题，治理的目标是实现股东利益的最大化。狭义的保险公司治理与狭义的一般公司治理没有本质区别。广义的保险公司治理是在狭义的基础上，导入外部治理机制，同时利益相关者范畴也不仅仅局限于股东和高级管理人员，而是拓展到包括投保人在内的保险公司所有利益相关者。具体来说，广义的保险公司治理是指一套综合公司内部的治理结构与机制和监管机构监管、信息披露、各类市场约束、外部利益相关者治理等公司的外部治理机制，协调公司与投保人、股东、高级管理人员、员工、社区、政府等利益相关者，以实现保险公司决策科学化，进而实现利益相关者利益最大化的治理制度安排。

2018 年，由董迎秋、肖然、熊莹等人起草的中国保险行业标准文件《保险业公司治理实务指南——总体框架》（T/IAC 21-2018）对保险公司治理的定义如下：一套包括正式或非正式的、内部或外部的制度或机制来协调保险机构与所有利益相关者之间的利益关系，以保证公司决策的科学化，从而最终维护保险机构各方面利益的一种制度安排。该指南还制定了保险业公司治理所要遵循的原则：合规治理、科学治理、审慎治理、系统治理、过程治理和共同治理。

基于学术视角的研究文献中的四个版本保险公司治理定义以及基于实践视角的行业标准文件中的保险公司治理定义的主要区别详见表 2-1。

表 2-1　理论界与实务界对保险公司治理的定义

比较内容	第一版	第二版	第三版	第四版	中国保险行业协会标准
提出时间	2015	2016	2017	2019	2018
提出学者或起草人	李维安、郝臣	郝臣	郝臣、李慧聪和崔光耀	郝臣、李艺华、崔光耀、刘琦、王萍	中国保险行业协会
提出文献	《公司治理手册》	《保险公司治理对绩效影响实证研究——基于公司治理评价视角》	《治理的微观、中观与宏观——基于中国保险业的研究》	"金融治理概念之辨析与应用——基于习近平总书记2013—2019年567份相关文件的研究"	《保险业公司治理实务指南——总体框架》
所在页码	第 328 页	第 3 页	第 27 页	第 78 页	第 1 页
文献出处	清华大学出版社	科学出版社	南开大学出版社	《公司治理评论》	中国保险业协会
主要优点	首次提出	考虑了保险公司治理特殊性	提出了广义和狭义的保险公司治理	细化了广义和狭义的保险公司治理	框架完整，表述清晰
主要不足	比较笼统	缺乏相对详细和细致的定义	仅从制度安排视角界定保险公司治理	没有区别利益相关者的类别，同时也没有考虑分支机构治理	从结构与机制角度构建体系，但没有考虑内部治理与外部治理的区别

资料来源：作者根据公开资料整理。

（二）第五版保险公司治理定义提出

在保险公司治理第四版定义的基础上，郝臣（2023）在《金融机构治理手册》一书中进一步细化保险公司治理内涵，提出保险公司治理的第五版定义。本书对保险公司治理内涵的界定也采用第五版定义。保险公司治理（Insurance Company Governance）按照治理目标不同有狭义和广义之分。

狭义的保险公司治理（Narrowly Defined Insurance Company Governance）是指保险公司的治理结构与内部治理机制，即通过"三会一层"的构成、地位与性质、基本职权、运作规则等方面的制度安排来解决股东与高级管理人员以及大股东与小股东之间的委托代理问题，治理的目标是实现股东利益的最大化。狭义的保险公司治理从内容上来说主要包括保险公司治理结构和内部治理机制，这与一般公司治理没有本质区别。其中保险公司治理结构侧重于保险公司的内部治理，是指涵盖股东（大）会、董事会、监事会、经理层之间责权利的制度安排。因此，简单来说，保险公司治理结构就是指保险公司的"三会一层"。保险公司内部治理机制主要通过"三会一层"来发挥其作用，主要包括决策机制、激励约束机制、监督机制、内控与风险管理、内审与合规管理、内部利益相关者治理等。需要补充说明的是，保险公司治理机制在本质上也是一种制度安排，但与"三会一层"的具体制度安排不同，治理机制方面的制度安排比较抽象和特殊，是对已有制度安排的进一步提炼，比如内部治理机制中的激励约束机制，是对董事、监事、高级管理人员相关激励约束制度的总称。

上述定义中的"三会"是指股东（大）会、董事会和监事会，这一点比较明确和统一；"一层"是指经理层，即高级管理人员组成的团队，也被称为经营层、经营管理层、高管层、管理层、高级管理层等，不同保险公司治理法律法规文件对经理层的称呼略有不同。原中国保监会在《保险中介机构法人治理指引（试行）》（保监发〔2005〕21号）和《保险中介机构内部控制指引（试行）》（保监发〔2005〕21号）中使用了"经理层"一词。《保险公司开业验收指引》（保监发〔2011〕14号）中使用了"经营层"一词。原中国保监会在2018年发布的《保险资金运用管理办法》（中国保监会令〔2018〕第1号）、中国保险行业协会发布的《保险公司董事会提案管理指南》等文件中则使用了"经营管理层"一词。在《中国银保监会关于推动银行业和保险业高质量发展的指导意见》（银保监发〔2019〕52号）中则使用了"高管层"一词，《银行保险机构公司治理监管评估办法（试行）》（银保监发〔2019〕43号）也使用了"高管层"一词。《关于规范保险公司治理结构的指导意见（试行）》（保监发〔2006〕2号）使用了"管理层"

一词，原中国保监会发布的《保险机构独立董事管理办法》（保监发〔2007〕22 号）也使用了"管理层"一词。《银行保险机构公司治理准则》（银保监发〔2021〕14 号）则使用了"高级管理层"一词。本书则使用学术文献中使用频率相对较高的"高级管理人员"一词。

广义的保险公司治理是在狭义的基础上，导入外部治理机制，同时利益相关者范畴也不仅仅局限于股东和高级管理人员，而是拓展到包括投保人在内的保险公司所有利益相关者。具体来说，广义的保险公司治理（Generalized Insurance Company Governance）是指一套综合内部治理结构、内部治理机制以及外部治理机制，用来协调保险公司与投保人、股东、高级管理人员、员工、社区、政府等利益相关者的利益，以实现保险公司决策科学化，进而实现利益相关者利益最大化的多方面、多层次的治理制度安排体系。其中，内部治理结构由股东大会或股东会、董事会、监事会和高级管理人员构成，内部治理机制由决策机制、激励机制、内部审计、风险管理、合规管理、内部利益相关者治理等组成，外部治理机制由监管机构监管、信息披露、各类市场约束、外部审计、整顿与接管机制、重组机制、责令关闭机制、撤销机制、破产机制、外部利益相关者治理等形成。

接管机制是保险公司重要的外部治理机制，也是保险公司治理特殊性的重要体现。2018 年 2 月 23 日，原中国保监会公告称，鉴于安邦保险集团股份有限公司存在违反《保险法》规定的经营行为，可能严重危及公司偿付能力，依照《保险法》规定，决定对安邦保险集团股份有限公司实施接管，接管期限一年；2019 年 2 月 22 日，中国银保监会决定将安邦保险集团股份有限公司接管期限延长一年。2020 年 7 月 17 日，中国银保监会官网发布公告称，鉴于天安财产保险股份有限公司、华夏人寿保险股份有限公司、天安人寿保险股份有限公司、易安财产保险股份有限公司触发了《保险法》第 140 条规定的接管条件，为保护保险活动当事人，维护社会公共利益，中国银保监会决定对上述 6 家机构实施接管；2021 年 7 月 16 日，中国银保监会决定延长监管期限一年。

破产机制也是保险公司重要的外部治理机制，但不同于一般公司。根据《保险法》规定，保险公司有《中华人民共和国企业破产法》第二条规定情形的，经国务院保险监督管理机构同意，保险公司或者其债权人可以依法向人民法院申请重整、和解或破产清算；国务院保险监督管理机构也可以依法向人民法院申请对该保险公司进行重整或破产清算。经营有人寿保险业务的保险公司，除因分立、合并或被依法撤销外，不得解散。经营有人寿保险业务的保险公司被依法撤销或被依法宣告破产的，其持有的人寿保险合同及责任准备金，必须转让给其他经营有人寿保险业务的保险公司；不能同其他保险公司达成转让协议的，由国务院保险监督管理机构指定经营有人寿保险业务的保险公司接受转让。2022 年 7 月 15 日，中国银保监会官网发布《中国银保监会关于易安财产保险股份有限公司破产重整的批复》，于 2022 年 6 月 29 日同意易安财产保险股份有限公司依法进入破产程序，要求该公司应严格按照有关法律法规要求开展后续工作，如遇重大情况，及时向中国银保监会报告。易安财产保险股份有限公司（简称易安财险）成为我国首家进入破产程序的保险公司。在此之前，我国还有三家保险公司一直被误认为是"破产"的保险公司，这三家公司分别是东方人寿保险股份有限公司、国信人寿保险股份有限公司和安邦保险集团股份有限公司。实际上，这三家公司都不是破产公司，东方人寿保险股份有限公司是第一家被勒令停业的保险公司，国信人寿保险股份有限公司是第一家被直接撤销的保险公司，安邦保险集团股份有限公司是第一家解散清算的保险公司。

狭义的保险公司治理与一般公司治理并无明显差别，其治理的目标是股东利益最大化；广义的保险公司治理目标是包括投保人在内的所有利益相关者利益的最大化。郝臣（2021）在《保险公司治理》教材中指出狭义的保险公司治理并没有很好地体现出保险公司治理的特殊性，与一般公司的狭义公司治理定义完全相同。而广义的保险公司治理定义则更好地体现了保险公司治理的特殊性：一是在治理参与主体上考虑了投保人，并将投保人放在所有利益相关者的首位；二是治理机制上考虑了外部治理，监管机构的监管是保险公司外部治理中非常重要的内容。所以，在没有加以说明的情况下，保险公司治理主要采用广义的定义，本书的研究也是在这样的框架下进行的。

四、保险公司治理体系框架的构建

我国保险公司治理体系如图 2-6 所示，保险公司治理包括保险公司法人治理和保险公司分支机构治理，其中保险公司法人治理按照保险公司业务类型不同分为财产险保险公司治理、人身险保险公司治理和再保险公司治理，保险公司分支机构治理按照分支机构层级不同可以分为保险分公司治理、保险中心支公司治理、保险支公司治理、保险营业部或营销服务部治理和保险公司专属机构治理。

保险公司治理按照治理制度安排不同有治理结构与治理机制两个层面，其中治理结构是治理机制有效发挥作用的基础；按照治理力量来源不同有内部治理和外部治理两个方面，内部治理与外部治理相互区别又相互联系，其中内部治理包括治理结构与内部治理机制，而外部治理突破了法人边界，因此只有外部治理机制。需要强调的是，保险公司治理不是公司治理理论在保险公司上的简单运用，即"公司治理+保险公司"；保险公司经营特殊性决定了保险公司治理特殊性，因此保险公司治理是"保险公司+治理"。

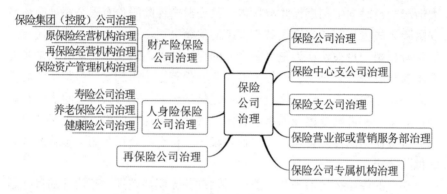

图 2-6　保险公司治理体系框架图

资料来源：作者整理。

五、保险公司分支机构治理定义的提出

保险公司分支机构的重要性日益凸显，监管机构也出台了专门的法律法规进一步规范保险公司分支机构行为，如《中国银保监会关于印发保险公司分支机构市场准入管理办法的通知（2021）》（银保监发〔2021〕37 号）。

保险公司分支机构治理（Insurance Company Branch Governance），是指一套综合了保险公司分支机构内部治理结构与机制和保险公司分支机构上级机构管控、监管部门监管等外部治理机制，以保障保险公司分支机构合法稳定经营、实现上级机构整体经营规划、维护包括投保人在内等利益相关者合法权益的治理制度安排，具体包括保险分公司治理、保险中心支公司治理、保险支公司治理、保险营业部或营销服务部治理以及保险各类专属机构治理。

保险公司分支机构治理可以分为内部治理和外部治理两个方面。保险公司分支机构内部治理主要包括构建合理高效的组织架构、选择恰当的业务模式、培养高素质的人才队伍、建立严谨有效的内控制度等，以实现决策科学化，为客户提供更加优质可靠的服务。

保险公司分支机构外部治理主要包括保险公司分支机构上级机构的管控、监管部门的监管等。在上级机构管控方面，保险公司总公司根据规定和发展需要制定分支机构管理制度，加强对分支机构的管理，督促分支机构依法合规经营，确保上级机构对管理的下级分支机构能够实施有效管控。在监管部门监管方面，中国银保监会及其派出机构依照《中国银保监会关于印发保险公司分支机构市场准入管理办法的通知（2021）》（银保监发〔2021〕37号）等法律法规，对保险公司分支机构的设立、改建、变更营业场所、撤销等事项实施管理。

第三章　我国保险治理法律法规文件总体分析

本书以我国 1000 部保险治理法律法规文件为研究样本，按照治理内容不同将其划分为保险业治理法律法规文件、保险机构治理法律法规文件和保险公司治理法律法规文件。本章将针对保险治理法律法规各类文件数量、文件发布年份与生效年份、文件发布主体、文件层次、文件有效性以及文件修改次数展开数据统计与分析。

第一节　保险治理法律法规文件总体分类

本节的主要内容是我国保险治理法律法规文件的总体分类。重点分析了 1000 部保险治理法律法规文件中有关保险业治理、保险机构治理和保险公司治理的法律法规文件数量与占比，并对文件的发布年份与生效年份进行了汇总统计。

一、文件数量分类统计

按照每部法律法规文件适用范围的不同，可以将这些保险治理法律法规文件划分为保险业治理法律法规文件、保险机构治理法律法规文件和保险公司治理法律法规文件。如表 3-1 所示，其中属于保险业治理的法律法规文件有 363 部，占比 36.30%；属于保险机构治理的法律法规文件有 175 部，占比 17.50%；属于保险公司治理的法律法规文件有 462 部，占比 46.20%。

表 3-1　保险治理法律法规文件总体分类统计

序号	总体分类	文件数量（部）	占比（%）
1	保险业治理法律法规文件	363	36.30
2	保险机构治理法律法规文件	175	17.50

序号	总体分类	文件数量（部）	占比（%）
3	保险公司治理法律法规文件	462	46.20
	合计	1000	100.00

资料来源：作者整理。

二、发布年份与生效年份统计

1979 年 2 月，中国人民银行在全国分行行长会议上提出恢复我国保险业务的决议，之后国务院批准了《中国人民银行全国分行行长会议纪要》（国发〔1979〕99 号），作出"逐步恢复国内保险业务"的重大决策。自此，我国保险业的治理问题真正登上历史舞台。同年，我国发布了第一部保险治理法律法规文件，即《关于恢复国内保险业务和加强保险机构的通知》（银保字〔1979〕第 16 号）。此后，各种有关保险治理的法律法规文件陆续发布并生效。1979－1994 年保险治理法律法规文件总体较少，共计发布 49 部，每年不超过 10 部。而 1995 年共发布保险治理法律法规文件 12部，发布数量首次在 10 部以上，这主要是由于 1995 年 6 月 30 日第八届全国人民代表大会常务委员会第十四次会议通过了《中华人民共和国保险法》（中华人民共和国主席令〔1995〕第 51 号），使得相关保险治理监管规则亟须随之调整，大量保险治理法律法规文件应运而生。

在《保险法》出台后，我国保险治理法律法规文件发布频率加快。1995－2005 年发布数量始终保持在 10 部及以上，最少为 10 部，最多为 56 部，年均发布 28 部，具体分别为 12 部、28 部、10 部、15 部、44 部、18 部、25 部、22 部、36 部、56 部和 42 部。2006 年 1 月 5 日，中国保监会发布《关于规范保险公司治理结构的指导意见（试行）》（保监发〔2006〕2 号），标志着公司治理成为继市场行为和偿付能力之后的第三大保险监管支柱，我国保险治理进入新的发展阶段，各类保险治理法律法规文件显著增加。2006－2022 年共发布 643 部，年均约 38 部，具体分别为 49 部、45 部、45部、39 部、57 部、25 部、34 部、41 部、29 部、53 部、36 部、30 部、30部、27 部、33 部、44 部和 26 部。具体情况如表 3-2 所示。

表 3-2 保险治理法律法规文件发布年份与生效年份统计

发布年份（年）	文件数量（部）	占比（%）	生效年份（年）	文件数量（部）	占比（%）
1979	2	0.20	1979	1	0.10
1980	0	0.00	1980	1	0.10
1982	1	0.10	1982	1	0.10
1983	2	0.20	1983	2	0.20
1984	2	0.20	1984	2	0.20
1985	1	0.10	1985	1	0.10
1986	1	0.10	1986	0	0.00
1987	3	0.30	1987	3	0.30
1988	2	0.20	1988	3	0.30
1989	5	0.50	1989	5	0.50
1990	3	0.30	1990	2	0.20
1991	6	0.60	1991	7	0.70
1992	4	0.40	1992	4	0.40
1993	8	0.80	1993	9	0.90
1994	9	0.90	1994	9	0.90
小计	49	4.90	小计	50	5.00
1995	12	1.20	1995	11	1.10
1996	28	2.80	1996	26	2.60
1997	10	1.00	1997	12	1.20
1998	15	1.50	1998	14	1.40
1999	44	4.40	1999	44	4.40
2000	18	1.80	2000	19	1.90
2001	25	2.50	2001	20	2.00
2002	22	2.20	2002	24	2.40
2003	36	3.60	2003	36	3.60
2004	56	5.60	2004	52	5.20
2005	42	4.20	2005	48	4.80
小计	308	30.80	小计	306	30.60
2006	49	4.90	2006	46	4.60
2007	45	4.50	2007	44	4.40
2008	45	4.50	2008	43	4.30
2009	39	3.90	2009	43	4.30
2010	57	5.70	2010	55	5.50
2011	25	2.50	2011	29	2.90

发布年份（年）	文件数量（部）	占比（%）	生效年份（年）	文件数量（部）	占比（%）
2012	34	3.40	2012	32	3.20
2013	41	4.10	2013	39	3.90
2014	29	2.90	2014	34	3.40
2015	53	5.30	2015	51	5.10
2016	36	3.60	2016	34	3.40
2017	30	3.00	2017	33	3.30
2018	30	3.00	2018	29	2.90
2019	27	2.70	2019	25	2.50
2020	33	3.30	2020	33	3.30
2021	44	4.40	2021	45	4.50
2022	26	2.60	2022	28	2.80
2023	/	/	2023	1	0.10
小计	643	64.30	小计	643	64.40
合计	1000	100.00	合计	1000	100.00

资料来源：作者整理。补充说明：（1）由于四舍五入的原因，占比合计数可能不完全等于 100.00%，全书同；（2）本书研究的法律法规时间跨度为 1979 年 4 月 25 日至 2022 年 12 月 31 日，但其中一部法律法规是 2022 年发布而在 2023 年生效，因此上表对 2023 年生效的法律法规文件进行了不完全统计。

第二节　保险治理法律法规文件发布主体

本节的主要内容是我国保险治理法律法规文件的发布主体分析。首先针对文件的发布主体进行了初次的汇总统计，并在此基础上对各具体的发布主体进行了汇总统计，统计内容包括文件发布次数和占比。

一、文件发布主体汇总统计

我国保险治理法律法规文件的发布主体共有 49 个，各主体按照发布保险治理法律法规文件的次数排序依次为中国保险监督管理委员会（已撤销）648 次，占比 64.80%；中国银行保险监督管理委员会 124 次，占比 12.40%；中国人民银行 89 次，占比 8.90%；中国人民保险公司 42 次，占比 4.20%；财政部 17 次，占比 1.70%；国务院 12 次，占比 1.20%；中国证券监督管理委员会 7 次，占比 0.70%；全国人大常委会 6 次，占 0.60%等，具体详见表 3-3。

表 3-3　保险治理法律法规文件发布主体汇总统计

序号	发布主体	次数（次）	占比（%）
1	中国保险监督管理委员会（已撤销）①	648	64.80
2	中国银行保险监督管理委员会	124	12.40
3	中国人民银行	89	8.90
4	中国人民保险公司	42	4.20
5	财政部	17	1.70
6	国务院	12	1.20
7	中国证券监督管理委员会	7	0.70
8	全国人大常委会	6	0.60
9	中国人民银行 中国银行业监督管理委员会（已撤销）② 中国证券监督管理委员会 中国保险监督管理委员会（已撤销）	4	0.40
10	国务院办公厅	3	0.30
11	中国人民银行 中国银行保险监督管理委员会 中国证券监督管理委员会	3	0.30
12	审计署	2	0.20
13	中国保险行业协会	2	0.20
14	中国保险监督管理委员会（已撤销）国家工商行政管理总局（已撤销）③	2	0.20

① 中国保险监督管理委员会，简称中国保监会，是负责统一监督管理全国保险市场，维护保险业合法、稳健运行的中华人民共和国国务院原直属正部级事业单位。根据《国务院关于成立中国保险监督管理委员会的通知》（国发〔1998〕37 号），中国保险监督管理委员会于 1998 年 11 月 14 日正式设立；根据《第十三届全国人民代表大会第一次会议关于国务院机构改革方案的决定》（2018 年 3 月 17 日第十三届全国人民代表大会第一次会议通过），中国保险监督管理委员会于 2018 年 3 月 17 日撤销。

② 中国银行业监督管理委员会，简称中国银监会，是负责统一监督管理银行业金融机构，维护银行业合法、稳健运行的中华人民共和国国务院原直属正部级事业单位。根据《第十届全国人民代表大会第一次会议关于国务院机构改革方案的决定》（2003 年 3 月 10 日第十届全国人民代表大会第一次会议通过），中国银行业监督管理委员会于 2003 年 3 月 10 日正式设立；根据《第十三届全国人民代表大会第一次会议关于国务院机构改革方案的决定》（2018 年 3 月 17 日第十三届全国人民代表大会第一次会议通过），中国银行业监督管理委员会于 2018 年 3 月 17 日撤销，与原中国保险监督管理委员会合并组建中国银行保险监督管理委员会。

③ 国家工商行政管理总局，全称为中华人民共和国国家工商行政管理总局，是依照法律、法规进行市场监督管理和有关行政执法工作的国务院原直属机构。根据《国务院关于机构设置的通知》（国发〔2008〕11 号），国家工商行政管理总局（正部级）于 2008 年 3 月 21 日正式设立。2018 年 3 月 17 日，根据《第十三届全国人民代表大会第一次会议关于国务院机构改革方案的决定》（2018 年 3 月 17 日第十三届全国人民代表大会第一次会议通过），将国家工商行政管理总局的职责整合，组建中华人民共和国国家市场监督管理总局；将国家工商行政管理总局的商标管理职责整合，重新组建中华人民共和国国家知识产权局，不再保留国家工商行政管理总局。

续表

序号	发布主体	次数（次）	占比（%）
15	中国保险监督管理委员会（已撤销）中国人民银行	2	0.20
16	中国人民银行　监察部（已撤销）①	2	0.20
17	中国人民银行　中国保险监督管理委员会（已撤销）	2	0.20
18	中国银行业监督管理委员会（已撤销）	2	0.20
19	财政部　国务院国有资产监督管理委员会　中国银行保险监督管理委员会	1	0.10
20	财政部　农业农村部　中国银行保险监督管理委员会　国家林业和草原局	1	0.10
21	财政部　中国人民银行	1	0.10
22	财政部　中国人民银行　中国工商银行　中国农业银行　中国（人民）建设银行　中国人民保险公司	1	0.10
23	财政部　中国人民银行　中国银行业监督管理委员会（已撤销）	1	0.10
24	财政部　中国证券监督管理委员会　审计署	1	0.10
25	财政部　中国证券监督管理委员会　审计署　中国银行业监督管理委员会（已撤销）　中国保险监督管理委员会（已撤销）	1	0.10
26	国家工商行政管理总局（已撤销）	1	0.10
27	国家税务总局	1	0.10
28	国家质量监督检验检疫总局（已撤销）② 国家标准化管理委员会	1	0.10
29	教育部　中国保险监督管理委员会（已撤销）	1	0.10
30	十三家签约保险公司	1	0.10
31	中国保险监督管理委员会（已撤销）　财政部	1	0.10
32	中国保险监督管理委员会（已撤销）　国家发展和改革委员会（含原国家发展计划委员会 原国家计划委员会）	1	0.10

---

① 监察部，全称为中华人民共和国监察部，是主管全国监察工作的国务院原有组成部门之一，于1954年9月28日正式设立，前身为政务院人民监察委员会。2018年3月18日，第十三届全国人民代表大会第一次会议审议通过了宪法修正案，决定设立中华人民共和国国家监察委员会，不再保留监察部，并入国家监察委员会。

② 国家质量监督检验检疫总局，全称为中华人民共和国国家质量监督检验检疫总局，是中华人民共和国国务院主管全国质量、计量、出入境商品检验、出入境卫生检疫、出入境动植物检疫、进出口食品安全和认证认可、标准化等工作，并行使行政执法职能的正部级国务院原直属机构。2018年3月17日，根据《第十三届全国人民代表大会第一次会议关于国务院机构改革方案的决定》（2018年3月17日第十三届全国人民代表大会第一次会议通过），将国家质量监督检验检疫总局的职责整合，组建中华人民共和国国家市场监督管理总局，不再保留中华人民共和国国家质量监督检验检疫总局。

续表

序号	发布主体	次数（次）	占比（%）
33	中国保险监督管理委员会（已撤销） 中国银行业监督管理委员会（已撤销）	1	0.10
34	中国保险监督管理委员会（已撤销） 中国证券监督管理委员会	1	0.10
35	中国共产党中央委员会	1	0.10
36	中国人民银行 国家发展和改革委员会（含原国家发展计划委员会 原国家计划委员会）①	1	0.10
37	中国人民银行 国家发展和改革委员会（含原国家发展计划委员会 原国家计划委员会） 科学技术部	1	0.10
38	中国人民银行 国家工商行政管理总局（已撤销）	1	0.10
39	中国人民银行 国家经济体制改革委员会（已变更）②	1	0.10
40	中国人民银行 中国银行保险监督管理委员会 中国证券监督管理委员会 国家外汇管理局	1	0.10
41	中国人民银行 中国银行保险监督管理委员会 中国证券监督管理委员会	1	0.10
42	中国人民银行 中国银行业监督管理委员会（已撤销） 中国证券监督管理委员会 中国保险监督管理委员会（已撤销） 国家外汇管理局	1	0.10
43	中国人民银行 中国保险监督管理委员会（已撤销）	1	0.10
44	中国银行保险监督管理委员会 国家发展和改革委员会（含原国家发展计划委员会 原国家计划委员会） 教育部 民政部 司法部 财政部 人力资源和社会保障部 自然资源部 住房和城乡建设部 商务部 国家卫生健康委员会 国家税务总局 国家医疗保障局	1	0.10

---

① 国家发展和改革委员会，全称为中华人民共和国国家发展和改革委员会，简称国家发展改革委，或国家发改委，抑或发改委，是负责拟订并组织实施国民经济和社会发展战略、中长期规划和年度计划，牵头组织统一规划体系建设，统筹衔接国家级专项规划、区域规划、空间规划与国家发展规划的国务院组成部门之一，其前身可以追溯到 1952 年成立的中央人民政府国家计划委员会。1952 年 11 月 15 日，中央人民政府委员会第十九次会议决定成立中央人民政府国家计划委员会，以加强对国家建设的集中领导。1954 年 9 月 15 日，第一届全国人民代表大会第一次会议决定将中央人民政府国家计划委员会改为中华人民共和国国家计划委员会，简称国家计划委员会。1998 年 3 月 10 日，第九届全国人民代表大会第一次会议决定将国家计划委员会更名为国家发展计划委员会。2003 年 3 月 10 日，第十届全国人民代表大会第一次会议决定将国务院原体改办和国家经贸委部分职能并入国家发展计划委员会，改组为国家发展和改革委员会。

② 国家经济体制改革委员会，全称为中华人民共和国国家经济体制改革委员会，为国务院原有组成部门之一，是研究、协调和指导经济体制改革的综合性专门机构，于 1982 年 5 月 21 日正式设立。1998 年 3 月 10 日，设立中华人民共和国国务院经济体制改革办公室，作为国家经济体制改革委员会的办事机构。

序号	发布主体	次数（次）	占比（%）
45	中国银行保险监督管理委员会 国家发展和改革委员会（含原国家发展计划委员会 原国家计划委员会） 中国人民银行 中国证券监督管理委员会	1	0.10
46	中国银行保险监督管理委员会 财政部 中国人民银行	1	0.10
47	中国银行保险监督管理委员会财险部	1	0.10
48	中国银行业监督管理委员会（已撤销） 中国证券监督管理委员会 中国保险监督管理委员会（已撤销）	1	0.10
49	最高人民法院 中国保险监督管理委员会（已撤销）	1	0.10
	合计	1000	100.00

资料来源：作者整理。补充说明：考虑发布主体排列的先后顺序可能体现了主体在法律法规制定过程中的不同作用，因此上表将"中国人民银行 中国保险监督管理委员会（已撤销）"与"中国保险监督管理委员会（已撤销） 中国人民银行"视为不同发布主体，其他相同情形采用同样处理方法。

二、具体发布主体汇总统计

我国保险治理法律法规文件的具体发布主体共有 40 个，各具体主体按照发布保险治理法律法规文件的次数排序依次为中国保险监督管理委员会（已撤销）668 次，占比 61.51%；中国银行保险监督管理委员会 134 次，占比 12.34%；中国人民银行 115 次，占比 10.59%；中国人民保险公司 43 次，占比 3.96%；财政部 27 次，占比 2.49%；中国证券监督管理委员会 22 次，占比 2.03%；国务院 12 次，占比 1.10%；中国银行业监督管理委员会（已撤销）11 次，占比 1.01%等，详见表 3-4。

表 3-4　保险治理法律法规文件具体发布主体汇总统计

序号	发布主体	次数（次）	占比（%）
1	中国保险监督管理委员会（已撤销）	668	61.51
2	中国银行保险监督管理委员会	134	12.34
3	中国人民银行	115	10.59
4	中国人民保险公司	43	3.96
5	财政部	27	2.49
6	中国证券监督管理委员会	22	2.03

续表

序号	发布主体	次数（次）	占比（%）
7	国务院	12	1.10
8	中国银行业监督管理委员会（已撤销）	11	1.01
9	全国人大常委会	6	0.55
10	国家发展和改革委员会（含原国家发展计划委员会 原国家计划委员会）	5	0.46
11	审计署	4	0.37
12	国家工商行政管理总局（已撤销）	4	0.37
13	国务院办公厅	3	0.28
14	国家税务总局	2	0.18
15	教育部	2	0.18
16	中国保险行业协会	2	0.18
17	监察部（已撤销）	2	0.18
18	国家外汇管理局	2	0.18
19	十三家签约保险公司	1	0.09
20	国家质量监督检验检疫总局（已撤销）	1	0.09
21	最高人民法院	1	0.09
22	中国共产党中央委员会	1	0.09
23	中国银行保险监督管理委员会财险部	1	0.09
24	国家经济体制改革委员会（已变更）	1	0.09
25	国家标准化管理委员会	1	0.09
26	农业农村部	1	0.09
27	国务院国有资产监督管理委员会	1	0.09
28	中国工商银行	1	0.09
29	人力资源和社会保障部	1	0.09
30	自然资源部	1	0.09
31	住房和城乡建设部	1	0.09
32	商务部	1	0.09
33	国家卫生健康委员会	1	0.09
34	国家医疗保障局	1	0.09
35	司法部	1	0.09
36	中国（人民）建设银行	1	0.09
37	民政部	1	0.09
38	中国农业银行	1	0.09
39	科学技术部	1	0.09
40	国家林业和草原局	1	0.09
	合计	1086	100.00

资料来源：作者整理。

第三节 保险治理法律法规文件层次

本节的主要内容是保险治理法律法规文件的层次分析。首先从北大法宝数据库中法律法规文件的一级分类出发进行统计分析，进而再将保险治理法律法规文件划分到二级分类，并分别进行文件数量与占比的统计分析。

一、文件层次大类统计

我国保险治理法律法规文件有法律、行政法规、国务院规范性文件、司法解释性质文件、部门规章、部门规范性文件、部门工作文件、行政许可批复、党内法规制度和行业规定 10 个文件层次。根据表 3-5 的统计内容可知，广义的法律有 6 部，占比 0.60%；广义的行政法规有 15 部，占比 1.50%；广义的部门规章有 932 部，占比 93.20%；其他法律法规有 47 部，占比 4.70%。

表 3-5 保险治理法律法规文件层次大类统计

序号	文件层次	文件数量（部）	占比（%）
1	广义的法律	6	0.60
2	广义的行政法规	15	1.50
3	广义的部门规章	932	93.20
4	其他法律法规	47	4.70
	合计	1000	100.00

资料来源：作者整理。

二、文件层次细分统计

（一）广义的法律

我国保险治理法律层次的法律法规文件共有 6 部，均是一般意义上的法律，其中有 5 部是《中华人民共和国保险法》（中华人民共和国主席令〔1995〕第 51 号）及其修正与修订文件，还有 1 部是《中华人民共和国公司法（2018 修正）》（中华人民共和国主席令〔2018〕第 15 号）。

（二）广义的行政法规

我国保险治理行政法规层次的法律法规文件共有 15 部，可以进一步将其细分为一般意义上的行政法规和国务院规范性文件两类。其中一般意义上的行政法规有 7 部，占比 46.67%；国务院规范性文件有 8 部，占比 53.33%。如表 3-6 所示。

表 3-6　保险治理行政法规文件层次细分统计

序号	文件层次	文件数量（部）	占比（%）
1	一般意义上的行政法规	7	46.67
2	国务院规范性文件	8	53.33
	合计	15	100.00

资料来源：作者整理。

（三）广义的部门规章

我国保险治理部门规章层次的法律法规文件共有 932 部，将其进一步细分为一般意义上的部门规章、部门规范性文件、部门工作文件和行政许可批复四类。其中一般意义上的部门规章有 203 部，占比 21.78%；部门规范性文件有 562 部，占比 60.30%；部门工作文件有 161 部，占比 17.27%；行政许可批复有 6 部，占比 0.64%。如表 3-7 所示。

表 3-7　保险治理部门规章文件层次细分统计

序号	文件层次	文件数量（部）	占比（%）
1	一般意义上的部门规章	203	21.78
2	部门规范性文件	562	60.30
3	部门工作文件	161	17.27
4	行政许可批复	6	0.64
	合计	932	100.00

资料来源：作者整理。

（四）其他法律法规

除法律、行政法规和部门规章外，我国保险治理其他层次的法律法规文件共有 47 部，又可细分为司法解释性质文件、党内法规制度和行业规定三类。其中司法解释性质文件有 1 部，占比 2.13%；党内法规制度有 1 部，占比 2.13%；行业规定有 45 部，占比 95.74%。如表 3-8 所示。

表 3-8　保险治理其他文件层次细分统计

序号	文件层次	文件数量（部）	占比（%）
1	司法解释性质文件	1	2.13
2	党内法规制度	1	2.13
3	行业规定	45	95.74
	合计	47	100.00

资料来源：作者整理。

第四节　保险治理法律法规文件有效性与修改次数

本节的主要内容是保险治理法律法规文件的有效性与修改次数分析。本书的研究样本即 1000 部保险治理法律法规文件共有 5 种有效性情况类别，分别是现行有效、已被修改、部分失效、失效和尚未生效。另外，所有文件中共有 45 部保险治理法律法规文件进行过修正或修订。

一、有效性统计

截止到 2022 年 12 月 31 日，在我国 1000 部保险公司治理法律法规文件中，有 571 部现行有效，占比 57.10%；有 29 部已被修改，占比 2.90%；有 13 部部分失效，占比 1.30%；有 386 部失效，占比 38.60%；有 1 部尚未生效，占比 0.10%。如表 3-9 所示。

表 3-9　保险治理法律法规文件有效性统计

序号	文件有效性情况	文件数量（部）	占比（%）
1	现行有效	571	57.10
2	已被修改	29	2.90
3	部分失效	13	1.30
4	失效	386	38.60
5	尚未生效	1	0.10
	合计	1000	100.00

资料来源：作者整理。

二、修改次数统计

在修改次数方面，在 1000 部保险治理法律法规文件中，有 955 部自颁布以来未曾修订或修正过，占比 95.50%；有 26 部修改过 1 次，占比 2.60%；有 11 部修改过 2 次，占比 1.10%；有 3 部修改过 3 次，占比 0.30%；有 4 部修改过 4 次，占比 0.40%；有 1 部修改过 5 次，占比 0.10%。如表 3-10 所示。

表 3-10　保险治理法律法规文件修改次数统计

修改次数（次）	文件数量（部）	占比（%）
0	955	95.50
1	26	2.60

续表

修改次数（次）	文件数量（部）	占比（%）
2	11	1.10
3	3	0.30
4	4	0.40
5	1	0.10
合计	1000	100.00

资料来源：作者整理。

第四章　我国保险业治理法律法规文件具体分析

保险业治理是金融业治理的重要组成部分，广义的保险业治理是指政府部门对保险行业未来发展的顶层设计，即发展方针的制定；监管机构对保险业未来发展方针的落实和对保险机构的监管，即发展规划的设计和相关监管制度的制定；包括行业协会在内的非政府组织对保险机构的自律引导，即发挥非政府监管的作用；行业内各组织的治理结构构建与治理机制作用的发挥。狭义的保险业治理则不包括保险机构治理。为了更清晰地对保险业治理法律法规文件进行分类，本章保险业治理是指狭义的保险业治理，保险机构治理相关法律法规文件将在第五章专门进行分析。本章将针对保险业治理法律法规文件总体分类、保险业法律文件、保险业方针规划文件、保险业行业监管文件和保险业行业组织文件展开数据统计与分析。

第一节　保险业治理法律法规文件总体分类

本节的主要内容是我国保险业治理法律法规文件的总体分类。首先将保险业治理相关的 363 部法律法规文件划分为四类并进行了文件数量与占比的统计分析，然后对我国保险业治理的早期法律法规文件的状况进行了具体介绍。

一、保险业治理法律法规文件分类

关于保险业治理的法律法规文件共有 363 部，可以按照内容划分为四类，分别是法律文件、方针规划文件、行业监管文件和行业组织文件。其中，法律文件有 6 部，占比 1.65%；方针规划文件有 91 部，占比 25.07%；行业监管文件有 161 部，占比 44.35%；行业组织文件有 105 部，占比 28.93%。

如表 4-1 所示。

表 4-1　保险业治理法律法规文件分类统计

序号	文件分类	文件数量（部）	占比（%）
1	法律文件	6	1.65
2	方针规划文件	91	25.07
3	行业监管文件	161	44.35
4	行业组织文件	105	28.93
	合计	363	100.00

资料来源：作者整理。

二、我国保险业治理的起步

1979 年 4 月，国务院批准《中国人民银行全国分行行长会议纪要》（国发〔1979〕99 号），作出了"逐步恢复国内保险业务"的重大决策。同年 11 月，全国保险工作会议召开，停办了 20 多年的国内保险业务才就此恢复。我国保险业在复业后立即发挥了积极的作用，但是当时我国保险事业的经营规模以及在国民经济中发挥的作用远远落后于中国经济迅速发展的需要，也远远落后于发达国家甚至一些发展中国家。

国务院于 1984 年发布了《关于加快发展我国保险事业的报告》（国发〔1984〕151 号），对我国保险事业的现状进行了分析，提出了六点加速发展我国保险事业的具体指导意见，并根据工作中的实践，提出了需要采取的五项措施，进而推动我国保险业迅速发展。在这一时期，中国人民银行实际上扮演了保险业监管者的角色，维护被保险方和保险企业的合法权益。

1989 年 2 月，国务院又发布《国务院办公厅关于加强保险事业管理的通知》（国 1 办发〔1989〕11 号），在肯定保险事业快速发展的同时也重点指出了现存的比较突出的问题，强调了中国人民保险公司在我国保险事业中的主渠道作用，突出了中国人民银行保险事业主管机关的地位，进一步规范了我国保险事业管理。

第二节　保险业治理法律文件

本节的主要内容是我国保险业治理法律文件的具体分析。首先将保险业治理法律文件划分为两类，并进行了文件数量与占比的统计分析，随后对我国保险业治理法律层面各个文件进行了细分介绍。

一、保险业治理法律文件分类

保险业治理法律法规文件中属于法律文件的共有 6 部，可以按照内容划分为两类，分别是核心法律文件和基础法律文件。其中，核心法律文件有 5 部，占比 83.33%；基础法律文件有 1 部，占比 16.67%。如表 4-2 所示。

表 4-2　保险业治理法律文件分类统计

序号	文件分类	文件数量（部）	占比（%）
1	核心法律文件	5	83.33
2	基础法律文件	1	16.67
	合计	6	100.00

资料来源：作者整理。

二、保险业治理法律文件细分

（一）核心法律文件

核心法律文件共有 5 部，分别是《中华人民共和国保险法》（中华人民共和国主席令〔1995〕第 51 号）、《中华人民共和国保险法（2002 修正）》（中华人民共和国主席令〔2002〕第 78 号）、《中华人民共和国保险法（2009 修订）》（中华人民共和国主席令〔2009〕第 11 号）、《中华人民共和国保险法（2014 修正）》（中华人民共和国主席令〔2014〕第 14 号）和《中华人民共和国保险法（2015 修正）》（中华人民共和国主席令〔2015〕第 26 号）。

（二）基础法律文件

基础法律文件有 1 部，即《中华人民共和国公司法（2018 修正）》（中华人民共和国主席令〔2018〕第 15 号）。

第三节　保险业治理方针规划文件

本节的主要内容是我国保险业治理方针规划文件的具体分析。首先将保险业治理方针规划文件划分为两类，并进行了文件数量与占比的统计分析，其次对我国保险业治理方针规划文件层面的各个文件进行了细分介绍。

一、保险业治理方针规划文件具体分类

保险业治理方针规划文件共有 91 部，可以按照内容细分为两类，分别是发展方针文件和发展规划文件。其中，发展方针有 21 部，占比 23.08%；发展规划有 70 部，占比 76.92%。如表 4-3 所示。

表 4-3　保险业治理方针规划文件分类统计

序号	文件分类	文件数量（部）	占比（%）
1	发展方针文件	21	23.08
2	发展规划文件	70	76.92
	合计	91	100.00

资料来源：作者整理。

二、保险业治理方针规划文件细分

（一）发展方针文件

发展方针文件共有 21 部，分别是《关于恢复国内保险业务和加强保险机构的通知》（银保字〔1979〕第 16 号）、《中国人民银行全国分行行长会议纪要》（国发〔1979〕99 号）、《国务院批转中国人民保险公司关于加快发展我国保险事业的报告的通知》（国发〔1987〕151 号）、《国务院办公厅关于加强保险事业管理的通知》（国办发〔1989〕11 号）、《中国人民银行关于中国人民保险公司机构体制改革方案的报告》（银发〔1995〕196 号）、《中国人民银行关于中国人民保险公司机构体制改革有关问题的批复》（银复〔1996〕41 号）、《中国人民保险公司关于加强党风廉政建设的若干规定》（人保党发〔1999〕13 号）、《中国保险监督管理委员会关于印发我国加入 WTO 法律文件有关保险业内容的通知》（保监办发〔2002〕14 号）、《中国保监会关于履行有关入世承诺的公告》（保监公告第 59 号）、《中国保险监督管理委员会关于履行入世承诺的公告》（无编号）、《国务院关于保险业改革发展的若干意见》（国发〔2006〕23 号）、《中国保险监督管理委员会关于保险中介市场发展的若干意见》（保监发〔2007〕107 号）、《国务院关于加快发展现代保险服务业的若干意见》（国发〔2014〕29 号）、《中国保监会关于深化保险中介市场改革的意见》（保监发〔2015〕91 号）、《中国保监会关于全面推进保险法治建设的指导意见》（保监发〔2016〕7 号）、《中国保监会关于进一步加强保险监管维护保险业稳定健康发展的通知》（保监发〔2017〕34 号）、《中国保监会关于进一步加强保险业风险防控工

作的通知》（保监发〔2017〕35 号）、《中国保监会关于印发〈打赢保险业防范化解重大风险攻坚战的总体方案〉的通知》（保监发〔2018〕9 号）、《中国银保监会关于推动银行业和保险业高质量发展的指导意见》（银保监发〔2019〕52 号）、《中国银保监会办公厅关于明确保险中介市场对外开放有关措施的通知》（银保监办发〔2021〕128 号）和《中国银保监会关于印发银行业保险业法治建设实施方案的通知》（银保监发〔2022〕7 号）。

（二）发展规划文件

1. 发展规划文件分类

发展规划文件共有 70 部，可以按照内容进一步细分为五类，分别是服务经济文件、服务社会文件、阶段规划文件、业务规划文件和专项规划文件。其中，服务经济文件有 17 部，占比 24.29%；服务社会文件有 2 部，占比 2.86%；阶段规划文件有 18 部，占比 25.71%；业务规划文件有 17 部，占比 24.29%；专项规划文件有 16 部，占比 22.86%。如表 4-4 所示。

表 4-4　保险业治理发展规划文件细分统计

序号	文件分类	文件数量（部）	占比（%）
1	服务经济文件	17	24.29
2	服务社会文件	2	2.86
3	阶段规划文件	18	25.71
4	业务规划文件	17	24.29
5	专项规划文件	16	22.86
	合计	70	100.00

资料来源：作者整理。

2. 发展规划文件具体说明

（1）服务经济文件

发展规划文件中关于服务经济的法律法规文件共有 17 部，分别是《中国保险监督管理委员会关于加强和改善对高新技术企业保险服务有关问题的通知》（保监发〔2006〕129 号）、《中国人民银行、中国银行业监督管理委员会、中国证券监督管理委员会、中国保险监督管理委员会关于金融支持服务业加快发展的若干意见》（银发〔2008〕90 号）、《中国人民银行、银监会、证监会、保监会关于进一步做好中小企业金融服务工作的若干意见》（银发〔2010〕193 号）、《中国保监会关于保险业参与加强和创新社会管理的指导意见》（保监发〔2011〕69 号）、《中国保监会关于保险业支持经济结构调整和转型升级的指导意见》（保监发〔2013〕69 号）、《中国保

监会关于保险业服务京津冀协同发展的指导意见》（保监发〔2015〕106 号）、
《中国保监会关于保险业服务"一带一路"建设的指导意见》（保监发〔2017〕
38 号）、《中国保监会关于保险业支持实体经济发展的指导意见》（保监发
〔2017〕42 号）、《中国保监会、财政部关于加强保险资金运用管理支持防
范化解地方政府债务风险的指导意见》（保监发〔2018〕6 号）、《中国银保
监会关于进一步加强金融服务民营企业有关工作的通知》（银保监发〔2019〕
8 号）、《中国银保监会办公厅关于进一步做好疫情防控金融服务的通知》
（银保监办发〔2020〕15 号）、《中国人民银行、中国银行保险监督管理委
员会、中国证券监督管理委员会、国家外汇管理局关于金融支持海南全面
深化改革开放的意见》（银发〔2021〕84 号）、《中国银保监会关于印发深
化"证照分离"改革进一步激发市场主体发展活力实施方案的通知》（银保
监发〔2021〕25 号）、《上海市人民政府关于印发中国（上海）自由贸易试
验区临港新片区科技保险创新引领区工作方案的通知》（银保监发〔2022〕
16 号）、《中国银保监会、交通运输部关于银行业保险业支持公路交通高质
量发展的意见》（银保监发〔2022〕8 号）、《中国银保监会关于银行业保险
业支持城市建设和治理的指导意见》（银保监发〔2022〕10 号）和《中国
银保监会办公厅关于银行业保险业加强新市民金融服务有关情况的通报》
（银保监办发〔2022〕66 号）。

（2）服务社会文件

发展规划中关于服务社会的法律法规文件共有 2 部，分别是《中国保
险监督管理委员会关于做好保险业应对全球变暖引发极端天气气候事件有
关事项的通知》（保监产险〔2007〕402 号）和《中国保监会关于保险业进
一步参与加强社会建设创新社会管理的意见》（保监发〔2010〕82 号）。

（3）阶段规划文件

发展规划中关于阶段规划的法律法规文件共有 18 部，分别是《中国
人民银行关于印发〈金融体制改革"八五"及十年设想〉的通知》（银发〔1991〕
219 号）、《中国保险监督管理委员会关于印发〈中国保险业发展"十一五"
规划纲要〉的通知》（保监发〔2006〕97 号）、《中国保险监督管理委员会
关于印发〈中国保险业发展"十一五"规划信息化重点专项规划〉的通知》
（保监发〔2006〕125 号）、《中国保险监督管理委员会办公厅关于开展〈中
国保险业发展"十一五"规划纲要〉中期评估和修订工作的通知》（保监厅
函〔2008〕195 号）、《中国人民银行、中国银行业监督管理委员会、中国
证券监督管理委员会、中国保险监督管理委员会关于印发〈金融人才发展
中长期规划（2010－2020 年）〉的通知》（银发〔2011〕18 号）、《中国保险

监督管理委员会关于印发〈中国保险业发展"十二五"规划纲要〉的通知》（保监发〔2011〕47 号）、《中国人民银行关于印发〈中国金融业信息化"十二五"发展规划〉的通知》（银发〔2011〕219 号）、《金融业发展和改革"十二五"规划》（无编号）、《中国保监会、国家发展改革委关于印发〈中国保险业信用体系建设规划（2015－2020 年）〉的通知》（保监发〔2015〕16 号）、《中国保监会办公厅关于贯彻实施〈中国保险业信用体系建设规划（2015－2020 年）〉的通知》（保监厅发〔2015〕19 号）、《保监会关于印发〈中国保险业发展"十三五"规划纲要〉的通知》（保监发〔2016〕74 号）、《中国人民银行关于印发〈中国金融业信息技术"十三五"发展规划〉的通知》（银发〔2017〕140 号）、《中国人民银行、发展改革委、科技部等关于印发〈上海国际金融中心建设行动计划（2018－2020 年）〉的通知》（银发〔2019〕17 号）、《中国人民银行关于印发〈金融科技（FinTech）发展规划（2019－2021 年）〉的通知》（银发〔2019〕209 号）、《中国银保监会关于印发健全银行业保险业公司治理三年行动方案（2020－2022 年）的通知》（银保监发〔2020〕40 号）、《中国银保监会办公厅关于 2021 年进一步推动小微企业金融服务高质量发展的通知》（银保监办发〔2021〕49 号）、《中国银保监会办公厅关于 2022 年银行业保险业服务全面推进乡村振兴重点工作的通知》（银保监办发〔2022〕35 号）和《中国银保监会关于印发保险业标准化"十四五"规划的通知》（银保监发〔2022〕11 号）。

（4）业务规划文件

发展规划中关于业务规划的法律法规文件共有 17 部，分别是《中国人民银行关于印发〈保险代理人管理规定（试行）〉的通知》（银发〔1997〕513 号）、《中国保险监督管理委员会关于规范保险公司分支机构业务经营区域的通知》（保监发〔2000〕213 号）、《中国保险监督管理委员会关于保险公司经营区域有关问题的通知》（保监发〔2003〕120 号）、《中国保险监督管理委员会关于积极推进责任保险发展有关问题的通知》（保监厅发〔2004〕56 号）、《中国保险监督管理委员会关于印发〈关于加快发展养老保险的若干指导意见〉的通知》（保监发〔2004〕152 号）、《中国保险监督管理委员会办公厅关于保险公司在设有特区、计划单列市的省份展业有关问题的通知》（保监厅发〔2005〕45 号）、《中国保险监督管理委员会关于印发〈中国再保险市场发展规划〉的通知》（保监发〔2007〕50 号）、《中国保监会、天津市人民政府关于加快天津滨海新区保险改革试验区创新发展的意见》（保监发〔2007〕110 号）、《中国保险监督管理委员会关于加强资产管理能力建设的通知》（保监发〔2009〕40 号）、《中国保险监督管理委员会、科学技术部关于进一步做好科技保险有关工作的通知》（保监发〔2010〕31 号）、《中国保监会关于进一步发挥保险经纪公司促进保险创新作用的意见》（保监发〔2013〕16 号）、《中国银行保险监督管理委员会关于放开外资保险经纪公司经营范围的通知》（银保监发〔2018〕19 号）、《中国银保监会关于切实加强和改进保险服务的通知》（银保监发〔2018〕40 号）、《财政部、农业农村部、银保监会、林草局关于印发〈关于加快农业保险高质量发展的指导意见〉的通知》（财金〔2019〕102 号）、《中国银保监会办公厅关于加快推进意外险改革的意见》（银保监办发〔2020〕4 号）、《中国银保监会、发展改革委、教育部等关于促进社会服务领域商业保险发展的意见》（银保监发〔2020〕4 号）和《中国银保监会关于印发银行业保险业绿色金融指引的通知》（银保监发〔2022〕15 号）。

（5）专项规划文件

发展规划中关于专项规划的法律法规文件共有 16 部，分别是《中国人民银行、国家经济体制改革委员会关于转发〈第三次金融体制改革试点城市工作座谈会纪要〉的通知》（银发〔1987〕15 号）、《中国人民银行关于改革中国人民保险公司机构体制的通知》（银发〔1995〕301 号）、《中国人民银行关于金融机构与所办经济实体脱钩有关问题的紧急通知》（银发〔1998〕562 号）、《中国保险监督管理委员会关于进一步做好整顿保险业工作的通知》（保监发〔1999〕136 号）、《中国保险监督管理委员会关于协调解决工商监管有关问题的通知》（保监中介〔1999〕13 号）、《中国保险监督管理委员会关于进一步加强保险业诚信建设的通知》（保监发〔2005〕7 号）、《中国保险监督管理委员会关于加强保险业信息化工作重大事项管理的通知》（保监厅发〔2007〕8 号）、《中国保监会关于印发〈关于加强保险行业文化建设的意见〉的通知》（保监发〔2013〕32 号）、《中国保监会关于保险业履行社会责任的指导意见》（保监发〔2015〕123 号）、《中国保监会关于印发〈深化保险标准化工作改革方案〉的通知》（保监发〔2016〕15 号）、《最高人民法院、中国保险监督管理委员会关于全面推进保险纠纷诉讼与调解对接机制建设的意见》（法〔2016〕374 号）、《中国保监会关于印发〈保险标准化工作管理办法〉的通知》（保监发〔2017〕94 号）、《国务院关于进一步做好利用外资工作的意见》（国发〔2019〕23 号）、《中国银保监会办公厅关于深化银行业保险业"放管服"改革优化营商环境的通知》（银保监办发〔2020〕129 号）、《中国人民银行关于发布金融行业标准加强金融业数据能力建设的通知》（银发〔2021〕42 号）和《中国银保监会办公厅关于银行业保险业数字化转型的指导意见》（银保监办发〔2022〕2 号）。

第四节　保险业治理行业监管文件

本节的主要内容是我国保险业治理行业监管文件的具体分析。首先将保险业治理行业监管文件划分为九类，并进行了文件数量与占比的统计分析，在此基础上对我国保险业治理行业监管文件层面的各个文件进行了细分介绍。

一、保险业治理行业监管文件具体分类

保险业治理行业监管文件共有 161 部，进一步可以将其划分为九类，分别是监管基础文件、监管报表文件、监管方式文件、监管通知文件、文件规范文件、统计规范文件、人员监管文件、市场监管文件和业务监管文件。其中监管基础文件有 32 部，占比 19.88%；监管报表文件有 12 部，占比 7.45%；监管方式文件有 11 部，占比 6.83%；监管通知文件有 14 部，占比 8.70%；文件规范文件有 17 部，占比 10.56%；统计规范文件有 16 部，占比 9.94%；人员监管文件有 20 部，占比 12.42%；市场监管文件有 5 部，占比 3.11%；业务监管文件有 34 部，占比 21.12%。如表 4-5 所示。

表 4-5　保险业治理行业监管文件分类统计

序号	文件分类	文件数量（部）	占比（%）
1	监管基础文件	32	19.88
2	监管报表文件	12	7.45
3	监管方式文件	11	6.83
4	监管通知文件	14	8.70
5	文件规范文件	17	10.56
6	统计规范文件	16	9.94
7	人员监管文件	20	12.42
8	市场监管文件	5	3.11
9	业务监管文件	34	21.12
	合计	161	100.00

资料来源：作者整理。

二、保险业治理行业监管文件细分

（一）监管基础文件

监管基础文件共有 32 部，分别是《中国人民银行关于对保险业务和

机构进一步清理整顿和加强管理的通知》（银发〔1991〕92 号）、《财政部、中国人民银行、工商银行、农业银行、中国银行、人民建设银行、中国人民保险公司关于重申银行、保险企业财务管理和收入分配集中于中央财政的通知》（财商字〔1992〕第 360 号）、《关于印发〈中国人民保险公司关于处理保险行业中一些问题的政策界限〉的通知》（保发〔1993〕37 号）、《保险管理暂行规定》（银发〔1996〕255 号）、《中国人民银行关于印发〈金融监管工作分工原则〉的通知》（银办发〔1996〕68 号）、《中国人民银行关于严禁擅自批设金融机构、非法办理金融业务的紧急通知》（银发〔1997〕378 号）、《中国人民银行关于保险业务监管权限问题的批复》（银复〔1998〕第 27 号）、《中国人民银行关于保险监管问题的复函》（银函〔1998〕第 364 号）、《中国人民银行关于印发〈保险业监管指标〉的通知》（银发〔1998〕432 号）、《中国人民银行关于管理体制重大改革的公告》（无编号）、《中国保险监督管理委员会关于目前保险日常监管工作有关问题的函》（保监函〔1999〕17 号）、《国家工商行政管理局关于工商行政管理机关对保险公司不正当竞争行为管辖权问题的答复》（工商公字〔1999〕第 80 号）、《中国保险监督管理委员会对〈关于沿用执行"上海外资保险机构暂行管理办法"的请示报告〉的复函》（保监财会〔1999〕10 号）、《中国保险监督管理委员会关于印发保险机构许可证编码方案的通知》（保监发〔2001〕81 号）、《保险业重大突发事件应急处理规定》（中国保险监督管理委员会令〔2003〕第 3 号）、《中国保险监督管理委员会办公厅关于保险违法行为管辖问题的复函》（保监厅函〔2004〕70 号）、《保险保障基金管理办法》（中国保险监督管理委员会令〔2004〕第 16 号）、《中国保险监督管理委员会办公厅关于保险业突发事件应急处置工作有关问题的通知》（保监厅发〔2005〕114 号）、《中国保险监督管理委员会关于保险保障基金汇算清缴有关问题的通知》（保监发〔2006〕18 号）、《中国保险监督管理委员会关于贯彻落实保险行业标准的通知》（保监发〔2008〕14 号）、《保险保障基金管理办法（2008）》（中国保险监督管理委员会令〔2008〕第 2 号）、《中国保险监督管理委员会关于实施保险公司分类监管有关事项的通知》（保监发〔2008〕120 号）、《中国保险监督管理委员会办公厅关于新保险法实施后行政处罚案件中法律适用有关问题的通知》（保监厅发〔2009〕66 号）、《中国人民银行关于印发〈金融机构编码规范〉的通知》（银发〔2009〕363 号）、《中国保监会关于印发〈关于加强保险监管文化建设的工作方案〉的通知》（保监发〔2012〕31 号）、《中国保监会办公厅关于部分保险公司纳入分类监管实施范围的通知》（保监厅发〔2013〕29 号）、《中国保监会关于印发〈关于加强保险监管文化建设的意见〉的通知》（保监发〔2013〕33 号）、《中国人民银行关于发布〈金融机构编码规范〉行业标准的通知》（银发〔2014〕277 号）、《中国保监会办公厅关于进一步加强应急管理工作的通知》（保监厅发〔2015〕54 号）、《中国保监会关于弥补监管短板构建严密有效保险监管体系的通知》（保监发〔2017〕44 号）、《中国保监会关于印发〈反保险欺诈指引〉的通知》（保监发〔2018〕24 号）和《保险保障基金管理办法（2022）》（中国银行保险监督管理委员会、中华人民共和国财政部、中国人民银行令2022 年第 7 号）。

（二）监管报表文件

监管报表文件共有 12 部，分别是《中国人民银行关于报送"保险公司主要业务指标月报表"通知》（银保险〔1998〕1 号）、《保险监管报表管理暂行办法》（保监发〔1999〕28 号）、《中国保险监督管理委员会关于印发保险监管报表表样的通知》（保监发〔1999〕55 号）、《中国保险监督管理委员会关于调整部分保险监管报表项目的通知》（保监发〔1999〕254 号）、《中国保险监督管理委员会关于调整部分保险监管报表项目的通知（2000）》（保监发〔2000〕68 号）、《中国保险监督管理委员会关于做好保险监管报表资料衔接工作的通知》（保监发〔2000〕132 号）、《中国保险监督管理委员会关于调整部分保险监管报表项目的通知（2001）》（保监发〔2001〕84 号）、《中国保险监督管理委员会关于取消部分保险监管报表的通知》（保监函〔2001〕269 号）、《中国保险监督管理委员会办公室关于加强保险监管报表管理工作的通知》（保监发〔2002〕68 号）、《中国保险监督管理委员会关于印发〈财产保险公司分险种监管报表（试行））的通知》（保监发〔2002〕128 号）、《保监会财会部关于规范保险监管报表上报格式的通知》（无编号）和《保险监督管理委员会关于规范保险监管报表保送格式的通知》（无编号）。

（三）监管方式文件

监管方式文件共有 11 部，可以按照内容进一步细分为两类，分别是现场监管文件和非现场监管文件。

1. 现场监管文件

监管方式文件中关于现场监管的法律法规文件共有 7 部，分别是《中国保险监督管理委员会关于印发〈中国保险监督管理委员会现场检查工作规程〉的通知》（保监发〔2001〕104 号）、《中国保险监督管理委员会关于印发〈中国保监会保险统计现场检查工作规程〉的通知》（保监发〔2005〕101 号）、《中国保险监督管理委员会关于印发〈中国保监会现场检查工作规程〉的通知（2006 修订）》（保监发〔2006〕25 号）、《中国人民银行关于印发〈反洗钱现场检查管理办法（试行）〉的通知》（银发〔2007〕175 号）、《中国保监会关于开展风险案件防控有效性现场检查的通知》（保监稽查〔2016〕102 号）、《中国银保监会现场检查办法（试行）》（中国银行保险监督管理委员会令〔2019〕第 7 号）和《中国银保监会办公厅关于印发银保监会现场检查立项和实施程序规定（试行）的通知》（银保监办发〔2020〕84 号）。

2. 非现场监管文件

监管方式文件中关于非现场监管的法律法规文件共有 4 部，分别是《中国保险监督管理委员会关于印发〈寿险公司非现场监管规程（试行）〉的通知》（保监发〔2006〕5 号）、《中国保险监督管理委员会关于报送寿险公司非现场监管信息的通知》（保监发〔2006〕32 号）、《中国人民银行关于印发〈反洗钱非现场监管办法（试行）〉的通知》（银发〔2007〕254 号）和《保险公司非现场监管暂行办法》（中国银行保险监督管理委员会令〔2022〕第 3 号）。

（四）监管通知文件

监管通知文件共有 14 部，分别是《中国保险监督管理委员会关于取消第一批行政审批项目的通知》（保监发〔2002〕113 号）、《中国保险监督管理委员会关于取消第二批行政审批项目的通知》（保监发〔2003〕28 号）、《中国保险监督管理委员会关于执行第二批取消行政审批项目决定中若干问题的函》（保监发〔2003〕93 号）、《中国保险监督管理委员会关于第三批取消和调整行政审批项目的通知》（保监发〔2004〕59 号）、《中国保险监督管理委员会关于印发已取消行政审批项目后续管理措施的通知》（保监发〔2004〕79 号）、《中国保险监督管理委员会办公厅关于召开第四届保险公司董事会秘书联席会议的通知》（保监厅函〔2010〕162 号）、《中国保监会关于第五批取消行政审批项目的通知》（保监发〔2010〕75 号）、《中国保险监督管理委员会办公厅关于召开第六届保险公司董事会秘书联席会议暨中国保险行业协会公司治理专业委员会 2012 年年会的通知》（保监厅函〔2012〕361 号）、《中国保监会关于第六批取消和调整行政审批项目的通知》（保监发〔2012〕104 号）、《中国保险监督管理委员会关于取消行政审批项目的通知》（保监发〔2014〕16 号）、《中国保监会关于取消和调整行政审批项目的通知》（保监发〔2014〕97 号）、《中国保监会关于取消和调整一批行政审批项目等事项的通知》（保监发〔2015〕35 号）、《中国保监会关于取消和调整一批行政审批事项的通知》（保监发〔2015〕78 号）和《中国保监会关于取消一批行政审批中介服务事项的通知》（保监发〔2016〕21号）。

（五）文件规范文件

文件规范文件共有 17 部，分别是《中国人民保险公司办公室关于做好体制改革期间文件档案资料管理工作的通知》（保办〔1996〕4 号）、《中国人民保险（集团）公司关于印发〈中国人民保险（集团）公司公文处理办法〉的通知》（保发〔1996〕233 号）、《中国保险监督管理委员会关于对〈关于保监会文件执行过程中若干问题的请示〉的批复》（保监寿〔1999〕21 号）、《中国人民银行、监察部公告〔2007〕第 25 号——废止金融稽核检查处罚规定的公告》（中国人民银行、监察部公告〔2007〕第 25 号）、《中国保险监督管理委员会关于印发〈中国保险监督管理委员会关于规范部分法律文书送达工作的指导意见〉的通知》（保监发〔2007〕120 号）、《中国人民银行公告（2008）第 5 号——废止上海外资保险机构暂行管理办法等15 项规章》（中国人民银行公告〔2008〕第 5 号）、《中国保险监督管理委员会、国家工商行政管理总局令 2009 年第 2 号——〈保险公司营销服务部管理办法〉废止令》（中国保险监督管理委员会、国家工商行政管理总局令〔2009〕第 2 号）、《中国保险监督管理委员会关于废止部分保险中介规范性文件的通知》（保监发〔2009〕128 号）、《中国人民银行、中国保险监督管理委员会公告（2010）第 12 号——废止〈关于恢复国内保险业务和加强保险机构的通知〉等 38 件规范性文件的公告》（中国人民银行、中国保险监督管理委员会公告〔2010〕第 12 号）、《中国保险监督管理委员会关于公布规章和规范性文件清理结果的通知》（保监发〔2010〕100 号）、《中国保险监督管理委员会关于修改部分规章的决定》（中国保险监督管理委员会令〔2010〕第 10 号）、《中国保险监督管理委员会关于废止〈非保险机构投资境外保险类企业管理办法〉的决定》（中国保险监督管理委员会令〔2013〕第 4 号）、《国家质量监督检验检疫总局、国家标准化管理委员会公告 2013年第 28 号——关于废止〈银行行别和保险公司标识代码〉国家标准的公告》（国家质量监督检验检疫总局、国家标准化管理委员会公告 2013 年第 28号）、《中国银保监会关于废止和修改部分规章的决定》（中国银行保险监督管理委员会令〔2018〕第 5 号）、《中国银保监会关于废止和修改部分规范性文件的通知》（银保监发〔2020〕5 号）、《中国银保监会关于清理规章规范性文件的决定》（中国银行保险监督管理委员会令〔2021〕第 7 号）和《中国银保监会关于修改部分行政许可规章的决定》（中国银行保险监督管理委员会令 2022 年第 5 号）。

（六）统计规范文件

统计规范文件共有 16 部，分别是《中国人民保险公司关于建立保险综合统计数据库的通知》（保发〔1994〕252 号）、《中保财产保险有限公司关于印发〈中保财产保险有限公司统计制度（暂行）〉的通知》（保财发〔1996〕18 号）、《中保财产保险有限公司关于下发〈中保财产保险有限公司统计制度实施细则（暂行）〉的通知》（保财发〔1996〕51 号）、《保险统计管理暂行规定》（中国保险监督管理委员会令〔2004〕第 11 号）、《中国保险监督管理委员会关于印发〈保险公司分支机构开业统计与信息化建设验收指引〉的通知》（保监发〔2005〕44 号）、《中国保险监督管理委员会关于加强保险统计数据质量管理的通知》（保监发〔2005〕56 号）、《中国保险监督管理委员会关于加强年报和年度报统计信息管理的通知》（保监统信〔2005〕1074 号）、《中国保险监督管理委员会关于开展第二次保险业经济普查的通知》（保监统信〔2008〕1262 号）、《中国保险监督管理委员会、国务院第二次全国经济普查领导小组办公室关于印发〈第二次保险业经济普查实施方案〉的通知》（保监发〔2008〕91 号）、《中国保险监督管理委员会办公厅关于印发〈保险公司第二次经济普查工作方案〉的通知》（保监厅发〔2009〕22 号）、《中国保险监督管理委员会关于开展保险数据真实性抽查工作的通知》（保监发〔2009〕62 号）、《中国保险监督管理委员会办公厅关于开展保险业境外机构定期统计调查工作的通知》（保监厅发〔2010〕47 号）、《中国保监会关于印发〈保险公司资金运用统计制度〉的通知》（保监发〔2010〕86 号）、《中国人民银行关于印发〈金融业机构信息管理规定〉的通知（2016修订）》（银发〔2016〕66 号）、《中国保监会关于印发〈保险集团并表监管统计制度〉的通知》（保监发〔2016〕29 号）和《中国银保监会办公厅关于印发绿色保险业务统计制度的通知》（无编号）。

（七）人员监管文件

1. 人员监管文件分类

人员监管文件共有 20 部，可以按照内容进一步划分为六类，分别是从业人员监管文件、中介从业人员监管文件、销售人员监管文件、监管人员监管文件、监管人员与从业人员监管文件以及其他人员监管文件。其中，从业人员监管文件有 2 部，占比 10.00%；中介从业人员监管文件有 1 部，占比 5.00%；销售人员监管文件有 11 部，占比 55.00%；监管人员监管文件有 1 部，占比 5.00%；监管人员与从业人员监管文件有 2 部，占比 10.00%；其他人员监管文件有 3 部，占比 15.00%。如表 4-6 所示。

表 4-6　保险业治理人员监管文件分类统计

序号	文件分类	文件数量（部）	占比（%）
1	从业人员监管文件	2	10.00
2	中介从业人员监管文件	1	5.00
3	销售人员监管文件	11	55.00
4	监管人员监管文件	1	5.00
5	监管人员与从业人员监管文件	2	10.00
6	其他人员监管文件	3	15.00
	合计	20	100.00

资料来源：作者整理。

2. 人员监管文件具体说明

（1）从业人员监管文件

人员监管文件中关于从业人员监管的法律法规文件共有 2 部，分别是《中国人民保险（集团）公司关于印发〈中国人民保险（集团）公司工作人员年度考核暂行规定〉的通知》（保发〔1996〕323 号）和《中国银保监会办公厅关于预防银行业保险业从业人员金融违法犯罪的指导意见》（银保监办发〔2020〕18 号）。

（2）中介从业人员监管文件

人员监管文件中关于中介从业人员监管的法律法规文件有 1 部，是《中国保险监督管理委员会关于加强保险中介从业人员继续教育管理工作的通知（2009）》（保监发〔2009〕70 号）。

（3）销售人员监管文件

人员监管文件中关于销售人员监管的法律法规文件共有 11 部，分别是《中国人民银行关于暂停招聘保险营销员的通知》（银发〔1996〕16 号）、《中国人民保险（集团）公司关于印发〈中国人民保险（集团）公司退（离）休人员在公司（企业）任职有关问题的暂行规定〉的通知》（保发〔1996〕163 号）、《中保人寿保险有限公司个人代理营销管理暂行规定》（保寿发〔1996〕13 号）、《中国保险监督管理委员会办公室关于保险营销员工商登记有关问题的通知》（保监办发〔2003〕90 号）、《保险营销员管理规定》（中国保险监督管理委员会令〔2006〕第 3 号）、《中国保险监督管理委员会办公厅关于进一步规范代理制保险营销员管理有关问题的通知》（保监厅发〔2008〕27 号）、《中国保险监督管理委员会关于加强和完善保险营销员管理工作有关事项的通知》（保监发〔2009〕98 号）、《中国保险监督管理委员会关于进一步加强和完善保险营销员管理工作有关事项的通知》（保监中介〔2010〕544 号）、《中国保险监督管理委员会关于贯彻落实〈关于改革完善保险营销员管理体制的意见〉的通知》（保监中介〔2010〕1221 号）、《保险销售从业人员监管办法》（中国保险监督管理委员会令〔2013〕第 2 号）和《中国银保监会办公厅关于落实保险公司主体责任加强保险销售人员管理的通知》（银保监办发〔2020〕41 号）。

（4）监管人员监管文件

人员监管文件中关于监管人员监管的法律法规文件有 1 部，即《中国人民银行关于印发〈关于对金融系统工作人员违反金融规章制度行为处理的暂行规定〉的通知》（银发〔1997〕167 号）。

（5）监管人员与从业人员监管文件

人员监管文件中关于监管人员与从业人员监管的法律法规文件共有 2 部，分别是《中国保险监督管理委员会关于印发〈保险监管人员行为准则〉和〈保险从业人员行为准则〉的通知》（保监发〔2009〕24 号）和《中国保险监督管理委员会关于进一步贯彻落实〈保险监管人员行为准则〉和〈保险从业人员行为准则〉的通知》（保监监察〔2010〕326 号）。

（6）其他人员监管文件

人员监管文件中关于其他人员监管的法律法规文件有 3 部，分别是《中国人民保险（集团）公司关于印发〈中国人民保险（集团）公司人员调动辞职暂行规定〉的通知》（保发〔1996〕150 号）、《中国人民保险（集团）公司关于印发〈中国人民保险（集团）公司专业技术人员管理办法〉的通知》（保发〔1996〕227 号）和《中国人民保险（集团）公司关于印发〈中国人民保险（集团）公司管理的干部退（离）休后在其他公司（企业）任职有关问题的暂行规定〉的通知》（保发〔1996〕318 号）。

（八）市场监管文件

市场监管文件共有 5 部，分别是《中国保险监督管理委员会关于印发保险兼业代理市场整顿方案的通知》（保监发〔2001〕112 号）、《中国保险监督管理委员会关于开展 2004 年整顿和规范保险市场秩序工作的通知》（保监发〔2004〕68 号）、《中国保险监督管理委员会关于开展 2005 年整顿和规范保险市场秩序工作的通知》（保监发〔2005〕42 号）、《中国保险监督管理委员会关于印发〈中国保监会关于进一步规范财产保险市场秩序工作方案〉的通知》（保监发〔2008〕70 号）和《中国保险监督管理委员会关于进一步加大力度规范财产保险市场秩序有关问题的通知》（保监发〔2012〕39 号）。

（九）业务监管文件

1. 业务监管文件分类

业务监管文件共有 34 部，可以按照内容划分为六类，分别是具体险种业务监管文件、业务审批文件、业务合规管理文件、销售管理文件、合同管理文件和其他业务监管文件。其中，具体险种业务监管文件有 18 部，占比 52.94%；业务审批文件有 4 部，占比 11.76%；业务合规管理文件有 1 部，占比 2.94%；销售管理文件有 5 部，占比 14.71%；合同管理文件有 3 部，占比 8.82%；其他业务监管文件有 3 部，占比 8.82%。如表 4-7 所示。

表 4-7　保险业治理业务监管文件分类统计

序号	文件分类	文件数量（部）	占比（%）
1	具体险种业务监管文件	18	52.94
2	业务审批文件	4	11.76
3	业务合规管理文件	1	2.94
4	销售管理文件	5	14.71
5	合同管理文件	3	8.82
6	其他业务监管文件	3	8.82
	合计	34	100.00

资料来源：作者整理。

2. 业务监管文件具体说明

（1）具体险种业务监管文件

业务监管文件中具体险种业务监管的法律法规文件共有 18 部，可以按照内容进一步细分为六类，分别是健康保险监管文件、养老保险监管文件、信用和保证保险监管文件、责任保险监管文件、互联网保险监管文件和再保险监管文件。其中，健康保险监管文件有 6 部，占比 33.33%；养老保险监管文件有 2 部，占比 11.11%；信用和保证保险监管文件有 2 部，占比 11.11%；责任保险监管文件有 1 部，占比 5.56%；互联网保险监管文件有 2 部，占比 11.11%；再保险监管文件有 5 部，占比 27.78%。如表 4-8 所示。

表 4-8　保险业治理具体险种业务监管文件分类统计

部	文件分类	文件数量（部）	占比（%）
1	健康保险监管文件	6	33.33
2	养老保险监管文件	2	11.11
3	信用和保证保险监管文件	2	11.11
4	责任保险监管文件	1	5.56

部	文件分类	文件数量（部）	占比（%）
5	互联网保险监管文件	2	11.11
6	再保险监管文件	5	27.78
	合计	18	100.00

资料来源：作者整理。

　　具体来说：第一，关于健康保险监管的法律法规文件共有 6 部，分别是《健康保险管理办法》（中国保险监督管理委员会令〔2006〕第 8 号）、《中国保险监督管理委员会关于〈健康保险管理办法〉实施中有关问题的通知》（保监发〔2006〕95 号）、《中国保险监督管理委员会关于落实〈健康保险管理办法〉有关问题的批复》（保监寿险〔2006〕1363 号）、《健康保险管理办法（2019 修订）》（中国银行保险监督管理委员会令〔2019〕第 3 号）、《中国银保监会办公厅关于落实〈健康保险管理办法〉做好产品过渡有关问题的通知》（银保监办便函〔2019〕1791 号）和《中国银保监会办公厅关于规范短期健康保险业务有关问题的通知》（银保监办发〔2021〕7 号）。

　　第二，关于养老保险监管的法律法规文件共有 2 部，分别是《保险公司养老保险业务管理办法》（中国保险监督管理委员会令〔2007〕第 4 号）和《保险公司养老保险业务管理办法（2010 修正）》（中国保险监督管理委员会令〔2010〕第 10 号）。

　　第三，关于信用和保证保险监管的法律法规文件共有 2 部，分别是《中国保监会关于印发〈信用保证保险业务监管暂行办法〉的通知》（保监财险〔2017〕180 号）和《中国银保监会办公厅关于印发信用保险和保证保险业务监管办法的通知》（银保监办发〔2020〕39 号）。

　　第四，关于责任保险监管的法律法规文件有 1 部，即《中国银保监会办公厅关于印发责任保险业务监管办法的通知》（银保监办发〔2020〕117 号）。

　　第五，关于互联网保险监管的法律法规文件共有 2 部，分别是《中国保监会关于印发〈互联网保险业务监管暂行办法〉的通知》（保监发〔2015〕69 号）和《互联网保险业务监管办法》（中国银行保险监督管理委员会令〔2020〕第 13 号）。

　　第六，关于再保险监管的法律法规文件共有 5 部，分别是《中国保险监督管理委员会关于法定再保险有关政策的通知》（保监发〔2002〕109 号）、

《再保险业务管理规定》（中国保险监督管理委员会令〔2005〕第 2 号）、《再保险业务管理规定（2010）》（中国保险监督管理委员会令〔2010〕第 8 号）、《再保险业务管理规定（2015 修订）》（中国保险监督管理委员会令〔2015〕第 3 号）和《再保险业务管理规定（2021 修订）》（中国银行保险监督管理委员会令〔2021〕第 8 号）。

（2）业务审批文件

业务监管文件中关于业务审批的法律法规文件共有 4 部，分别是《中国人民银行关于交通银行办理保险业务问题的批复》（银复〔1989〕50 号）、《中国人民银行关于停止保险公司为地方政府代办保险业务的通知》（银发〔1993〕24 号）、《中国保险监督管理委员会关于明确保险公司法人机构直接经营保险业务行为监管有关问题的通知》（保监机构〔2008〕384 号）和《中国保监会关于印发〈保险公司业务范围分级管理办法〉的通知》（保监发〔2013〕41 号）。

（3）业务合规管理文件

业务监管文件中关于业务合规管理的法律法规文件有 1 部，即《中国保监会关于警惕非法经营保险业务活动的公告》（保监公告第 56 号）。

（4）销售管理文件

业务监管文件中关于销售管理的法律法规文件共有 5 部，分别是《中国保险监督管理委员会关于严禁协助境外保险公司推销地下保单有关问题的通知》（保监发〔2004〕29 号）、《中国保险监督管理委员会关于禁止强制销售保险的紧急通知》（保监消保〔2013〕634 号）、《中国保监会关于严格规范非保险金融产品销售的通知（2015 修改）》（保监发〔2015〕100 号）、《中国保监会关于进一步加强人身保险公司销售管理工作的通知》（保监人身险〔2017〕136 号）和《中国保监会关于组织开展人身保险治理销售乱象打击非法经营专项行动的通知》（保监人身险〔2017〕283 号）。

（5）合同管理文件

业务监管文件中关于合同管理的法律法规文件共有 3 部，分别是《中华人民共和国财产保险合同条例》（国发〔1983〕135 号）、《中国保险监督管理委员会关于处理有关保险合同纠纷问题的意见》（保监发〔2001〕74 号）和《中国保险监督管理委员会关于印发〈关于推进保险合同纠纷快速处理机制试点工作的指导意见〉的通知》（保监法规〔2007〕427 号）。

（6）其他业务监管文件

业务监管文件中关于其他业务监管的法律法规文件共有 3 部，分别是《非保险机构投资境外保险类企业管理办法》（中国保险监督管理委员会令

〔2006〕第 6 号）、《保险公司保险业务转让管理暂行办法》（中国保险监督管理委员会令〔2011〕第 1 号）和《中国保监会关于设立保险私募基金有关事项的通知》（保监发〔2015〕89 号）。

第五节　保险业治理行业组织文件

本节的主要内容是我国保险业治理行业组织文件的具体分析。首先将保险业治理行业组织文件划分为两类，并进行了文件数量与占比的统计分析；其次对我国保险业治理行业组织文件层面的各个文件进行了细分介绍。

一、保险业治理行业组织文件具体分类

保险业治理行业组织文件共有 105 部，可以按照内容进一步细分为两类，分别是监管机构文件和社团组织文件。其中，监管机构文件有 99 部，占比 94.29%；社团组织文件有 6 部，占比 5.71%。如表 4-9 所示。

表 4-9　保险业治理行业组织文件分类统计

序号	文件分类	文件数量（部）	占比（%）
1	监管机构文件	99	94.29
2	社团组织文件	6	5.71
	合计	105	100.00

资料来源：作者整理。

二、保险业治理行业组织文件细分

（一）监管机构文件

1. 监管机构文件分类

行业组织文件中关于监管机构的法律法规文件共有 99 部，按照内容将其进一步细分为十三类，分别是监管机构治理基础文件、监管机构职责文件、监管机构派出机构治理文件、监管费用治理文件、监管机构专项治理文件、监管机构财务治理文件、监管机构合作治理文件、监管文件制定规范文件、监管机构处罚规范文件、监管机构举报处理规范文件、监管机构政务公开规范文件、监管机构宣传与通报规范文件以及监管机构信访规范文件。其中，监管机构治理基础文件有 21 部，占比 21.21%；监管机构职责文件有 5 部，占比 5.05%；监管机构派出机构治理文件有 14 部，占比

14.14%；监管费用治理文件有 9 部，占比 9.09%；监管机构专项治理文件
有 8 部，占比 8.08%；监管机构财务治理文件有 2 部，占比 2.02%；监管
机构合作治理文件有 4 部，占比 4.04%；监管文件制定规范文件有 8 部，
占比 8.08%；监管机构处罚规范文件有 8 部，占比 8.08%；监管机构举报
处理规范文件有 3 部，占比 3.03%；监管机构政务公开规范文件有 8 部，
占比 8.08%；监管机构宣传与通报规范文件有 2 部，占比 2.02%；监管机
构信访规范文件有 7 部，占比 7.07%。如表 4-10 所示。

表 4-10　保险业治理监管机构文件分类统计

序号	文件分类	文件数量（部）	占比（%）
1	监管机构治理基础文件	21	21.21
2	监管机构职责文件	5	5.05
3	监管机构派出机构治理文件	14	14.14
4	监管费用治理文件	9	9.09
5	监管机构专项治理文件	8	8.08
6	监管机构财务治理文件	2	2.02
7	监管机构合作治理文件	4	4.04
8	监管文件制定规范文件	8	8.08
9	监管机构处罚规范文件	8	8.08
10	监管机构举报处理规范文件	3	3.03
11	监管机构政务公开规范文件	8	8.08
12	监管机构宣传与通报规范文件	2	2.02
13	监管机构信访规范文件	7	7.07
	合计	99	100.00

资料来源：作者整理。

2. 监管机构文件具体说明

（1）监管机构治理基础文件

监管机构文件中关于监管机构治理基础的法律法规文件共有 21 部，
可以按照内容进一步细分为八类，分别是机构设置与人员编制文件、规章
制定程序文件、行政许可行为规范文件、公章使用文件、工作规则文件、
问责机制文件、激励机制文件和行政复议机制文件。其中，机构设置与人
员编制文件有 3 部，占比 14.29%；规章制定程序文件有 5 部，占比 23.81%；
行政许可行为规范文件有 5 部，占比 23.81%；公章使用文件有 2 部，占比
9.52%；工作规则文件有 1 部，占比 4.76%；问责机制文件有 1 部，占比
4.76%；激励机制文件有 1 部，占比 4.76%；行政复议机制文件有 3 部，占

比 14.29%。如表 4-11 所示。

表 4-11 保险业治理监管机构治理基础文件分类统计

序号	文件分类	文件数量（部）	占比（%）
1	机构设置与人员编制文件	3	14.29
2	规章制定程序文件	5	23.81
3	行政许可行为规范文件	5	23.81
4	公章使用文件	2	9.52
5	工作规则文件	1	4.76
6	问责机制文件	1	4.76
7	激励机制文件	1	4.76
8	行政复议机制文件	3	14.29
	合计	21	100

资料来源：作者整理。

具体来看：第一，关于机构设置与人员编制的法律法规文件共有 3 部，分别是《国务院办公厅关于印发中国保险监督管理委员会职能配置内设机构和人员编制规定的通知》（国办发〔1999〕21 号）、《国务院办公厅关于印发中国保险监督管理委员会主要职责内设机构和人员编制规定的通知》（国办发〔2003〕61 号）和《中共中央印发〈深化党和国家机构改革方案〉》（无编号）。

第二，关于规章制定程序的法律法规文件共有 5 部，分别是《中国人民银行关于印发〈金融业务基本规章制定程序规定（试行）〉的通知》（银发〔1991〕66 号）、《中国人民银行关于贯彻落实〈金融业务基本规章制定程序规定（试行）〉有关问题的通知》（银办发〔1991〕21 号）、《保险行政规章制定程序的规定》（保监发〔1999〕111 号）、《中国保险监督管理委员会规章制定程序规定》（中国保险监督管理委员会令〔2006〕第 2 号）和《中国保险监督管理委员会规章制定程序规定（2013 修正）》（中国保险监督管理委员会令〔2013〕第 11 号）。

第三，关于行政许可行为规范的法律法规文件共有 5 部，分别是《中国保监会行政许可事项实施规程》（中国保险监督管理委员会令〔2004〕第 8 号）、《中国保险监督管理委员会关于修订〈中国保监会行政许可事项实施规程〉有关内容的通知（2005）》（保监发〔2005〕29 号）、《中国保险监督管理委员会关于修订〈中国保监会行政许可事项实施规程〉有关内容的通知（2007）》（保监发〔2007〕54 号）、《中国保险监督管理委员会行政许可实施办法（2014 修订）》（中国保险监督管理委员会令〔2014〕第 2 号）和《中国银保监会行政许可实施程序规定》（中国银行保险监督管理委员会令〔2020〕第 7 号）。

第四，关于公章使用的法律法规文件共有 2 部，分别是《中国保险监督管理委员会关于启用中国保险监督管理委员会新印章的通知》（保监发〔2003〕44 号）和《关于启用中国保险监督管理委员会证书专用章的通知》（保监厅发〔2010〕25 号）。

第五，关于工作规则的法律法规文件有 1 部，即《中国保险监督管理委员会关于印发〈中国保险监督管理委员会工作规则〉的通知》（保监发〔2004〕10 号）。

第六，关于问责机制的法律法规文件有 1 部，即《中国保险监督管理委员会关于印发〈中国保监会保险监管问责制试行办法〉的通知》（保监发〔2006〕12 号）。

第七，关于激励机制的法律法规文件有 1 部，即《中国人民银行、中国银行保险监督管理委员会、中国证券监督管理委员会关于印发〈对真抓实干成效明显地方激励措施的实施办法（2022）〉的通知》（银发〔2022〕53 号）。

第八，关于行政复议机制的法律法规文件共有 3 部，分别是《中国保险监督管理委员会关于认真贯彻〈行政复议法〉有关问题的通知》（保监发〔1999〕180 号）、《中国保险监督管理委员会行政复议办法》（中国保险监督管理委员会令〔2001〕第 2 号）和《中国保险监督管理委员会行政复议办法（2010）》（中国保险监督管理委员会令〔2010〕第 1 号）。

（2）监管机构职责文件

监管机构文件中关于监管机构职责的法律法规文件共有 5 部，分别是《中国人民银行关于依法加强人民银行行使国家保险管理机关职责的通知》（银发〔1988〕74 号）、《中国保险监督管理委员会关于中国保监会党委调整职责有关问题的通知》（保监党委〔2003〕10 号）、《中国保险监督管理委员会关于印发〈关于加强保监会系统党建带团建工作的意见〉的通知》（保监党委发〔2011〕6 号）、《中国银保监会关于印发财产保险公司、再保险公司监管主体职责改革方案的通知》（无编号）和《中国银保监会关于印发人身保险公司监管主体职责改革方案的通知》（银保监发〔2021〕1 号）。

（3）监管机构派出机构治理文件

监管机构文件中关于监管机构职责的法律法规文件共有 14 部，分别是《中国保险监督管理委员会关于印发〈中国保监会派出机构监管职责暂行规定〉的通知》（保监发〔2000〕100 号）、《中国保险监督管理委员会派出机构监管职责暂行规定》（中国保险监督管理委员会令〔2001〕第 1 号）、《中国保险监督管理委员会关于派出机构行政级别的通知》（保监人教〔2004〕148 号）、《中国保险监督管理委员会关于印发派出机构管理部工作规则的通知》（保监厅发〔2004〕13 号）、《中国保险监督管理委员会关于印发中国保监会派出机构内设处室及主要职责的通知》（保监发〔2004〕25 号）、《中国保险监督管理委员会派出机构监管职责规定》（中国保险监督管理委员会令〔2004〕第 7 号）、《中国保险监督管理委员会关于派出机构设立法制科有关问题的通知》（保监人教〔2006〕118 号）、《中国保险监督管理委员会关于保监局履行偿付能力监管职责有关事项的通知》（保监发〔2009〕124 号）、《中国保险监督管理委员会派出机构监管职责规定（2010 修正）》（中国保险监督管理委员会令〔2010〕第 10 号）、《中国保险监督管理委员会关于印发〈保监局案件风险监管考核办法（试行）〉的通知》（保监稽查〔2013〕643 号）、《中国保险监督管理委员会关于授权北京等保监局开展保险资金运用监管试点工作的通知》（保监资金〔2014〕17 号）、《中国保险监督管理委员会派出机构监管职责规定（2016）》（中国保险监督管理委员会令〔2016〕第 1 号）、《中国银保监会办公厅关于授权派出机构实施部分行政许可事项的通知》（银保监办发〔2019〕69 号）和《中国银行保险监督管理委员会派出机构监管职责规定》（中国银行保险监督管理委员会令〔2021〕第 9 号）。

（4）监管费用治理文件

监管机构文件中关于监管费用治理的法律法规文件共有 9 部，分别是《中国保险监督管理委员会关于收取保险业务监管费有关事项的通知》（保监发〔2002〕99 号）、《中国保险监督管理委员会关于调整保险业务监管费收费标准和收费办法的通知》（保监发〔2006〕13 号）、《中国保险监督管理委员会关于印发〈中国保监会资格考试报名费收缴管理办法〉的通知》（保监发〔2008〕69 号）、《中国保险监督管理委员会关于调整保险业务监管费收费标准及收费办法有关事项的通知》（保监发〔2008〕121 号）、《中国保险监督管理委员会关于调整保险业务监管费收费标准等有关事项的通知》（保监发〔2012〕10 号）、《中国保监会关于调整保险业监管费收费标准等有关事项的通知（2016）》（保监发〔2016〕9 号）、《中国保监会关于调整保险业监管费和保险罚没收入缴款方式等有关事项的通知》（保监发〔2016〕103 号）、《中国保监会关于暂免征保险业监管费有关事项的通知》

（监财会〔2017〕181 号）和《中国银保监会关于缴纳 2022 年银行业和保险业监管费的通知》（银保监规〔2022〕12号）。

（5）监管机构专项治理文件

监管机构文件中关于监管机构专项治理的法律法规文件有 8 部，分别是《中国人民银行关于严格金融机构审批的通知》（银发〔1993〕194 号）、《中国保险监督管理委员会关于印发〈中国保监会保密工作管理规定〉的通知》（保监发〔2004〕24 号）、《中国保险监督管理委员会关于印发〈中国保监会关于在行政执法中及时移送涉嫌犯罪案件的规定〉的通知》（保监发〔2008〕37 号）、《中国保险监督管理委员会办公厅关于建立人身险公司专管员联系机制的通知》（保监厅发〔2010〕52 号）、《中国保险监督管理委员会关于进一步规范银保专管员管理制度的通知》（保监中介〔2010〕925号）、《中国保险监督管理委员会关于印发〈2012 年保险稽查工作要点〉的通知》（保监稽查〔2012〕156 号）、《中国人民银行、中国银行保险监督管理委员会、中国证券监督管理委员会关于完善系统重要性金融机构监管的指导意见》（银发〔2018〕301 号）和《中国银保监会关于印发监管数据安全管理办法（试行）的通知》（银保监发〔2020〕43 号）。

（6）监管机构财务治理文件

监管机构文件中关于监管机构财务治理的法律法规文件共有 2 部，分别是《财政部关于印发〈中国保险监督管理委员会财务管理暂行办法〉的通知》（财债字〔1999〕273 号）和《关于印发机关财务管理有关规定的通知》（保监厅发〔2005〕85 号）。

（7）监管机构合作治理文件

监管机构文件中关于监管机构合作治理的法律法规文件共有 4 部，分别是《中国保险监督管理委员会关于就商业保险合同监管主体问题做好有关协调工作的通知》（保监发〔2004〕32 号）、《中国银行业监督管理委员会、中国证券监督管理委员会、中国保险监督管理委员会在金融监管方面分工合作的备忘录》（无编号）、《中国保险监督管理委员会关于印发中国保监会关于加强计划单列市保监局与所在省保监局监管合作的意见的通知》（保监发〔2005〕6 号）和《中国保险监督管理委员会、中国银行业监督管理委员会关于保险监督管理机构查询保险机构及相关单位和个人在金融机构账户有关问题的通知》（保监发〔2011〕21 号）。

（8）监管文件制定规范文件

监管机构文件中关于监管文件制定规范的法律法规文件共有 8 部，分别是《中国保险监督管理委员会关于印发〈中国保险监督管理委员会公文处理办法〉的通知》（保监发〔2003〕144 号）、《中国保险监督管理委员会关于规范监管意见书、监管建议书等监管文书的通知》（保监厅发〔2006〕49 号）、《中国银监会关于制定、修改、废止、不适用部分规章和规范性文件的公告》（银监发〔2007〕56 号）、《中国保监会办公厅关于印发〈中国保监会电子文件传输系统管理暂行办法〉的通知》（保监厅发〔2012〕75 号）、《中国保险监督管理委员会关于印发〈中国保险监督管理委员会规范性文件制定管理办法〉的通知》（保监发〔2013〕101 号）、《中国保监会关于废止部分规范性文件的通知（2017）》（保监发〔2017〕90 号）、《中国银保监会规范性文件管理办法》（中国银行保险监督管理委员会令〔2020〕第 1 号）和《中国银保监会关于印发派出机构规范性文件备案审查办法的通知》（银保监发〔2021〕40 号）。

（9）监管机构处罚规范文件

监管机构文件中关于监管机构处罚规范的法律法规文件共有 8 部，分别是《中国保险监督管理委员会关于印发〈中国保监会行政处罚法律文书格式〉的通知》（保监发〔2001〕159 号）、《中国保险监督管理委员会行政处罚程序规定》（中国保险监督管理委员会令〔2005〕第 3 号）、《中国保险监督管理委员会关于印发〈关于实施〈中国保监会行政处罚程序规定〉若干问题的意见〉的通知》（保监厅发〔2006〕43 号）、《中国保险监督管理委员会行政处罚程序规定（2010）》（中国保险监督管理委员会令〔2010〕第 5 号）、《中国保险监督管理委员会行政处罚程序规定（2015 修订）》（中国保险监督管理委员会令〔2015〕第 2 号）、《中国保险监督管理委员会行政处罚程序规定（2015 第二次修订）》（中国保险监督管理委员会令〔2015〕第 3 号）、《中国保险监督管理委员会行政处罚程序规定（2017）》（中国保险监督管理委员会令〔2017〕第 1 号）和《中国银保监会行政处罚办法》（中国银行保险监督管理委员会令〔2020〕第 8 号）。

（10）监管机构举报处理规范文件

监管机构文件中关于监管机构举报处理规范的法律法规文件共有 3 部，分别是《保险违法行为举报处理工作办法》（中国保险监督管理委员会令〔2015〕第 1 号）、《中国保监会关于公布保险违法行为举报渠道的公告》（保监公告〔2015〕3 号）和《银行保险违法行为举报处理办法》（中国银行保险监督管理委员会令〔2019〕第 8 号）。

（11）监管机构政务公开规范文件

监管机构文件中关于监管机构政务公开规范的法律法规文件共有 8 部，可以按照内容细分为三类，分别是工作方案文件、信息披露文件和报告规范文件。

第一，监管机构政务公开规范文件中关于工作方案的法律法规文件有 1 部，即《中国保监会全面推进政务公开工作方案》（无编号）。

第二，监管机构政务公开规范文件中关于信息披露的法律法规文件共有 6 部，分别是《中国保险监督管理委员会对外公告管理暂行办法》（保监发〔1999〕9 号）、《中国保险监督管理委员会关于印发〈保险政务信息工作管理办法〉的通知》（保监发〔2004〕151 号）、《中国保险监督管理委员会办公厅关于指定中国保险报为保险采购信息披露媒体的函》（保监厅函〔2005〕136 号）、《中国保险监督管理委员会政府信息公开办法》（中国保险监督管理委员会令〔2008〕第 3 号）、《中国保监会关于印发〈中国保险监督管理委员会政务信息工作办法〉的通知（2015 修订）》（保监发〔2015〕128 号）和《中国保监会关于完善监管公开质询制度有关事项的通知》（保监发〔2017〕22 号）。

第三，监管机构政务公开规范文件中关于报告规范的法律法规文件有 1 部，即《中国保险监督管理委员会关于做好 2001 年年度报告编报工作的通知》（保监发〔2001〕198 号）。

（12）监管机构宣传与通报规范文件

监管机构文件中关于监管机构宣传与通报规范职责的法律法规文件共有 2 部，分别是《中国保险监督管理委员会关于印发〈中国保险监督管理委员会新闻宣传管理暂行办法〉的通知》（保监发〔2005〕66 号）和《中国保监会关于建立分类监管评价结果通报制度的通知》（保监财会〔2013〕619 号）。

（13）监管机构信访规范文件

监管机构文件中关于监管机构信访规范的法律法规文件共有 7 部，分别是《中国保险监督管理委员会信访投诉工作暂行办法》（保监发〔1999〕1 号）、《中国保险监督管理委员会关于印发〈中国保险监督管理委员会信访工作办法〉的通知》（保监发〔2002〕27 号）、《中国保险监督管理委员会信访工作办法（2005）》（中国保险监督管理委员会令〔2005〕第 1 号）、《中国保险监督管理委员会办公厅关于做好保监会信访投诉转办件处理工作的通知》（保监厅发〔2010〕46 号）、《中国保险监督管理委员会信访工作办法（2013 修正）》（中国保险监督管理委员会令〔2013〕第 9 号）、《中国保险监督管理委员会关于修改〈中国保险监督管理委员会信访工作办法〉的决定（2013）》（中国保险监督管理委员会令〔2013〕第 9 号）和《中国银保监会信访工作办法》（中国银行保险监督管理委员会令〔2020〕第 2

号）。

（二）社团组织文件

行业组织文件中关于社团组织的法律法规文件共有 6 部，分别是《全国保险行业公约》（无编号）、《中国保险监督管理委员会关于印发〈中国保监会保险社团组织管理暂行办法〉的通知》（保监发〔2001〕152 号）、《中国保险监督管理委员会关于印发〈中国保监会关于加强保险行业协会建设的指导意见〉的通知》（保监发〔2004〕17 号）、《中国保险监督管理委员会关于印发〈关于加强保险业社团组织建设的指导意见〉的通知》（保监发〔2007〕118 号）、《中国保监会办公厅关于加强保险业全国性社团组织规范化建设的通知》（保监厅发〔2017〕21 号）和《中国保监会关于印发〈全国性保险业社团组织收费管理暂行办法〉的通知》（保监财会〔2018〕47 号）。

第五章 我国保险机构治理法律法规文件
具体分析

　　保险机构治理是指为了规范保险机构行为，维护利益相关者利益而构建的一系列正式或非正式、内部或外部的治理制度安排，包括内部治理与外部治理两个方面和治理结构与治理机制两个层面。广义的保险机构治理包含保险公司治理，而狭义的保险机构治理则不涵盖保险公司治理。本章保险机构治理是指狭义的保险机构治理，即除保险公司外的其他保险机构治理，保险公司治理相关法律法规文件将在第六章专门进行分析。本章将保险机构治理法律法规文件划分为保险机构治理文件、保险经营机构治理文件和保险中介机构治理文件三大类并展开数据统计与分析。

第一节　保险机构治理法律法规文件总体分类

　　本节的主要内容是我国保险机构治理法律法规文件的总体分类。首先将保险机构治理相关的 175 部法律法规文件划分为三类，并进行了文件数量与占比的统计分析，然后对我国保险机构治理的早期法律法规文件的状况进行了具体介绍。

一、保险机构治理法律法规文件分类

　　保险机构治理的法律法规文件共有 175 部，可以按照内容划分为三类，分别是保险机构治理文件、保险经营机构治理文件和保险中介机构治理文件。其中，保险机构治理文件有 44 部，占比 25.14%；保险经营机构治理文件有 62 部，占比 35.43%；保险中介机构治理文件有 69 部，占比 39.43%。如表 5-1 所示。

表 5-1 保险机构治理法律法规文件分类统计

序号	文件分类	文件数量（部）	占比（%）
1	保险机构治理文件	44	25.14
2	保险经营机构治理文件	62	35.43
3	保险中介机构治理文件	69	39.43
	合计	175	100.00

资料来源：作者整理。

二、我国保险机构治理的起步

在中国保险监督管理委员会成立之前，我国保险机构治理实践更多的是对保险中介机构中的保险代理机构和保险经纪机构进行监管。1992 年 11 月，中国人民银行出台《保险代理机构管理暂行办法》（无编号）加强了对保险企业设立保险代理机构的管理，规范了保险代理机构的经营活动。1997 年 11 月，中国人民银行发布《保险代理人管理规定（试行）》（银发〔1997〕513 号），从从业资格、执业管理、保险代理合同等方面对如何管理各种代理人作出了具体的规定。1998 年 2 月，中国人民银行又发布《保险经纪人管理规定（试行）》（银发〔1998〕61 号），对保险经纪公司的相关活动进行了规定，规范了保险经纪人的行为。

在中国保险监督管理委员会成立之后，随着保险业的深入发展，我国保险机构治理实践逐渐丰富，中国保监会先后出台文件规范了再保险公司、保险资产管理公司、保险集团公司、相互保险组织等保险经营机构以及保险代理机构、保险经纪机构、保险公估机构等保险中介机构的治理。

在保险经营机构方面，中国保监会于 2002 年 9 月发布《再保险公司设立规定》（中国保险监督管理委员会令〔2002〕第 4 号）、2004 年 4 月发布《保险资产管理公司管理暂行规定》（中国保险监督管理委员会令〔2004〕第 2 号）、2010 年 3 月发布《保险集团公司管理办法（试行）》（保监发〔2010〕29 号）以及 2015 年 1 月发布《相互保险组织监管试行办法》（保监发〔2015〕11 号），分别对再保险公司、保险资产管理公司、保险集团公司以及相互保险组织的设立、变更、人员从业资格、经营管理及监督管理进行了规范。

在保险中介机构方面，中国保监会于 2005 年 2 月发布《保险中介机构法人治理指引（试行）》（保监发〔2005〕21 号）和《保险中介机构内部控制指引（试行）》（保监发〔2005〕21 号），对保险中介机构法人治理和内部控制进行了规范引导。此外，中国保监会发布的《保险公估机构管理规定》(中国保险监督管理委员会令〔2001〕第 3 号)于 2002 年 1 月 1 日起实施,《保险代理机构管理规定(2004)》(中国保险监督管理委员会令〔2004〕第 14 号)和《保险经纪机构管理规定》(中国保险监督管理委员会令〔2004〕第 15 号)于 2005 年 1 月 1 日起实施,这三部针对保险中介机构的管理规定对于建立保险中介市场体系、完善有序竞争的市场格局发挥了重要的作用。

第二节 保险机构总体治理法律法规文件分析

本节的主要内容是保险机构总体治理法律法规文件分析。保险机构可以分为保险经营机构和保险中介机构两类。本节所述的保险机构是指除保险公司之外的其他所有保险机构,保险机构总体治理法律法规文件是指同时规范保险经营机构和保险中介机构的总领性文件。在中国保监会成立之前,我国保险机构治理实践更多的是对保险中介机构中的保险代理机构和保险经纪机构进行监管。

一、保险机构总体治理法律法规文件分类

有关保险机构治理的法律法规文件共有 44 部,可以按照内容划分为五类,分别是保险机构大类治理文件、外资保险机构治理文件、中资境外保险机构治理文件、金融控股公司治理文件和保险保障基金公司治理文件。其中,保险机构大类治理文件有 20 部,占比 44.19%;外资保险机构治理文件有 12 部,占比 27.91%;中资境外保险机构治理文件有 8 部,占比 18.60%;金融控股公司治理文件有 3 部,占比 6.98%;保险保障基金公司治理文件有 1 部,占比 2.33%。如表 5-2 所示。

表 5-2 保险机构总体治理法律法规文件分类统计

序号	文件分类	文件数量(部)	占比(%)
1	保险机构大类治理文件	20	44.19
2	外资保险机构治理文件	12	27.91
3	中资境外保险机构治理文件	8	18.60
4	金融控股公司治理文件	3	6.98
5	保险保障基金公司治理文件	1	2.33
	合计	44	100.00

资料来源:作者整理。

二、保险机构总体治理法律法规文件细分

（一）保险机构大类治理文件

1. 保险机构大类治理文件分类

保险机构大类治理法律法规文件共有 20 部，可以按照内容进一步细分为八类，分别是股东治理文件、董监高治理文件、高管治理文件、利益相关者治理文件、激励约束机制文件、信科治理文件、应急治理文件和外部监管文件。其中，股东治理文件有 1 部，占比 5.00%；董监高治理文件有 4 部，占比 20.00%；高管治理文件有 1 部，占比 5.00%；利益相关者治理文件有 2 部，占比 10.00%；激励约束机制文件共有 4 部，占比 20.00%；信科治理文件有 1 部，占比 5.00%；应急治理文件有 1 部，占比 5.00%；外部监管文件有 6 部，占比 30.00%。如表 5-3 所示。

表 5-3　保险机构大类治理文件分类统计

序号	文件分类	文件数量（部）	占比（%）
1	股东治理文件	1	5.00
2	董监高治理文件	4	20.00
3	高管治理文件	1	5.00
4	利益相关者治理文件	2	10.00
5	激励约束机制文件	4	20.00
6	信科治理文件	1	5.00
7	应急治理文件	1	5.00
8	外部监管文件	6	30.00
	合计	20	100.00

资料来源：作者整理。

2. 保险机构大类治理文件具体说明

（1）股东治理文件

保险机构大类治理文件中关于股东治理的法律法规文件有 1 部，即《中国银保监会关于印发银行保险机构大股东行为监管办法（试行）的通知》（银保监发〔2021〕43 号）。

（2）董监高治理文件

保险机构大类治理文件中关于董监高治理的法律法规文件共有 4 部，可以按照内容进一步细分为两类，分别是任职资格文件和培训规范文件。

第一，关于任职资格的法律法规文件共有 3 部，分别是《中国保监会

关于印发〈关于规范保险机构董事、监事和高级管理人员任职资格考试工作的实施方案〉的通知》（保监发〔2015〕122 号）、《中国保监会培训中心关于启用保险机构董事、监事和高级管理人员任职资格考试系统（试运行）的通知》（无编号）和《中国保监会关于印发〈保险机构董事、监事和高级管理人员任职资格考试管理暂行办法〉的通知》（保监发〔2016〕6 号）。

第二，关于培训规范的法律法规文件有 1 部，即《中国保监会关于印发〈2017 年保险机构董事、监事和高级管理人员培训要点〉的通知》（保监培训〔2017〕79 号）。

（3）高管治理文件

保险机构大类治理文件中关于高管治理的法律法规文件有 1 部，即《中国保险监督管理委员会关于印发〈保险机构高级管理人员任职资格管理暂行规定〉的通知》（保监发〔1999〕10 号）。

（4）利益相关者治理文件

保险机构大类治理文件中关于利益相关者治理的法律法规文件共有 2 部，主要关于员工和消费者方面，分别是《中国银保监会关于银行保险机构员工履职回避工作的指导意见》（银保监发〔2019〕50 号）和《银行保险机构消费者权益保护管理办法》（中国银行保险监督管理委员会令〔2022〕第 9 号）。

（5）激励约束机制文件

保险机构大类治理文件中关于激励约束机制的法律法规文件共有 4 部，主要关于问责机制，分别是《中国保险监督管理委员会关于印发〈保险机构案件责任追究指导意见〉的通知》（保监发〔2010〕12 号）、《中国保险监督管理委员会关于贯彻落实〈保险机构案件责任追究指导意见〉的通知》（保监发〔2010〕21 号）、《中国保险监督管理委员会关于开展案件责任追究清理工作的通知》（保监稽查〔2010〕192 号）和《中国保险监督管理委员会关于明确保险机构案件责任追究管理有关问题的通知》（保监稽查〔2011〕1539 号）。

（6）信科治理文件

保险机构大类治理文件中关于信科治理的法律法规文件有 1 部，即《中国银保监会办公厅关于印发银行保险机构信息科技外包风险监管办法的通知》（银保监办发〔2021〕141 号）。

（7）应急治理文件

保险机构大类治理文件中关于应急治理的法律法规文件有 1 部，即《银行保险机构应对突发事件金融服务管理办法》（中国银行保险监督管理委员会令〔2020〕第 10 号）。

（8）外部监管文件

保险机构大类治理文件中关于外部监管的法律法规文件共有 6 部，可以按照内容细分为四类，分别是报告规范文件、财务会计治理文件、行为监管文件和行政许可文件。

第一，关于报告规范的法律法规文件有 1 部，即《中国保险监督管理委员会关于上报中资保险机构有关资料的通知》（保监厅发〔2005〕16 号）。

第二，关于财务会计治理的法律法规文件有 1 部，即《财政部关于印发〈金融保险企业财务制度〉的通知》（〔93〕财商字第 11 号）。

第三，关于行为监管的法律法规文件有 1 部，即《中国保险监督管理委员会关于印发〈国有及国有控股保险机构"小金库"专项治理试点工作方案〉的通知》（保监发〔2010〕65 号）。

第四，关于行政许可的法律法规文件共有 3 部，分别是《中国保险监督管理委员会关于调整高级管理人员任职资格审查范围和改变内部机构设置报批制度的通知》（保监发〔2000〕52 号）、《保险许可证管理办法》（中国保险监督管理委员会令〔2007〕第 1 号）和《银行保险机构许可证管理办法》（中国银行保险监督管理委员会令〔2021〕第 3 号）。

（二）外资保险机构治理文件

外资保险机构治理法律法规文件共有 12 部，按照内容可以进一步细分为分支机构治理文件和外部监管文件。

1. 分支机构治理文件

外资保险机构治理文件中关于分支机构治理的法律法规文件共有 10 部，可以按照内容分为两类，分别是治理基础文件和报告规范文件。

第一，关于治理基础的法律法规文件共有 9 部，分别是《中国人民银行关于侨资外资金融机构在中国设立常驻代表机构的管理办法》（无编号）、《中国人民银行关于外资金融机构在中国设立常驻代表机构的管理办法》（无编号）、《中国人民银行关于印发〈外国金融机构驻华代表机构管理办法〉的通知》（银发〔1996〕149 号）、《中国保险监督管理委员会关于严禁境外保险机构非法从事保险及其中介活动的公告》（保监公告第 6 号）、《中国保险监督管理委员会关于印发〈外资保险机构驻华代表机构管理办法〉的通知》（保监发〔1999〕225 号）、《外国保险机构驻华代表机构管理办法》（中国保险监督管理委员会令〔2004〕第 1 号）、《中国保险监督管理委员会关于明确外国保险机构驻华代表机构申请材料报送程序的通知》（保监发〔2004〕21 号）、《中国保险监督管理委员会关于严厉打击境外保险机构在境内非法保险活动及保险诈骗活动的通知》（保监发〔2004〕52 号）、《关于加强外国保险机构驻华代表机构管理问题的通知》（保监厅发〔2005〕49号）、《外国保险机构驻华代表机构管理办法（2006）》（中国保险监督管理委员会令〔2006〕第 5 号）、《中国保险监督管理委员会关于印发〈中国保监会关于适用〈外国保险机构驻华代表机构管理办法〉若干问题的解释〉的通知》（保监发〔2008〕101 号）和《外国保险机构驻华代表机构管理办法（2018 修正）》（中国保险监督管理委员会令〔2018〕第 4 号）。

第二，关于报告规范的法律法规文件有 1 部，即《中国保险监督管理委员会关于明确外国保险机构驻华代表机构申请材料报送程序的通知》（保监发〔2004〕21 号）。

2. 外部监管文件

外资保险机构治理文件中关于外部监管的法律法规文件共有两部，主要关于行为监管方面，分别是《中国保险监督管理委员会关于严禁境外保险机构非法从事保险及其中介活动的公告》（保监公告第 6 号）和《中国保险监督管理委员会关于严厉打击境外保险机构在境内非法保险活动及保险诈骗活动的通知》（保监发〔2004〕52 号）。

（三）中资境外保险机构治理文件

中资境外保险机构治理法律法规文件共有 8 部，可以按照内容细分为两类，分别是治理基础文件和分支机构治理文件。

1. 治理基础文件

中资境外保险机构治理文件中关于治理基础的法律法规文件共有 7部，分别是《境外金融机构管理办法》（中国人民银行令〔1990〕第 1 号）、《中国人民银行关于执行〈境外金融机构管理办法〉有关问题的通知》（银发〔1990〕126 号）、《中国人民银行关于加强境外中资金融机构管理的通知》（银发〔1995〕232 号）、《中国人民保险公司关于印发〈中国人民保险（集团）公司海外机构管理暂行规定〉等四个管理办法的通知》（保发〔1995〕198 号）、《中国人民银行〈关于进一步加强境外中资金融机构管理的通知〉》（〔1996〕外经贸计财字第 532 号）、《中国人民保险（集团）公司关于海外机构管理中若干问题的补充通知》（保发〔1996〕276 号）和《中国人民保险（集团）公司关于转发中国人民银行〈关于进一步加强境外中资金融机构管理的通知〉及我公司〈海外机构"九五"发展规划的函〉的通知》（保发〔1996〕312 号）。

2. 分支机构治理文件

中资境外保险机构治理文件中关于分支机构治理的法律法规文件有 1

部，即《中国人民保险公司关于在东南亚地区机构的有关问题的通知》（保发〔1996〕123号）。

（四）金融控股公司治理文件

金融控股公司治理法律法规文件共有 3 部，可以按照内容进一步细分为两类，分别是治理基础文件和董监高治理文件。

1. 治理基础文件

金融控股公司治理文件中关于治理基础的法律法规文件有 1 部，即《金融控股公司监督管理试行办法》（中国人民银行令〔2020〕第 4 号）。

2. 董监高治理文件

金融控股公司治理文件中关于董监高治理的法律法规文件共有 2 部，主要关于任职资格方面，分别是《金融控股公司董事、监事、高级管理人员任职备案管理暂行规定》（中国人民银行令〔2021〕第 2 号）和《中国人民银行关于〈金融控股公司董事、监事、高级管理人员任职备案管理暂行规定（征求意见稿）〉公开征求意见的反馈》（无编号）。

（五）保险保障基金公司治理文件

保险保障基金公司治理法律法规文件有 1 部，主要针对外部监管中的业务监管问题，即《中国保监会办公厅关于印发〈中国保险保障基金有限责任公司业务监管办法〉的通知（2015修订）》（保监厅发〔2015〕79号）。

第三节　保险经营机构治理法律法规文件分析

本节的主要内容是我国保险经营机构法律法规文件的具体分析。首先将保险经营机构治理法律法规文件划分为六类，并进行了文件数量与占比的统计分析，进而对我国保险经营机构治理文件层面的各个文件进行了细分介绍。

一、保险经营机构治理法律法规文件分类

有关保险经营机构治理的法律法规文件共有 62 部，可以按照内容划分为五类，分别是保险经营机构大类治理文件、保险集团（控股）公司治理文件、再保险公司治理文件、相互保险组织治理文件、保险资产管理公司治理文件和保险投资公司治理文件。其中，保险经营机构大类治理文件有 37 部，占比 59.68%；保险集团（控股）公司治理文件有 7 部，占比 11.29%；再保险公司治理文件有 3 部，占比 4.84%；相互保险组织治理文件有 3 部，

占比 4.84%；保险资产管理公司治理文件有 11 部，占比 17.74%；保险投资公司治理文件有 1 部，占比 1.61%。如表 5-4 所示。

表 5-4　保险经营机构治理法律法规文件分类统计

序号	文件分类	文件数量（部）	占比（%）
1	保险经营机构大类治理文件	37	59.68
2	保险集团（控股）公司治理文件	7	11.29
3	再保险公司治理文件	3	4.84
4	相互保险组织治理文件	3	4.84
5	保险资产管理公司治理文件	11	17.74
6	保险投资公司治理文件	1	1.61
	合计	62	100.00

资料来源：作者整理。

二、保险经营机构治理法律法规文件细分

（一）保险经营机构大类治理文件

1. 保险经营机构大类治理文件分类

保险经营机构治理文件中关于保险经营机构大类治理的法律法规文件共有 37 部，可以按照内容细分为十二类，分别是治理基础文件、治理标准文件、股东治理文件、董监高治理文件、信科治理文件、利益相关者治理文件、风险管理文件、内部审计文件、内部控制与合规管理文件、激励约束机制文件、外部监管文件和监管评价文件。其中，治理基础文件有 1 部，占比 2.70%；治理标准文件有 1 部，占比 2.70%；股东治理文件有 1 部，占比 2.70%；董监高治理文件有 3 部，占比 8.11%；信科治理文件有 2 部，占比 5.41%；利益相关者治理文件有 3 部，占比 8.11%；风险管理文件有 3 部，占比 8.11%；内部审计文件有 1 部，占比 2.70%；内部控制与合规管理文件有 1 部，占比 2.70%；激励约束机制文件有 1 部，占比 2.70%；外部监管文件有 8 部，占比 21.62%；监管评价文件有 12 部，占比 32.43%。如表 5-5 所示。

表 5-5　保险经营机构大类治理文件分类统计

序号	文件分类	文件数量（部）	占比（%）
1	治理基础文件	1	2.70
2	治理标准文件	1	2.70
3	股东治理文件	1	2.70

序号	文件分类	文件数量（部）	占比（%）
4	董监高治理文件	3	8.11
5	信科治理文件	2	5.41
6	利益相关者治理文件	3	8.11
7	风险管理文件	3	8.11
8	内部审计文件	1	2.70
9	内部控制与合规管理文件	1	2.70
10	激励约束机制文件	1	2.70
11	外部监管文件	8	21.62
12	监管评价文件	12	32.43
	合计	37	100.00

资料来源：作者整理。

2. 保险经营机构大类治理文件具体说明

（1）治理基础文件

保险经营机构大类治理文件中关于治理基础的法律法规文件有 1 部，即《银保监会关于印发银行保险机构恢复和处置计划实施暂行办法的通知》（银保监发〔2021〕16 号）。

（2）治理标准文件

保险经营机构大类治理文件中关于治理标准的法律法规文件有 1 部，即《中国银保监会关于印发银行保险机构公司治理准则的通知》（银保监发〔2021〕14 号）。

（3）股东治理文件

保险经营机构大类治理文件中关于股东治理的法律法规文件有 1 部，即《中国银保监会办公厅关于进一步加强银行保险机构股东承诺管理有关事项的通知》（银保监办发〔2021〕100 号）。

（4）董监高治理文件

保险经营机构大类治理文件中关于董监高治理的法律法规文件共有 3 部，可以按照内容细分为两类，分别是高管治理文件和培训规范文件。

第一，董监高治理文件中关于高管治理的法律法规文件共有 2 部，分别是《中国保监会关于保险机构投资风险责任人有关事项的通知》（保监发〔2013〕28 号）和《银保监会关于印发〈保险机构独立董事管理办法〉的通知》（银保监发〔2018〕35 号）。

第二，董监高治理文件中关于培训规范的法律法规文件有 1 部，即《中国保监会关于印发〈保险机构董事、监事和高级管理人员培训管理办法〉的通知》（保监发〔2015〕43号）。

（5）信科治理文件

保险经营机构大类治理文件中关于信科治理的法律法规文件共有2部，分别是《中国保险监督管理委员会关于做好保险信息系统灾难备份工作的通知》（保监发〔2004〕127号）和《中国保险监督管理委员会关于印发〈保险机构开业信息化建设验收指引〉的通知》（保监发〔2004〕137号）。

（6）利益相关者治理文件

保险经营机构大类治理文件中关于利益相关者治理的法律法规文件共有3部，可以按照内容细分为两类，分别是员工文件和消费者文件。

第一，董监高治理文件中关于员工的法律法规文件有1部，即《中国保监会关于保险机构开展员工持股计划有关事项的通知》（保监发〔2015〕56号）。

第二，董监高治理文件中关于消费者的法律法规文件共有2部，分别是《中国银保监会办公厅关于开展银行保险机构侵害消费者权益乱象整治工作的通知》（银保监办发〔2019〕194号）和《银保监会关于银行保险机构加强消费者权益保护工作体制机制建设的指导意见》（银保监发〔2019〕38号）。

（7）风险管理文件

保险经营机构大类治理文件中关于风险管理的法律法规文件共有3部，分别是《中国保险监督管理委员会关于加强保险资产配置风险管理的通知》（保监发〔2009〕17号）、《中国保险监督管理委员会关于试行〈保险资产风险五级分类指引〉的通知》（保监发〔2014〕82号）和《中国银行保险监督管理委员会关于印发〈银行保险机构声誉风险管理办法（试行）〉的通知》（银保监发〔2021〕4号）。

（8）内部审计文件

保险经营机构大类治理文件中关于内部审计的法律法规文件有1部，即《中国保监会关于印发〈保险机构内部审计工作规范〉的通知》（保监发〔2015〕113号）。

（9）内部控制与合规管理文件

保险经营机构大类治理文件中关于内部控制与合规管理的法律法规文件有1部，即《中国银保监会关于开展银行业保险业"内控合规管理建设年"活动的通知》（银保监发〔2021〕17号）。

（10）激励约束机制文件

保险经营机构大类治理文件中关于激励约束机制的法律法规文件有 1 部，主要关于激励机制方面，即《中国银保监会办公厅印发关于建立完善银行保险机构绩效薪酬追索扣回机制指导意见的通知》（银保监办发〔2021〕17 号）。

（11）外部监管文件

保险经营机构大类治理文件中关于外部监管的法律法规文件共有 8 部，可以按照内容细分为五类，分别是行为监管文件、财务会计治理文件、关联交易管理文件、报告规范文件和监管通知文件。

第一，外部监管文件中关于行为监管的法律法规文件有 1 部，即《中国保监会关于规范保险机构对外担保有关事项的通知》（保监发〔2011〕5 号）。

第二，外部监管文件中关于财务会计治理的法律法规文件共有 2 部，分别是《中国保监会关于保险业实施新会计准则有关事项的通知》（保监发〔2006〕96 号）和《中国保险监督管理委员会关于保险集团（控股）公司、相互制保险公司资本保证金提存有关问题的通知》（保监发〔2008〕66 号）。

第三，外部监管文件中关于关联交易管理的法律法规文件共有 2 部，分别是《银行保险机构关联交易管理办法》（中国银行保险监督管理委员会令〔2022〕第 1 号）和《中国银保监会关于加强保险机构资金运用关联交易监管工作的通知》（银保监规〔2022〕11 号）。

第四，外部监管文件中关于报告规范的法律法规文件共有 2 部，分别是《中国保险监督管理委员会关于年度报告编报工作有关问题的通知》（无编号）和《中国保监会关于进一步规范报送〈保险公司治理报告〉的通知》（保监发改〔2015〕95 号）。

第五，外部监管文件中关于监管通知的法律法规文件有 1 部，即《中国保险监督管理委员会办公厅关于举办保险公司董事、监事培训班的通知》（保监厅函〔2011〕342 号）。

（12）监管评价文件

保险经营机构大类治理文件中关于监管评价的法律法规文件共有 12 部，可以按照内容细分为三类，分别是治理评价文件、风险管理能力评价文件和其他评价文件。

第一，监管评价文件中关于治理评价的法律法规文件共有 9 部，分别是《中国保监会关于印发〈保险法人机构公司治理评价办法（试行）〉的通知》（保监发〔2015〕112 号）、《中国保监会关于 2015 年度保险法人机构公司治理评价结果的通报》（无编号）、《中国保监会关于 2017 年保险法人机构公司治理评估有关情况的通报》（保监发改〔2017〕261 号）、《中国银保监会关于 2018 年保险法人机构公司治理现场评估结果的通报》（银保监发〔2019〕2 号）、《中国银保监会关于印发银行保险机构公司治理监管评估办法（试行）的通知》（银保监发〔2019〕43 号）、《2020 年银行保险机构公司治理监管评估结果总体情况》（无编号）、《银行保险机构董事监事履职评价办法（试行）》（中国银行保险监督管理委员会令〔2021〕第 5 号）、《2021 年银行保险机构公司治理监管评估结果总体情况》（无编号）和《中国银保监会修订发布〈银行保险机构公司治理监管评估办法〉》（银保监规〔2022〕19 号）。

第二，监管评价文件中关于风险管理能力评价的法律法规文件共有 2 部，分别是《中国保监会关于开展 2017 年度 SARMRA 评估有关事项的通知》（保监财会〔2017〕156 号）和《中国银保监会关于印发〈2018 年度保险机构 SARMRA 评估、公司治理评估、资产负债管理能力评估工作方案〉的通知》（银保监发〔2018〕37 号）。

第三，监管评价文件中关于其他评价的法律法规文件有 1 部，即《中国银保监会关于印发银行保险机构消费者权益保护监管评价办法的通知》（银保监发〔2021〕24 号）。

（二）保险集团（控股）公司治理文件

1. 保险集团（控股）公司治理文件分类

保险经营机构治理文件中关于保险集团（控股）公司治理的法律法规文件共有 7 部，可以按照内容划分为三类，分别是治理基础文件、外部监管文件和监管评价文件。其中，治理基础文件有 2 部，占比 28.57%；外部监管文件有 4 部，占比 57.14%；监管评价文件有 1 部，占比 14.29%。如表 5-6 所示。

表 5-6　保险集团（控股）公司治理文件分类统计

序号	文件分类	文件数量（部）	占比（%）
1	治理基础文件	2	28.57
2	外部监管文件	4	57.14
3	监管评价文件	1	14.29
	合计	7	100.00

资料来源：作者整理。

2. 保险集团（控股）公司治理文件具体说明

（1）治理基础文件

保险集团（控股）公司治理文件中关于治理基础的法律法规文件共有 2 部，分别是《中国保险监督管理委员会关于印发〈保险集团公司管理办法（试行）〉的通知》（保监发〔2010〕29 号）和《保险集团公司监督管理办法》（中国银行保险监督管理委员会令〔2021〕第 13 号）。

（2）外部监管文件

保险集团（控股）公司治理文件中关于外部监管的法律法规文件共有 4 部，可以按照内容细分为三类：偿付能力监管文件、报表规范文件和行政许可文件。

第一，外部监管文件中关于偿付能力监管的法律法规文件有 1 部，即《中国保险监督管理委员会关于编报保险集团偿付能力报告有关事项的通知》（保监发〔2008〕55 号）。

第二，外部监管文件中关于报表规范的法律法规文件有 1 部，即《中国保监会关于印发〈保险集团并表监管指引〉的通知》（保监发〔2014〕96 号）。

第三，外部监管文件中关于行政许可的法律法规文件共有 2 部，分别是《国务院关于撤销中国人民保险（集团）公司实施方案的批复》（国函〔1998〕85 号）和《中国保险监督管理委员会关于撤销中国人民保险（集团）公司的公告》（保监公告第 7 号）。

（3）监管评价文件

保险集团（控股）公司治理文件中关于监管评价的法律法规文件有 1 部，即《2020 年保险集团（控股）公司本级公司治理监管评估结果情况》（无编号）。

（三）再保险公司治理文件

1. 再保险公司治理文件分类

保险经营机构治理文件中关于再保险公司治理的法律法规文件共有 3 部，可以按照内容划分为三类，分别是治理基础文件、外部监管文件和稽核与处罚文件。其中，治理基础文件有 1 部，占比 33.33%；外部监管文件有 1 部，占比 33.33%；稽核与处罚文件有 1 部，占比 33.33%。如表 5-7 所示。

表 5-7　再保险公司治理文件分类统计

序号	文件分类	文件数量（部）	占比（%）
1	治理基础文件	1	33.33
2	外部监管文件	1	33.33
3	稽核与处罚文件	1	33.34
	合计	3	100.00

资料来源：作者整理。

2. 再保险公司治理文件具体说明

（1）治理基础文件

再保险公司治理文件中关于治理基础的法律法规文件有 1 部，即《再保险公司设立规定》（中国保险监督管理委员会令〔2002〕第 4 号）。

（2）外部监管文件

再保险公司治理文件中关于外部监管的法律法规文件有 1 部，主要关于报告规范方面，即《中国保险监督管理委员会关于建立再保险信息定期报告制度的通知》（保监发〔2009〕25 号）。

（3）稽核与处罚文件

再保险公司治理文件中关于稽核与处罚的法律法规文件有 1 部，即《中国再保险公司关于印发〈中国再保险公司稽核工作报告制度〉（试行）、〈中国再保险公司稽核工作暂行规定〉（试行）、〈中国再保险公司经济处罚暂行规定〉（试行）》（中再发〔1999〕11 号）。

（四）相互保险组织治理文件

保险经营机构治理文件中关于相互保险组织治理的法律法规文件共有 3 部，可以按照内容划分为两类，分别是治理基础文件和信息披露文件。

1. 治理基础文件

相互保险组织治理文件中关于治理基础的法律法规文件共有 2 部，分别是《中国保监会关于在瑞安市开展农村保险互助社试点的通知》（保监发改〔2015〕2 号）和《中国保监会关于印发〈相互保险组织监管试行办法〉的通知》（保监发〔2015〕11 号）。

2. 信息披露文件

相互保险组织治理文件中关于信息披露的法律法规文件有 1 部，即《中国保监会关于在瑞安市开展农村保险互助社试点的通知》（保监发改〔2015〕2 号）和《中国保监会关于印发〈相互保险组织监管试行办法〉的通知》（保监发〔2015〕11 号）。

（五）保险资产管理公司治理文件

1. 保险资产管理公司治理文件分类

保险经营机构治理文件中关于保险资产管理公司治理的法律法规文件共有 11 部，可以按照内容划分为四类，分别是治理基础文件、高管治理文件、外部监管文件和监管评价文件。其中，治理基础文件有 3 部，占比 27.27%；高管治理文件有 1 部，占比 9.09%；外部监管文件有 6 部，占比 54.55%；监管评价文件有 1 部，占比 9.09%。如表 5-8 所示。

表 5-8　保险资产管理公司治理文件分类统计

序号	文件分类	文件数量（部）	占比（%）
1	治理基础文件	3	27.27
2	高管治理文件	1	9.09
3	外部监管文件	6	54.55
4	监管评价文件	1	9.09
	合计	11	100.00

资料来源：作者整理。

2. 保险资产管理公司治理文件具体说明

（1）治理基础文件

保险资产管理公司治理文件中关于治理基础的法律法规文件共有 3 部，分别是《保险资产管理公司管理暂行规定》（中国保险监督管理委员会令〔2004〕第 2 号）、《中国保险监督管理委员会关于调整〈保险资产管理公司管理暂行规定〉有关规定的通知（2011）》（保监发〔2011〕19 号）和《保险资产管理公司管理规定》（中国银行保险监督管理委员会令〔2022〕第 2 号）。

（2）高管治理文件

保险资产管理公司治理文件中关于高管治理的法律法规文件有 1 部，即《中国保监会关于保险资产管理产品风险责任人有关事项的通知》（保监发〔2015〕24 号）。

（3）外部监管文件

保险资产管理公司治理文件中关于外部监管的法律法规文件共有 6 部，可以按照内容细分为三类：业务监管文件、报告规范文件和统计规范文件。

第一，外部监管文件中关于业务监管的法律法规文件共有 2 部，分别是《中国保险监督管理委员会关于加强保险资产管理公司标准化管理工作有关问题的通知》（保监厅发〔2007〕82 号）和《保险资产管理产品管理暂行办法》（中国银行保险监督管理委员会令〔2020〕第 5 号）。

第二，外部监管文件中关于报告规范的法律法规文件共有 3 部，分别是《中国保险监督管理委员会关于保险资产管理公司编报 2003 年年度报告有关问题的通知》（保监财会〔2004〕59 号）、《中国保险监督管理委员会关于保险资产管理公司年度财务报告有关问题的通知》（保监发〔2008〕31 号）和《中国银保监会办公厅关于精简保险资产管理公司监管报告事项的通知》（银保监发〔2021〕131 号）。

第三，外部监管文件中关于统计规范的法律法规文件有 1 部，即《中国保监会关于印发〈保险资产管理公司统计制度〉的通知》（保监发〔2010〕85号）。

（4）监管评价文件

保险资产管理公司治理文件中关于监管评价的法律法规文件有 1 部，即《中国银保监会办公厅关于印发保险资产管理公司监管评级暂行办法的通知》（银保监办发〔2021〕5 号）。

（六）保险投资公司治理文件

保险经营机构治理文件中关于保险投资公司治理的法律法规文件有 1 部，主要关于治理基础方面，即《中国人民银行关于审批金融机构若干问题的通知》（无编号）。

第四节　保险中介机构治理法律法规文件分析

本节的主要内容是我国保险中介机构法律法规文件的具体分析。首先将保险中介机构法律法规文件划分为四类，进而进行了文件数量与占比的统计分析，并在此基础上对我国保险中介机构治理法律法规文件层面的各个文件进行了细分介绍。

一、保险中介机构治理法律法规文件分类

保险机构治理文件中关于保险中介机构治理的法律法规文件共有 69 部，可以按照内容划分为四类，分别是保险中介机构大类治理文件、保险经纪机构治理文件、保险代理机构治理文件和保险公估机构治理文件。其中，保险中介机构大类治理文件有 28 部，占比 40.58%；保险经纪机构治理文件有 12 部，占比 17.39%；保险代理机构治理文件有 20 部，占比 28.99%；保险公估机构治理文件有 9 部，占比 13.04%。如表 5-9 所示。

表 5-9　保险中介机构治理法律法规文件分类统计

序号	文件分类	文件数量（部）	占比（%）
1	保险中介机构大类治理文件	28	40.58
2	保险经纪机构治理文件	12	17.39
3	保险代理机构治理文件	20	28.99
4	保险公估机构治理文件	9	13.04
	合计	69	100.00

资料来源：作者整理。

二、保险中介机构法律法规文件治理细分

（一）保险中介机构大类治理文件

1. 保险中介机构大类治理文件分类

保险中介机构治理文件中关于保险中介机构大类治理的法律法规文件有 28 部，可以按照内容划分为四类，分别是治理基础文件、治理标准文件、股东治理文件、分支机构治理文件、信科治理文件、外部监管文件和外部审计文件。其中，治理基础文件有 2 部，占比 7.14%；治理标准文件有 1 部，占比 3.57%；股东治理文件有 1 部，占比 3.57%；分支机构治理文件有 1 部，占比 3.57%；信科治理文件有 2 部，占比 7.14%；外部监管文件有 18 部，占比 64.29%；外部审计文件有 3 部，占比 10.71%。如表 5-10 所示。

表 5-10　保险中介机构大类治理文件分类统计

序号	文件分类	文件数量（部）	占比（%）
1	治理基础文件	2	7.14
2	治理标准文件	1	3.57
3	股东治理文件	1	3.57
4	分支机构治理文件	1	3.57
5	信科治理文件	2	7.14
6	外部监管文件	18	64.29
7	外部审计文件	3	10.71
	合计	28	100.00

资料来源：作者整理。

2. 保险中介机构大类治理文件具体说明

（1）治理基础文件

保险中介机构大类治理文件中关于治理基础的法律法规文件共有 2 部，分别是《中国保险监督管理委员会关于贯彻执行保险中介机构管理规定有关问题的通知》（保监发〔2001〕195 号）和《中国保险监督管理委员会关于印发〈保险中介服务集团公司监管办法（试行）〉的通知》（保监发〔2011〕54 号）。

（2）治理标准文件

保险中介机构大类治理文件中关于治理标准的法律法规文件有 1 部，即《保险中介机构法人治理指引（试行）》（保监发〔2005〕21 号）。

（3）股东治理文件

保险中介机构大类治理文件中关于股东治理的法律法规文件有 1 部，即《中国保险监督管理委员会关于保险公司员工投资保险中介机构问题的批复》（保监产险〔2004〕53 号）。

（4）分支机构治理文件

保险中介机构大类治理文件中关于分支机构治理的法律法规文件有 1 部，即《中国保险监督管理委员会关于保险中介机构设立分支机构有关事项的通知》（保监发〔2004〕1 号）。

（5）信科治理文件

保险中介机构大类治理文件中关于信科治理的法律法规文件共有 2 部，分别是《中国保险监督管理委员会关于加强保险中介机构信息化建设的通知》（保监发〔2007〕28 号）和《中国银保监会办公厅关于印发保险中介机构信息化工作监管办法的通知》（银保监办发〔2021〕3 号）。

（6）外部监管文件

保险中介机构大类治理文件中关于外部监管的法律法规文件共有 18 部，可以按照内容细分为 9 类，分别是监管基础文件、监管方式文件、准入管理文件、财务会计治理文件、人员监管文件、行为监管文件、业务监管文件、报表规范文件和行政许可文件。其中，监管基础文件有 1 部，占比 5.56%；监管方式文件有 2 部，占比 11.11%；准入管理文件有 2 部，占比 11.11%；财务会计治理文件有 1 部，占比 5.56%；人员监管文件有 5 部，占比 27.78%；行为监管文件有 3 部，占比 16.67%；业务监管文件有 1 部，占比 5.56%；报表规范文件有 1 部，占比 5.56%；行政许可文件有 2 部，占比 11.11%。如表 5-11 所示。

表 5-11 保险中介机构大类治理外部监管文件分类统计

序号	文件分类	文件数量（部）	占比（%）
1	监管基础文件	1	5.56
2	监管方式文件	2	11.11
3	准入管理文件	2	11.11
4	财务会计治理文件	1	5.56
5	人员监管文件	5	27.78
6	行为监管文件	3	16.67
7	业务监管文件	1	5.56
8	报表规范文件	1	5.56
9	行政许可文件	2	11.11
	合计	18	100.00

资料来源：作者整理。

外部监管法律法规文件细分具体说明如下：

第一，关于监管基础的法律法规文件有 1 部，即《中国保险监督管理委员会关于印发〈保险专业中介机构分类监管暂行办法〉的通知》（保监发〔2008〕122 号）。

第二，关于监管方式的法律法规文件有 2 部，分别是《中国保险监督管理委员会关于做好保险中介非现场监管工作有关事项的通知》（保监发〔2002〕81 号）和《中国保险监督管理委员会关于专业保险中介机构现场检查有关问题的通知》（保监发〔2004〕93 号）。

第三，关于准入管理的法律法规文件有 2 部，分别是《中国保险监督管理委员会关于进一步规范保险中介市场准入的通知》（保监中介〔2012〕693 号）和《中国保监会关于进一步明确保险专业中介机构市场准入有关问题的通知》（保监发〔2013〕44 号）。

第四，关于财务会计治理的法律法规文件有 1 部，即《财政部关于印发〈保险中介公司会计核算办法〉的通知》（财会〔2004〕10 号）。

第五，关于人员监管的法律法规文件共有 5 部，分别是《中国保险监督管理委员会关于发布保险中介从业人员职业道德指引的通知》（保监发〔2004〕143 号）、《中国保险监督管理委员会关于印发〈保险中介从业人员继续教育暂行办法〉的通知》（保监发〔2005〕41 号）、《中国保险监督管理委员会关于加强保险中介从业人员继续教育管理工作的通知》（保监发〔2005〕107 号）、《中国保监会关于保险中介从业人员管理有关问题的通知》（保监中介〔2015〕139 号）和《中国银保监会办公厅关于切实加强保险专业中介机构从业人员管理的通知》（银保监办发〔2020〕42 号）。

第六，关于行为监管的法律法规文件有 3 部，分别是《中国保险监督管理委员会关于遏制保险中介机构挪用侵占保费违法违规行为的通知》（保监发〔2008〕117 号）、《中国保险监督管理委员会关于严格规范保险专业中介机构激励行为的通知》（保监中介〔2010〕1333 号）和《中国保险监督管理委员会关于进一步规范保险专业中介机构激励行为的通知》（保监中介〔2012〕202 号）。

第七，关于业务监管的法律法规文件有 1 部，即《中国银保监会办公厅关于加强保险公司中介渠道业务管理的通知》（银保监办发〔2019〕19 号）。

第八，关于报表规范的法律法规文件有 1 部，即《中国保险监督管理委员会关于修订保险中介监管报表有关事宜的通知》（保监发〔2003〕143 号）。

第九，关于行政许可的法律法规文件有 2 部，分别是《中国保监会关于做好保险专业中介业务许可工作的通知》（保监发〔2016〕82 号）和《保险中介行政许可及备案实施办法》（中国银行保险监督管理委员会令〔2021〕第 12 号）。

（7）外部审计文件

保险中介机构大类治理文件中关于外部审计的法律法规文件有 3 部，分别是《关于保险中介公司聘请会计师事务所进行外部审计有关问题的通知》（保监发〔2001〕72 号）、《中国保险监督管理委员会关于印发〈保险中介机构外部审计指引〉的通知》（保监发〔2005〕1 号）和《中国保险监督管理委员会关于进一步做好保险专业中介机构外部审计工作的通知》（保监发〔2007〕73 号）。

（二）保险经纪机构治理文件

保险中介机构治理文件中关于保险经纪机构治理的法律法规文件共有 12 部，可以按照内容划分为两类，分别是治理基础文件和外部监管文件。

1. 治理基础文件

保险经纪机构治理文件中关于治理基础的法律法规文件共有 8 部，分别是《保险经纪人管理规定（试行）》（银发〔1998〕61 号）、《保险经纪公司管理规定》（中国保险监督管理委员会令〔2001〕第 5 号）、《保险经纪机构管理规定》（中国保险监督管理委员会令〔2004〕第 15 号）、《中国保险监督管理委员会关于允许外国保险经纪公司设立外商独资保险经纪公司的公告》（无编号）、《保险经纪机构监管规定》（中国保险监督管理委员会令〔2009〕第 6 号）、《保险经纪机构监管规定（2013 修订）》（中国保险监督管理委员会令〔2013〕第 6 号）、《保险经纪机构监管规定（2015 修订）》（中国保险监督管理委员会令〔2015〕第 3 号）和《保险经纪人监管规定》（中国保险监督管理委员会令〔2018〕第 3 号）。

2. 外部监管文件

保险经纪机构治理文件中关于外部监管的法律法规文件共有 4 部，可以按照内容进一步细分为三类，分别是人员监管文件、报表规范文件和行政许可文件。

第一，外部监管文件中关于人员监管的法律法规文件有 1 部，即《保险经纪从业人员、保险公估从业人员监管办法》（中国保险监督管理委员会令〔2013〕第 3 号）。

第二，外部监管文件中关于报表规范的法律法规文件有 2 部，分别是《中国保险监督管理委员会关于印发保险经纪公司监管报表的通知》（保监发〔2000〕212 号）和《中国保险监督管理委员会关于修订保险经纪公司监管报表的通知》（保监发〔2002〕63 号）。

第三，外部监管文件中关于行政许可的法律法规文件有 1 部，即《中国保险监督管理委员会关于调整保险经纪、保险公估法人许可证换发和高级管理人员任职资格核准工作流程有关事宜的通知》（保监发〔2008〕119 号）。

（三）保险代理机构治理文件

保险中介机构治理文件中关于保险代理机构治理的法律法规文件共有 20 部，可以按照内容划分为两类，分别是治理基础文件和外部监管文件。

1. 治理基础文件

保险代理机构治理文件中关于治理基础的法律法规文件共有 13 部，分别是《保险代理机构管理暂行办法》（无编号）、《中国人民银行关于保险代理机构有关问题的通知》（银发〔1994〕129 号）、《保险代理人管理暂行规定》（银发〔1996〕36 号）、《中国保险监督管理委员会关于加强保险兼业代理人管理有关问题的通知》（保监发〔1999〕68 号）、《中国保险监督管理委员会关于执行〈保险兼业代理管理暂行办法〉有关问题的通知》（保监发〔2000〕189 号）、《保险代理机构管理规定》（中国保险监督管理委员会令〔2001〕第 4 号）、《保险代理机构管理规定（2004）》（中国保险监督管理委员会令〔2004〕第 14 号）、《中国保险监督管理委员会关于下发〈保险兼业代理机构管理试点办法〉及开展试点工作的通知》（保监发〔2006〕109 号）、《保险专业代理机构监管规定》（中国保险监督管理委员会令〔2009〕第 5 号）、《中国保险监督管理委员会关于贯彻落实〈保险专业代理机构监管规定〉〈保险经纪机构监管规定〉〈保险公估机构监管规定〉有关事宜的通知》（保监发〔2009〕130 号）、《保险专业代理机构监管规定（2013修订）》（中国保险监督管理委员会令〔2013〕第 7 号）、《保险专业代理机构监管规定（2015 修订）》（中国保险监督管理委员会令〔2015〕第 3 号）和《保险代理人监管规定》（中国银行保险监督管理委员会令〔2020〕第 11 号）。

2. 外部监管文件

保险代理机构治理文件中关于外部监管的法律法规文件共有 7 部，可以按照内容细分为四类，分别是人员监管文件、业务监管文件、行政许可文件和服务标准文件。

第一，外部监管文件中关于人员监管的法律法规文件有 1 部，即《中国保险监督管理委员会关于保险公司中介业务检查中代理人、经纪人佣金监管有关问题的通知》（保监中介〔2010〕507 号）。

第二，外部监管文件中关于业务监管的法律法规文件共有 2 部，分别是《中国保险监督管理委员会关于保险代理（经纪）机构投保职业责任保险有关事宜的通知》（保监发〔2005〕27 号）和《中国保险监督管理委员会关于印发〈保险代理、经纪公司互联网保险业务监管办法（试行）〉的通知》（保监发〔2011〕53 号）。

第三，外部监管文件中关于行政许可的法律法规文件共有 3 部，分别是《中国保险监督管理委员会关于保险兼业代理机构外设网点合规性等问题的复函》（保监发〔2003〕136 号）、《中国保监会关于银行类保险兼业代理机构行政许可有关事项的通知》（保监中介〔2016〕44 号）和《中国银保监会关于允许境外投资者来华经营保险代理业务的通知》（银保监发〔2018〕30 号）。

第四，外部监管文件中关于服务标准的法律法规文件有 1 部，即《中国保险监督管理委员会关于实施〈保险专业代理机构基本服务标准〉〈保险经纪机构基本服务标准〉〈保险公估机构基本服务标准〉的通知》（保监发〔2013〕3 号）。

（四）保险公估机构治理文件

保险中介机构治理文件中关于保险公估机构治理的法律法规文件共有 20 部，可以按照内容划分为两类，分别是治理基础文件和外部监管文件。

1. 治理基础文件

保险公估机构治理文件中关于治理基础的法律法规文件共有 6 部，分别是《保险公估机构管理规定》（中国保险监督管理委员会令〔2001〕第 3 号）、《中国保险监督管理委员会关于加强保险公估机构管理的通知》（保监中介〔2005〕619 号）、《保险公估机构监管规定》（中国保险监督管理委员会令〔2009〕第 7 号）、《保险公估机构监管规定（2013 修订）》（中国保险监督管理委员会令〔2013〕第 10 号）、《保险公估机构监管规定（2015 修订）》（中国保险监督管理委员会令〔2015〕第 3 号）和《保险公估人监管规定》（中国保险监督管理委员会令〔2018〕第 2 号）。

2. 外部监管文件

保险公估机构治理文件中关于外部监管的法律法规文件共有 3 部，可以按照内容细分为三类，分别是业务监管文件、报表规范文件和行政许可文件。

第一，外部监管文件中关于业务监管的法律法规文件有 1 部，即《中国银行保险监督管理委员会关于印发〈保险公估基本准则〉的通知》（银保监发〔2018〕21 号）。

第二，外部监管文件中关于报表规范的法律法规文件有 1 部，即《中国保险监督管理委员会关于印发保险公估机构监管报表的通知》（保监发〔2002〕66 号）。

第三，外部监管文件中关于行政许可的法律法规文件有 1 部，即《中国银保监会关于允许境外投资者来华经营保险公估业务的通知》（银保监发〔2018〕29 号）。

第六章　我国保险公司治理法律法规文件具体分析

狭义的保险公司治理是指保险公司的治理结构与内部治理机制，治理的目标是实现股东利益的最大化。广义的保险公司治理是在狭义的基础上，导入外部治理机制，同时利益相关者范畴也不仅仅局限于股东和高级管理人员，而是拓展到包括投保人在内的保险公司所有利益相关者。具体而言，广义的保险公司治理是指一套综合内部治理结构、内部治理机制以及外部治理机制，用来协调保险公司与投保人、股东、高级管理人员、员工、社区、政府等利益相关者的利益，以实现保险公司决策科学化，进而实现利益相关者利益最大化的多方面、多层次的治理制度安排体系。本章所谓保险公司治理是指广义的保险公司治理，在此基础上将针对保险公司治理法律法规文件总体分类、保险公司治理制度法律法规文件、保险公司内部治理法律法规文件和保险公司外部治理法律法规文件展开数据统计与分析。

第一节　保险公司治理法律法规文件总体分类

本节的主要内容是我国保险公司治理法律法规文件的总体分类。首先将保险公司治理相关的 462 部法律法规文件划分为三类，并进行了文件数量与占比的统计分析，最后对我国保险公司治理的早期法律法规文件的状况进行了具体介绍。

一、保险公司治理法律法规文件分类

有关保险公司治理的法律法规文件共有 462 部，可以按照内容进一步划分为三类，分别是治理制度文件、内部治理文件和外部治理文件。其中，治理制度文件有 45 部，占比 9.74%；内部治理文件有 109 部，占比 23.59%；外部治理文件有 308 部，占比 66.67%。如表 6-1 所示。

表 6-1　保险公司治理法律法规文件分类统计

序号	文件分类	文件数量（部）	占比（%）
1	治理制度文件	45	9.74
2	内部治理文件	109	23.59
3	外部治理文件	308	66.67
	合计	462	100.00

资料来源：作者整理。

二、我国保险公司治理的起步

在构建公司治理基础层面，我国保险公司进行了有益的探索。1982 年 12 月 27 日，《中国人民保险公司章程》（国函〔1982〕282 号）出台，明确了中国人民保险公司在组织上设立董事会、监事会和高级管理人员，并规定了董事会、监事会和总经理的职权，这是我国保险公司较早的公司治理实践。随着改革开放的进一步深入和现代企业制度的逐步确立，1994 年 3 月 24 日，中国人民保险公司颁布《经营目标责任制管理暂行办法》（保发〔1994〕56 号），明确了经营目标责任制考核的相关问题，要求深化公司内部改革，转换经营机制，提高分公司的自我约束能力，加强总公司的宏观管理，充分调动分公司自主经营、自我发展的积极性。

此外，国务院分别于 1983 年 9 月 1 日和 1985 年 3 月 3 日发布了《中华人民共和国财产保险合同条例》（国发〔1983〕135 号）和《保险企业管理暂行条例》（国发〔1985〕33 号）。前者实际上是《中华人民共和国经济合同法》（全国人民代表大会常务委员会公报 1981 年）在财产保险领域的实施细则，是中华人民共和国成立以来的第一部财产保险合同法律法规文件，是保险合同方面的规范性法律文件，在一定程度上起到了保险合同法的作用。而后者首次对保险企业设立与经营等内容进行了规范，是当时仅有的一部临时性、行政管理性的保险法。这两部行政法规的颁布有效规范了我国保险公司的经营和管理活动。

需要特别指出的是，为了适应上海市对外开放和经济发展的需要，1992 年 9 月 11 日，中国人民银行制定了《上海外资保险机构暂行管理办法》（银发〔1992〕221 号），对外资保险机构在上海开展业务进行了规范，加强了对上海市外资保险机构的管理，是首部有关外资保险机构监管的法规。

随着我国保险业的快速发展，为加强保险治理监管，落实银行、保险和证券分业经营、分业管理的方针，1998 年 11 月，中国保监会在北京宣告成立,开始逐步探索建立符合我国保险业发展实际的现代保险监管体系。中国保监会成立后,立即对保险市场的现状和存在的问题进行了调研,并着手修改、补充和完善保险法律法规体系,我国保险公司治理实践走上了规范、系统的发展道路。中国保监会于 2000 年 1 月 13 日出台了《保险公司管理规定》(保监发〔2000〕2 号),规定了保险公司法人机构和分支机构的准入和日常监管等基本制度,是全面规范保险公司及其分支机构设立、经营规则、监督管理的基础性规章制度。为履行中国加入世贸组织的对外承诺,中国保监会于 2002 年修正了该规定中设立审批时间等方面的部分条文。随着保险监管的持续深入,2004 年 5 月,中国保监会对该规定进行了修订,分别对保险机构、保险经营、保险条款和费率、保险资金与保险公司偿付能力和监督检查五个保险监管的主要领域进行了规定。

第二节 保险公司治理制度法律法规文件分析

本节的主要内容是我国保险公司治理制度法律法规文件的具体分析。首先将有关保险公司治理制度的法律法规文件划分为三类,且进行了文件数量与占比的统计分析,并基于此对我国保险公司治理制度法律法规文件层面的各个文件进行了细分介绍。

一、保险公司治理制度法律法规文件分类

保险公司治理法律法规文件中关于治理制度的法律法规文件共有 45 部,可以按照内容划分为三类,分别是公司治理基础文件、公司治理标准文件和公司章程文件。其中,公司治理基础文件有 40 部,占比 88.89%;公司治理标准文件有 2 部,占比 4.44%;公司章程文件有 3 部,占比 6.67%。如表 6-2 所示。

表 6-2 保险公司治理制度文件分类统计

序号	文件分类	文件数量(部)	占比(%)
1	公司治理基础文件	40	88.89
2	公司治理标准文件	2	4.44
3	公司章程文件	3	6.67
	合计	45	100.00

资料来源:作者整理。

二、保险公司治理制度法律法规文件细分

（一）公司治理基础文件

保险公司治理制度法律法规文件中关于公司治理基础的法律法规文件共有 40 部，其中，1979－2002 年间共有 17 部，分别是《国务院对中国人民银行〈关于成立中国人民保险公司董事会的报告〉和〈中国人民保险公司章程〉给中国人民银行的批复》（国函〔1982〕282 号）、《中国人民银行关于金融机构设置或撤并管理的暂行规定》（无编号）、《保险企业管理暂行条例》（国发〔1985〕33 号）、《中国人民银行对〈关于暂停审批设立各类金融机构的紧急通知〉的补充通知》（银发〔1988〕256 号）、《中国人民银行、国家工商行政管理局关于金融机构办理年检和重新登记注册问题的通知》（银发〔1991〕38 号）、《上海外资保险机构暂行管理办法》（银发〔1992〕221 号）、《中国人民保险公司关于印发〈经营目标责任制管理暂行办法〉的通知》（保发〔1994〕56 号）、《中国人民银行关于印发〈金融机构管理规定〉的通知》（银发〔1994〕198 号）、《中国人民保险公司关于印发〈中国人民保险公司全资直属企业暂行管理办法〉的通知》（保发〔1995〕6 号）、《中国人民银行关于修订〈上海外资保险机构暂行管理办法〉有关条款的通知（1995）》（银发〔1995〕165 号）、《中国人民保险（集团）公司关于印发〈中国人民保险（集团）公司工作规则（暂行）〉的通知》（保发〔1996〕134 号）、《中国人民银行关于贯彻〈国务院关于原有有限责任公司和股份有限公司依照〈中华人民共和国公司法〉进行规范的通知〉的通知》（银发〔1996〕308）、《中国人民保险公司关于建立开工报告制度的暂行规定》（保计财〔1997〕43 号）、《中国保险监督管理委员会关于加强对保险公司内部机构及其负责人管理的通知》（保监发〔1999〕64 号）、《保险公司管理规定》（保监发〔2000〕2 号）、《中华人民共和国外资保险公司管理条例》（中华人民共和国国务院令第 336 号）和《中国保险监督管理委员会关于修改〈保险公司管理规定〉有关条文的决定》（中国保险监督管理委员会令〔2002〕第 3 号）。

2004－2021 年间共有 23 部，分别是《中国保险监督管理委员会关于外国财产保险分公司改建为独资财产保险公司有关问题的通知》（保监发〔2004〕45 号）、《中华人民共和国外资保险公司管理条例实施细则》（中国保险监督管理委员会令〔2004〕第 4 号）、《保险公司管理规定（2004）》（中国保险监督管理委员会令〔2004〕第 3 号）、《中国保险监督管理委员会关于〈保险公司管理规定〉有关条文解释的复函》（保监厅函〔2005〕7 号）、

《中国保险监督管理委员会关于印发〈保险公司开业验收指引（试行）〉的通知》（保监发改〔2005〕272号）、《保险公司设立境外保险类机构管理办法》（中国保险监督管理委员会令〔2006〕第 7 号）、《保险公司管理规定（2009）》（中国保险监督管理委员会令〔2009〕第 1 号）、《中国保险监督管理委员会关于贯彻实施〈保险公司管理规定〉有关问题的通知》（保监发〔2010〕26 号）、《中华人民共和国外资保险公司管理条例实施细则（2010修正）》（中国保险监督管理委员会令〔2010〕第 10 号）、《中国保险监督管理委员会关于印发〈保险公司开业验收指引〉的通知》（保监发〔2011〕14号）、《中国保监会关于印发〈保险公司发展规划管理指引〉的通知》（保监发〔2013〕18号）、《中华人民共和国外资保险公司管理条例（2013修订）》（中华人民共和国国务院令第636号）、《中国保险监督管理委员会关于专业网络保险公司开业验收有关问题的通知》（保监发〔2013〕66 号）、《中国保险监督管理委员会关于自保公司监管有关问题的通知》（保监发〔2013〕95 号）、《保险公司设立境外保险类机构管理办法（2015修订）》（中国保险监督管理委员会令〔2015〕第 3 号）、《中国保险监督管理委员会关于修改〈保险公司设立境外保险类机构管理办法〉等八部规章的决定》（中国保险监督管理委员会令〔2015〕第 3 号）、《保险公司管理规定（2015修订）》（中国保险监督管理委员会令〔2015〕第 3 号）、《中华人民共和国外资保险公司管理条例（2016修订）》（中华人民共和国国务院令第666号）、《中国保监会关于进一步加强保险公司开业验收工作的通知》（保监发〔2017〕51号）、《中华人民共和国外资保险公司管理条例实施细则（2018修正）》（中国保险监督管理委员会令〔2018〕第 4 号）、《中华人民共和国外资保险公司管理条例（2019修订）》（中华人民共和国国务院令第720号）、《中华人民共和国外资保险公司管理条例实施细则（2019修订）》（中国银行保险监督管理委员会令〔2019〕第 4 号）和《中华人民共和国外资保险公司管理条例实施细则（2021修正）》（中国银行保险监督管理委员会令〔2021〕第 2 号）。

（二）公司治理标准文件

保险公司治理制度法律法规文件中关于公司治理标准的法律法规文件有 2 部，分别是《中国保险监督管理委员会关于印发〈关于规范保险公司治理结构的指导意见（试行）〉的通知》（保监发〔2006〕2 号）和《中国保监会关于加强保险公司筹建期治理机制有关问题的通知》（保监发〔2015〕61 号）。

（三）公司章程文件

保险公司治理制度法律法规文件中关于公司章程的法律法规文件有 3
部，分别是《中国保险监督管理委员会关于印发〈关于规范保险公司章程
的意见〉的通知》（保监发〔2008〕57 号）、《中国保监会办公厅关于优化
保险公司章程修改等审批程序的通知》（保监厅发〔2015〕42 号）和《中
国保监会关于印发〈保险公司章程指引〉的通知》（保监发〔2017〕36 号）。

第三节　保险公司内部治理法律法规文件分析

本节的主要内容是我国保险公司内部治理法律法规文件的具体分析。
首先将保险公司内部治理法律法规文件划分为十五类，并进行了文件数量
与占比的统计分析，最后对我国保险公司内部治理法律法规文件层面的各
个文件进行了细分介绍。

一、保险公司内部治理法律法规文件分类

有关保险公司内部治理的法律法规文件共有 109 部，可以按照内容划
分为十五类，分别是股东治理文件、董事会治理文件、董监高治理文件、
监事会治理文件、高管治理文件、领导人员治理文件、利益相关者治理文
件、风险管理文件、内部控制文件、内部审计文件、稽查审计文件、精算
管理文件、合规管理文件、内部控制与合规管理文件以及信科治理文件。
其中，股东治理文件有 13 部，占比 11.93%；董事会治理文件有 2 部，占
比 1.83%；董监高治理文件有 13 部，占比 11.93%；监事会治理文件有 1
部，占比 0.92%；高管治理文件有 25 部，占比 22.94%；领导人员治理文
件有 6 部，占比 5.50%；利益相关者治理文件有 2 部，占比 1.83%；风险
管理文件有 9 部，占比 8.26%；内部控制文件有 12 部，占比 11.01%；内
部审计文件有 5 部，占比 4.59%；稽查审计文件有 1 部，占比 0.92%；精
算管理文件有 7 部，占比 6.42%；合规管理文件有 6 部，占比 5.50%；内
部控制与合规管理文件有 1 部，占比 0.92%；信科治理文件有 6 部，占比
5.50%。如表 6-3 所示。

表 6-3　保险公司内部治理文件总体分类统计

序号	文件分类	文件数量（部）	占比（%）
1	股东治理文件	13	11.93
2	董事会治理文件	2	1.83
3	董监高治理文件	13	11.93
4	监事会治理文件	1	0.92
5	高管治理文件	25	22.94
6	领导人员治理文件	6	5.50
7	利益相关者治理文件	2	1.83
8	风险管理文件	9	8.26
9	内部控制文件	12	11.01
10	内部审计文件	5	4.59
11	稽查审计文件	1	0.92
12	精算管理文件	7	6.42
13	合规管理文件	6	5.50
14	内部控制与合规管理文件	1	0.92
15	信科治理文件	6	5.50
	合计	109	100.00

资料来源：作者整理。

二、保险公司内部治理法律法规文件细分

（一）股东治理文件

保险公司内部治理文件中关于股东治理的法律法规文件共有 13 部，分别是《中国保险监督管理委员会关于印发〈向保险公司投资入股暂行规定〉的通知》（保监发〔1999〕270 号）、《中国保险监督管理委员会关于重新印发〈向保险公司投资入股暂行规定〉的通知》（保监发〔2000〕49 号）、《中国保险监督管理委员会关于规范中资保险公司吸收外资参股有关事项的通知》（保监发〔2001〕126 号）、《中国银监会关于印发〈商业银行投资保险公司股权试点管理办法〉的通知》（银监发〔2009〕98 号）、《保险公司股权管理办法》（中国保险监督管理委员会令〔2010〕第 6 号）、《保险公司控股股东管理办法》（中国保险监督管理委员会令〔2012〕第 1 号）、《中国保监会关于〈保险公司股权管理办法〉第四条有关问题的通知》（保监发〔2013〕29 号）、《中国保监会关于规范有限合伙式股权投资企业投资入股保险公司有关问题的通知》（保监发〔2013〕36 号）、《保险公司股权管理办法（2014 修订）》（中国保险监督管理委员会令〔2014〕第 4 号）、《保险

公司股权管理办法（2018）》（中国保险监督管理委员会令〔2018〕第 5 号）、《中国人民银行、中国银行保险监督管理委员会、中国证券监督管理委员会关于加强非金融企业投资金融机构监管的指导意见》（银发〔2018〕107 号）、《中国银保监会办公厅关于明确取消合资寿险公司外资股比限制时点的通知》（银保监办发〔2019〕230 号）和《保险公司股东权利义务手册》（中保协发〔2022〕12 号）。

（二）董事会治理文件

保险公司内部治理文件中关于董事会治理的法律法规文件有 2 部，分别是《中国保险监督管理委员会关于印发〈保险公司董事会运作指引〉的通知》（保监发〔2008〕58 号）和《中国保险行业协会关于发布〈保险公司董事会提案管理指南〉的通知》（无编号）。

（三）董监高治理文件

1. 董监高治理文件分类

保险公司内部治理文件中关于董监高治理的法律法规文件共有 13 部，可以按照内容进一步细分为三类，分别是独立董事治理文件、任职资格管理文件和激励约束机制文件。其中，独立董事治理文件有 1 部，占比 7.69%；任职资格管理文件有 8 部，占比 61.54%；激励约束机制文件有 4 部，占比30.77%。如表 6-4 所示。

表 6-4　保险公司董监高治理文件分类统计

序号	文件分类	文件数量（部）	占比（%）
1	独立董事治理文件	1	7.69
2	任职资格管理文件	8	61.54
3	激励约束机制文件	4	30.77
	合计	13	100.00

资料来源：作者整理。

2. 董监高治理文件具体说明

（1）独立董事治理文件

董监高治理文件中关于独立董事治理的法律法规文件有 1 部，是《中国保险监督管理委员会关于印发〈保险公司独立董事管理暂行办法〉的通知》（保监发〔2007〕22 号）。

（2）任职资格管理文件

董监高治理文件中关于任职资格管理的法律法规文件共有 8 部，分别是《保险公司董事和高级管理人员任职资格管理规定》（中国保险监督管理委员会令〔2006〕第 4 号）、《中国保险监督管理委员会关于〈保险公司董事和高级管理人员任职资格管理规定〉具体适用问题的通知》（保监发〔2006〕93 号）、《中国保险监督管理委员会关于印发〈保险公司董事、监事及高级管理人员培训管理暂行办法〉的通知》（保监发〔2008〕27 号）、《中国保险监督管理委员会关于执行〈保险公司董事和高级管理人员任职资格管理规定〉若干问题的通知》（保监发〔2008〕83 号）、《保险公司董事、监事和高级管理人员任职资格管理规定》（中国保险监督管理委员会令〔2010〕第 2 号）、《保险公司董事、监事和高级管理人员任职资格管理规定（2014 修正）》（中国银行保险监督管理委员会令〔2015〕第 1 号）、《保险公司董事、监事和高级管理人员任职资格管理规定（2018 修正）》（中国保险监督管理委员会令〔2018〕第 4 号）和《保险公司董事、监事和高级管理人员任职资格管理规定(2021)》(中国银行保险监督管理委员会令〔2021〕第 6 号）。

（3）激励约束机制文件

董监高治理文件中关于激励约束机制的法律法规文件共有 4 部，分别是《中国保监会关于印发〈保险公司董事及高级管理人员审计管理办法〉的通知》（保监发〔2010〕78 号）、《中国保险监督管理委员会关于印发〈保险公司薪酬管理规范指引（试行）〉的通知》（保监发〔2012〕63 号）、《中国保监会关于贯彻实施〈保险公司董事及高级管理人员审计管理办法〉有关事项的通知》（保监发〔2012〕102 号）和《中国保险监督管理委员会关于贯彻实施〈保险公司薪酬管理规范指引（试行）〉有关事项的通知》（保监发〔2012〕101 号）。

（四）监事会治理文件

内部治理文件中关于监事会治理的法律法规文件有 1 部，是《中国保险监督管理委员会关于印发〈国有保险公司监事会检查报告报送程序规定〉的通知》（保监发〔2003〕113 号）。

（五）高管治理文件

1. 高管治理文件分类

内部治理文件中关于高管治理的法律法规文件共有 25 部，可以按照内容进一步划分为三类，分别是特定高管治理文件、任职资格管理文件和激励约束机制文件。其中，特定高管治理文件有 12 部，占比 48.00%；任职资格管理文件有 10 部，占比 40.00%；激励约束机制文件有 3 部，占比 12.00%。如表 6-5 所示。

表 6-5 保险公司高管治理文件分类统计

序号	文件分类	文件数量（部）	占比（%）
1	特定高管治理文件	12	48.00
2	任职资格管理文件	10	40.00
3	激励约束机制文件	3	12.00
	合计	25	100.00

资料来源：作者整理。

2. 高管治理文件具体说明

（1）特定高管治理文件

高管治理文件中关于特定高管治理的法律法规文件共有 12 部，分别是《中国保险监督管理委员会关于对财产保险公司放宽精算责任人条件要求的通知》（保监发〔2003〕26 号）、《中国保险监督管理委员会关于精算责任人任职资格有关要求的通知》（保监发〔2004〕133 号）、《中国保险监督管理委员会关于加强非寿险精算责任人任职管理的通知》（保监发〔2005〕9 号）、《保险公司总精算师管理办法》（中国保险监督管理委员会令〔2007〕第 3 号）、《中国保险监督管理委员会关于〈保险公司总精算师管理办法〉实施有关问题的通知》（保监寿险〔2008〕57 号）、《保险公司财务负责人任职资格管理规定》（中国保险监督管理委员会令〔2008〕第 4 号）、《中国保险监督管理委员会关于对取得国外精算师资格的拟任总精算师进行考核的公告》（保监公告〔2009〕5 号）、《中国保险监督管理委员会关于实施〈保险公司财务负责人任职资格管理规定〉有关事项的通知》（保监发〔2009〕23 号）、《保险公司财务负责人任职资格管理规定（2010 修正）》（中国保险监督管理委员会令〔2010〕第 10 号）、《保险公司总精算师管理办法（2010 修正）》（中国保险监督管理委员会令〔2010〕第 10 号）、《中国保险监督管理委员会关于加强人身保险公司总精算师管理的通知》（保监寿险〔2013〕620 号）和《中国保监会关于财产保险公司和再保险公司实施总精算师制度有关事项的通知》（保监财险〔2017〕271 号）。

（2）任职资格管理文件

高管治理文件中关于任职资格管理的法律法规文件共有 10 部，分别是《金融机构高级管理人员任职资格管理暂行规定》（银发〔1996〕327 号）、《中国保险监督管理委员会关于做好保险机构高级管理人员任职资格申报工作的通知》（保监发〔1999〕11 号）、《中国保险监督管理委员会关于规范保险机构高级管理人员任职资格申报工作的通知》（保监人教〔1999〕7

号）、《中国人民银行关于金融机构高级管理人员任职资格有关问题的函》（银函〔1999〕281号）、《金融机构高级管理人员任职资格管理办法》（中国人民银行令〔2000〕第1号）、《中国保险监督管理委员会关于强化高级管理人员任职前资格审查的通知》（保监发〔2001〕57号）、《保险公司高级管理人员任职资格管理规定》（中国保险监督管理委员会令〔2002〕第2号）、《保险公司高级管理人员任职资格管理规定（2003修正）》（中国保险监督管理委员会令〔2003〕第2号）、《中国保险监督管理委员会办公厅关于保险公司高级管理人员任职资格管理有关问题的复函》（保监厅函〔2004〕155号）和《中国保险监督管理委员会关于高级管理人员任职资格审查名称报送问题的复函》（保监厅函〔2007〕284号）。

（3）激励约束机制文件

高管治理文件中关于激励约束机制的法律法规文件共有3部，分别是《中国保险监督管理委员会办公室关于对保险公司有关责任人予以处罚相关问题的复函》（保监发〔2003〕118号）、《中国保险监督管理委员会关于保险公司高级管理人员2008年薪酬发放等有关事宜的通知》（保监发〔2008〕112号）和《财政部关于国有金融机构2008年度高管人员薪酬分配有关问题的通知》（财金〔2009〕23号）。

（六）领导人员治理文件

内部治理文件中关于领导人员治理的法律法规文件共有6部，主要关于激励约束机制方面，分别是《中国人民银行关于印发〈关于对金融机构重大经济犯罪案件负有领导责任人员行政处分的暂行规定〉的通知》（银发〔1995〕261号）、《中国人民银行关于印发〈关于对金融机构违法违规经营责任人的行政处分规定〉的通知》（银发〔1998〕221号）、《中国人民保险公司对各级公司领导干部的监督管理的规定》（人保发〔1999〕56号）、《中国人民保险公司关于对领导干部实行谈话打招呼、函询和诫勉的暂行规定》（人保党发〔1999〕58号）、《中国人民保险公司关于实行领导干部贯彻执行党风廉政建设责任制情况报告制度的规定》（人保党发〔1999〕74号）和《中国保险监督管理委员会关于印发〈国有保险机构重大案件领导责任追究试行办法〉的通知》（保监发〔2006〕11号）。

（七）利益相关者治理文件

内部治理文件中关于利益相关者治理的法律法规文件有2部，主要关于员工方面，分别是《中国人民保险公司关于印发〈中国人民保险公司系统工资管理暂行办法〉的通知》（保发〔1995〕51号）和《财政部、中国人民银行、银监会等关于规范金融企业内部职工持股的通知》（财金〔2010〕

97 号）。

（八）风险管理文件

内部治理文件中关于风险管理的法律法规文件共有 9 部，分别是《中国保险监督管理委员会关于印发〈保险资金运用风险控制指引（试行）〉的通知》（保监发〔2004〕43 号）、《中国保险监督管理委员会关于加强保险资金风险管理的意见》（保监发〔2006〕113 号）、《中国保险监督管理委员会关于印发〈保险公司风险管理指引（试行）〉的通知》（保监发〔2007〕23 号）、《中国保监会关于印发〈人身保险公司全面风险管理实施指引〉的通知》（保监发〔2010〕89 号）、《中国保险监督管理委员会关于印发〈人身保险公司年度全面风险管理报告框架〉及风险监测指标的通知》（保监寿险〔2012〕193 号）、《中国保险监督管理委员会关于印发〈人身保险公司风险排查管理规定〉的通知》（保监发〔2013〕48 号）、《中国保险监督管理委员会关于印发〈保险公司声誉风险管理指引〉的通知》（保监发〔2014〕15 号）、《中国人民银行反洗钱局关于印发〈法人金融机构洗钱和恐怖融资风险管理指引（试行）〉的通知》（银反洗发〔2018〕19 号）和《中国人民银行反洗钱局关于印发〈法人金融机构洗钱和恐怖融资风险自评估指引〉的通知》（银反洗发〔2021〕1 号）。

（九）内部控制文件

内部治理文件中关于内部控制的法律法规文件共有 12 部，分别是《中国人民保险公司稽核审计部关于印发〈内部控制制度（系统）评审方案实施步骤〉的通知》（保审〔1994〕11 号）、《中国人民银行加强金融机构内部控制的指导原则》（银发〔1997〕199 号）、《中国人民银行关于印发〈中国人民银行关于进一步完善和加强金融机构内部控制建设的若干意见〉的通知》（银发〔1997〕565 号）、《中国保险监督管理委员会关于印发〈保险公司内部控制制度建设指导原则〉的通知》（保监发〔1999〕131 号）、《中国保险监督管理委员会关于印发〈寿险公司内部控制评价办法（试行）〉的通知》（保监发〔2006〕6 号）、《中国保险监督管理委员会关于加强财产保险公司内控建设提高内控执行力有关问题的通知》（保监发〔2006〕30 号）、《中国保险监督管理委员会关于加强寿险公司内部控制自我评估工作有关问题的通知》（保监发〔2008〕16 号）、《财政部、证监会、审计署等关于印发〈企业内部控制基本规范〉的通知》（财会〔2008〕7 号）、《关于印发企业内部控制配套指引的通知》（财会〔2010〕11 号）、《中国保险监督管理委员会关于印发〈保险公司内部控制基本准则〉的通知》（保监发〔2010〕69 号）、《中国保险监督管理委员会关于印发〈保险公司非寿险业务准备金基础数据、评估与核算内部控制规范〉的通知》（保监发〔2012〕19 号）和《中国保监会关于印发〈保险资金运用内部控制指引〉及应用指引的通知（附：保险资金运用内部控制指引（GICIF）、保险资金运用内部控制应用指引第 1 号——银行存款、保险资金运用内部控制应用指引第 2 号——固定收益投资、保险资金运用内部控制应用指引第 3 号——股票及股票型基金）》（保监发〔2015〕114 号）。

（十）内部审计文件

内部治理文件中关于内部审计的法律法规文件共有 5 部，分别是《中国人民保险公司关于在全系统开展经济效益审计的通知》（保发〔1995〕38 号）、《中国人民保险公司关于在全系统开展附属企业管理审计的通知》（保发〔1995〕48 号）、《中国人民保险公司关于印发〈中国人民保险公司内部审计工作规范的暂行规定〉的通知》（人保发〔2000〕36 号）、《中国人民保险公司关于印发〈中国人民保险公司经理经济责任审计暂行规定〉的通知》（人保发〔2000〕39 号）和《中国保险监督管理委员会关于印发〈保险公司内部审计指引（试行）〉的通知》（保监发〔2007〕26 号）。

（十一）稽查审计文件

内部治理文件中关于稽查审计的法律法规文件有 1 部，是《中国保险监督管理委员会关于实施〈保险稽查审计指引〉有关事项的通知》（保监稽查〔2012〕370 号）。

（十二）精算管理文件

内部治理文件中关于精算管理的法律法规文件共有 7 部，分别是《中国保险监督管理委员会关于印发〈精算报告〉的通知》（保监寿险〔2005〕8 号）、《中国保险监督管理委员会办公厅关于报送精算报告电子文本有关事项的通知》（保监厅函〔2006〕50 号）、《中国保险监督管理委员会关于印发精算报告编报规则的通知（2007 修订）》（保监发〔2007〕119 号）、《中国保险监督管理委员会关于修订〈精算报告——分红保险业务报告〉编报规则的通知（2009）》（保监发〔2009〕21 号）、《中国保险监督管理委员会关于印发〈精算报告〉编报规则的通知（2009 修订）》（保监发〔2009〕121 号）、《中国保险监督管理委员会关于精算报告编报有关事项的通知》（保监发〔2010〕15 号）和《中国银行保险监督管理委员会关于印发人身保险公司〈精算报告〉编报规则的通知（2018 修订）》（银保监办发〔2018〕45 号）。

（十三）合规管理文件

内部治理文件中关于合规管理的法律法规文件共有 6 部，分别是《中国保险监督管理委员会关于印发〈保险公司合规管理指引〉的通知》（保监发〔2007〕91 号）、《中国保险监督管理委员会关于〈保险公司合规管理指引〉具体适用有关事宜的通知》（保监发〔2008〕29 号）、《中国保险监督管理委员会关于 2009 年保险公司合规工作要求的通知》（保监发〔2009〕16 号）、《中国保监会关于进一步加强保险公司合规管理工作有关问题的通知》（保监发〔2016〕38 号）、《中国保监会关于印发〈保险公司合规管理办法〉的通知》（保监发〔2016〕116 号）和《中国银行保险监督管理委员会财险部〈关于进一步加强和改进合规管理工作的通知〉》（财险部函〔2022〕266 号）。

（十四）内部控制与合规管理文件

内部治理文件中关于内部控制与合规管理的法律法规文件有 1 部，是《中国保监会关于印发〈保险资金运用内控与合规计分监管规则〉的通知》（保监发〔2014〕54 号）。

（十五）信科治理文件

内部治理文件中关于信科治理的法律法规共有 6 部，分别是《中国保险监督管理委员会关于启用中国保险统计信息系统的通知》（保监发〔2004〕123 号）、《关于报送保险信息系统基本情况及安全状况等有关情况的函》（保监厅函〔2005〕24 号）、《中国保险监督管理委员会关于开展保险业信息系统安全等级保护定级工作的通知》（保监厅发〔2007〕45 号）、《中国保险监督管理委员会关于印发〈保险公司信息化工作管理指引（试行）〉的通知》（保监发〔2009〕133 号）、《中国保险监督管理委员会关于印发〈保险公司信息系统安全管理指引（试行）〉的通知》（保监发〔2011〕68 号）和《中国保监会关于启用偿二代监管信息系统的通知》（保监财会〔2016〕42 号）。

第四节　保险公司外部治理法律法规文件分析

本节的主要内容是我国保险公司外部治理法律法规文件的具体分析。首先将保险公司外部治理法律法规文件划分为六类，并进行了文件数量与占比的统计分析，最后对我国保险公司外部治理法律法规文件层面的各个文件进行了细分介绍。

一、保险公司外部治理法律法规文件分类

有关保险公司外部治理的法律法规文件共有 308 部，可以按照内容划分为六类，分别是外部监管文件、监管评价文件、信息披露文件、利益相关者治理文件、外部审计文件和并购机制文件。其中，外部监管文件有 259 部，占比 84.09%；监管评价文件有 8 部，占比 2.60%；信息披露文件有 18 部，占比 5.84%；利益相关者治理文件有 18 部，占比 5.84%；外部审计文件有 4 部，占比 1.30%；并购机制文件有 1 部，占比 0.32%。如表 6-6 所示。

表 6-6　保险公司外部治理文件总体分类统计

序号	文件分类	文件数量（部）	占比（%）
1	外部监管文件	259	84.09
2	监管评价文件	8	2.60
3	信息披露文件	18	5.84
4	利益相关者治理文件	18	5.84
5	外部审计文件	4	1.30
6	并购机制文件	1	0.32
	合计	308	100.00

资料来源：作者整理。

二、保险公司外部治理法律法规文件细分

（一）外部监管文件

1. 外部监管文件分类

外部治理文件中关于外部监管的法律法规文件共有 259 部，可以按照内容进一步划分为十六类，分别是监管手段文件、行为监管文件、关联交易管理文件、偿付能力监管文件、资金运用监管文件、融资监管文件、信息系统监管文件、产品管理文件、财务会计治理文件、数据治理文件、分支机构治理文件、报告规范文件、报道规范文件、行政许可文件、接管机制文件和其他监管文件。其中，监管手段文件共有 10 部，占比 3.86%；行为监管文件共有 27 部，占比 10.42%；关联交易管理文件共有 11 部，占比 4.25%；偿付能力监管文件共有 27 部，占比 10.42%；资金运用监管文件共有 62 部，占比 23.94%；融资监管文件共有 6 部，占比 2.32%；信息系统监管文件有 1 部，占比 0.39%；产品管理文件共有 4 部，占比 1.54%；财务会计治理文件共有 30 部，占比 11.58%；数据治理文件共有 5 部，占比

1.93%；分支机构治理文件共有 20 部，占比 7.72%；报告规范文件共有 33 部，占比 12.74%；报道规范文件共有 5 部，占比 1.93%；行政许可文件共有 8 部，占比 3.09%；接管机制文件有 1 部，占比 0.39%；其他监管文件共有 9 部，占比 3.47%。如表 6-7 所示。

表 6-7　保险公司外部监管文件分类统计

序号	文件分类	文件数量（部）	占比（%）
1	监管手段文件	10	3.86
2	行为监管文件	27	10.42
3	关联交易管理文件	11	4.25
4	偿付能力监管文件	27	10.42
5	资金运用监管文件	62	23.94
6	融资监管文件	6	2.32
7	信息系统监管文件	1	0.39
8	产品管理文件	4	1.54
9	财务会计治理文件	30	11.58
10	数据治理文件	5	1.93
11	分支机构治理文件	20	7.72
12	报告规范文件	33	12.74
13	报道规范文件	5	1.93
14	行政许可文件	8	3.09
15	接管机制文件	1	0.39
16	其他监管文件	9	3.47
	合计	259	100.00

资料来源：作者整理。

2. 外部监管文件具体说明

（1）监管手段文件

外部监管文件中关于监管手段的法律法规文件共有 10 部，分别是《金融稽核检查处罚规定》（银发〔1989〕136 号）、《中国人民银行关于对〈金融稽核检查处罚规定〉中有关问题的说明的通知》（银发〔1989〕207 号）、《关于印发〈中国人民保险（集团）公司经济处罚暂行规定〉〈中国人民保险（集团）公司稽核工作暂行规定〉〈中国人民保险（集团）公司稽核工作报告制度〉的通知》（保发〔1997〕188 号）、《中国保险监督管理委员会关于处罚违规保险公司的公告》（保监公告第 19 号）、《中国保险监督管理委员会关于保险公司缴纳罚款等有关问题的通知》（保监发〔2003〕41 号）、

《中国保险监督管理委员会办公厅关于保险监管机构列席保险公司股东（大）会、董事会会议有关事项的通知》（保监厅发〔2006〕5号）、《保险公司中介业务违法行为处罚办法》（中国保险监督管理委员会令〔2009〕第4号）、《中国保险监督管理委员会关于贯彻落实〈保险公司中介业务违法行为处罚办法〉有关事项的通知》（保监发〔2009〕112号）、《中国保险监督管理委员会关于依法严肃处理保险公司中介业务违法违规机构和责任人员有关问题的通知》（保监中介〔2010〕248号）和《中国保监会关于6家保险公司未按时报送2012年度公司治理报告的通报》（保监发改〔2013〕501号）。

（2）行为监管文件

外部监管文件中关于行为监管的法律法规文件共有27部，分别是《中国保险监督管理委员会关于规范人身保险经营行为有关问题的通知》（保监发〔2000〕133号）、《中国保险监督管理委员会关于严禁利用部分公司偿付能力不足信息诋毁同业的紧急通知》（保监厅发〔2004〕83号）、《中国保险监督管理委员会关于防范保险业非法集资活动有关工作的通知》（保监发〔2005〕75号）、《中国保险监督管理委员会关于印发〈关于保险业开展治理商业贿赂专项工作的实施意见〉的通知》（保监发〔2006〕26号）、《中国保险监督管理委员会关于印发〈关于保险业开展不正当交易行为自查自纠工作的实施意见〉的通知》（保监发〔2006〕65号）、《中国保险监督管理委员会关于印发〈关于保险业依法查处商业贿赂案件的实施意见〉的通知》（保监发〔2006〕64号）、《金融机构反洗钱规定（2006）》（中国人民银行令〔2006〕第1号）、《中国保险监督管理委员会关于保险业对不正当交易行为自查自纠工作进行检查评估的通知》（保监发〔2007〕30号）、《金融机构报告涉嫌恐怖融资的可疑交易管理办法》（中国人民银行令〔2007〕第1号）、《中国保险监督管理委员会关于防范利用保险进行违法犯罪活动的通知》（保监发〔2007〕124号）、《中国保险监督管理委员会关于印发〈保险业内涉嫌非法集资活动预警和查处工作暂行办法〉的通知》（保监发〔2007〕127号）、《中国保险监督管理委员会、中国人民银行关于发布〈银行保险业务财产保险数据交换规范〉行业标准的通知》（保监发〔2008〕5号）、《中国人民银行关于进一步加强金融机构反洗钱工作的通知》（银发〔2008〕391号）、《中国保险监督管理委员会关于严厉打击制售假保单等违法行为的通知》（保监发〔2009〕19号）、《中国保险监督管理委员会关于加强保险业反洗钱工作的通知》（保监发〔2010〕70号）、《中国保险监督管理委员会关于印发〈2011年保险业"小金库"专项治理工作实施方案〉

的通知》(保监发〔2011〕15 号)、《中国保险监督管理委员会关于印发〈保险业反洗钱工作管理办法〉的通知》(保监发〔2011〕52 号)、《中国保险监督管理委员会办公厅关于进一步做好保险业治理"小金库"工作的通知》(保监厅发〔2011〕61 号)、《中国人民银行关于印发〈金融机构洗钱和恐怖融资风险评估及客户分类管理指引〉的通知》(银发〔2013〕2 号)、《中国人民银行关于印发〈金融机构反洗钱监督管理办法(试行)〉的通知》(银发〔2014〕344 号)、《中国保监会关于强化保险监管打击违法违规行为整治市场乱象的通知》(保监发〔2017〕40 号)、《中国人民银行办公厅关于进一步加强反洗钱和反恐怖融资工作的通知》(银办发〔2018〕130 号)、《中国银保监会关于银行业和保险业做好扫黑除恶专项斗争有关工作的通知》(银保监发〔2018〕45 号)、《中国银保监会关于开展"巩固治乱象成果促进合规建设"工作的通知》(银保监发〔2019〕23 号)、《中国银保监会办公厅关于进一步做好银行业保险业反洗钱和反恐怖融资工作的通知》(银保监办发〔2019〕238 号)、《中国银保监会关于开展银行业保险业市场乱象整治"回头看"工作的通知》(银保监发〔2020〕27 号)和《金融机构反洗钱和反恐怖融资监督管理办法》(中国人民银行令〔2021〕第 3 号)。

(3) 关联交易管理文件

外部监管文件中关于关联交易管理的法律法规文件共有 11 部,分别是《中国保险监督管理委员会关于开展保险公司关联交易自查工作的通知》(保监发〔2002〕53 号)、《中国保险监督管理委员会关于印发〈外资保险公司与其关联企业从事再保险交易的审批项目实施规程〉的通知》(保监发〔2004〕115 号)、《中国保险监督管理委员会关于印发〈保险公司关联交易管理暂行办法〉的通知》(保监发〔2007〕24 号)、《中国保险监督管理委员会关于外资保险公司关联交易范围界定问题的复函》(保监厅函〔2008〕280 号)、《中国保险监督管理委员会关于执行〈保险公司关联交易管理暂行办法〉有关问题的通知》(保监发〔2008〕88 号)、《关于启用中国保监会外资保险公司再保险关联交易登记系统的通知》(保监厅函〔2010〕579 号)、《中国保险监督委员会关于外资保险公司与其关联企业从事再保险交易有关问题的通知》(保监发〔2014〕19 号)、《中国保监会关于进一步规范保险公司关联交易有关问题的通知》(保监发〔2015〕36 号)、《中国保监会关于加强保险公司再保险关联交易信息披露工作的通知》(保监发〔2015〕44 号)、《中国保监会关于进一步加强保险公司关联交易管理有关事项的通知》(保监发〔2017〕52 号)和《中国银保监会关于印发保险公司关联交易管理办法的通知》(银保监发〔2019〕35 号)。

（4）偿付能力监管文件

外部监管文件中关于偿付能力监管的法律法规文件共有 27 部，可以按照内容进一步细分为三类，分别是监管制度文件、报告规范文件和标准规范文件。其中，监管制度文件有 11 部，占比 40.74%；报告规范文件有 12 部，占比 44.44%；标准规范文件有 4 部，占比 14.81%。如表 6-8 所示。

表 6-8　保险公司偿付能力监管文件分类统计

序号	文件分类	文件数量（部）	占比（%）
1	监管制度文件	11	40.74
2	报告规范文件	12	44.44
3	标准规范文件	4	14.81
	合计	27	100.00

资料来源：作者整理。

偿付能力监管法律法规文件细分介绍如下：

第一，关于监管制度的法律法规文件共有 11 部，分别是《中国保险监督管理委员会关于进一步加强偿付能力管理工作有关问题的通知》（保监发〔2007〕48 号）、《中国保险监督管理委员会关于实施〈保险公司偿付能力管理规定〉有关事项的通知》（保监发〔2008〕89 号）、《中国保险监督管理委员会关于启用偿付能力监管信息系统的通知》（保监财会〔2010〕1638 号）、《中国保险监督管理委员会关于保险公司加强偿付能力管理有关事项的通知》（保监发〔2012〕55 号）、《中国保监会关于印发〈中国第二代偿付能力监管制度体系整体框架〉的通知》（保监发〔2013〕42 号）、《中国保监会关于印发〈保险公司偿付能力监管规则（1－17 号）〉的通知》（保监发〔2015〕22 号）、《中国保监会关于在偿二代过渡期内开展保险公司偿付能力风险管理能力试评估有关事项的通知》（保监财会〔2015〕125 号）、《中国保监会关于正式实施中国风险导向的偿付能力体系有关事项的通知》（保监发〔2016〕10 号）、《保险公司偿付能力管理规定（2021 修订）》（中国银行保险监督管理委员会令〔2021〕第 1 号）、《中国银保监会关于实施保险公司偿付能力监管规则（Ⅱ）有关事项的通知》（银保监发〔2021〕52 号）和《中国银保监会关于印发保险公司偿付能力监管规则（Ⅱ）的通知》（银保监发〔2021〕51 号）。

第二，关于报告规范的法律法规文件共有 12 部，分别是《中国保险监督管理委员会关于做好 2002 年度偿付能力报告编报工作的通知》（保监发〔2003〕40 号）、《中国保险监督管理委员会关于 2003 年度偿付能力报告编报工作有关问题的通知》（保监财会〔2004〕40 号）、《中国保险监督管理委员会关于报送偿付能力季度报告的通知》（保监发〔2004〕95 号）、《中国保险监督管理委员会关于印发偿付能力报告编报规则的通知》（保监发〔2004〕153 号）、《中国保险监督管理委员会关于印发偿付能力报告编报规则实务指南的通知》（保监发〔2004〕154 号）、《中国保监会关于 2004 年度偿付能力报告编报工作有关问题的通知》（保监财会〔2005〕109 号）、《中国保险监督管理委员会关于 2005 年度偿付能力报告编报工作有关问题的通知》（保监发〔2006〕1 号）、《中国保险监督管理委员会关于印发偿付能力报告编报规则的通知（2007）》（保监发〔2007〕4 号）、《中国保险监督管理委员会关于印发偿付能力报告编报规则实务指南的通知》（保监发〔2007〕5 号）、《中国保险监督管理委员会关于保险公司偿付能力报告编报工作有关问题的通知》（保监发〔2007〕15 号）、《中国保险监督管理委员会关于编报季度偿付能力报告有关事项的通知》（保监财会〔2007〕1301 号）和《中国保险监督管理委员会关于编报年度偿付能力报告有关事项的通知》（保监发〔2008〕12 号）。

第三，关于标准规范的法律法规文件共有 4 部，分别是《中国保险监督管理委员会关于试行〈保险公司最低偿付能力及监管指标管理规定（试行）〉有关问题的通知》（保监发〔2001〕53 号）、《中国保险监督管理委员会关于试行〈保险公司最低偿付能力及监管指标管理规定〉有关问题的通知》（保监发〔2001〕101 号）、《保险公司偿付能力额度及监管指标管理规定》（中国保险监督管理委员会令〔2003〕第 1 号）和《中国保险监督管理委员会关于保险公司设立分支机构适用偿付能力要求有关问题的通知》（保监厅发〔2005〕88 号）。

（5）资金运用监管文件

外部监管文件中关于资金运用监管的法律法规文件共有 62 部，可以按照内容进一步细分为九类，分别是资金运用监管基础文件、综合投资文件、债券投资文件、股票投资文件、股权投资文件、境外投资文件、基础设施投资文件、金融产品投资文件和其他资金运用文件。其中，资金运用监管基础文件有 14 部，占比 22.58%；综合投资文件有 5 部，占比 8.06%；债券投资文件有 10 部，占比 16.13%；股票投资文件有 8 部，占比 12.90%；股权投资文件有 5 部，占比 8.06%；境外投资文件有 5 部，占比 8.06%；基础设施投资文件有 4 部，占比 6.45%；金融产品投资文件有 4 部，占比 6.45%；其他资金运用文件有 7 部，占比 11.29%。如表 6-9 所示。

表 6-9 保险公司资金运用监管文件分类统计

序号	文件分类	文件数量（部）	占比（%）
1	资金运用监管基础文件	14	22.58
2	综合投资文件	5	8.06
3	债券投资文件	10	16.13
4	股票投资文件	8	12.90
5	股权投资文件	5	8.06
6	境外投资文件	5	8.06
7	基础设施投资文件	4	6.45
8	金融产品投资文件	4	6.45
9	其他资金运用文件	7	11.29
	合计	62	100.00

资料来源：作者整理。

保险公司资金运用监管法律法规文件的细分介绍如下：

第一，关于资金运用监管基础的法律法规文件共有 14 部，分别是《中国人民保险公司关于加大资金管理力度遏制违法违纪案件的紧急通知》（人保发〔1999〕63 号）、《中国保险监督管理委员会关于加强保险公司对持有上市公司股份和法人股集中管理的通知》（保监发〔2000〕90 号）、《中国保险监督管理委员会关于加强对保险机构所属境内非保险类经济实体和境外保险机构财务监管若干事项的通知》（保监财会〔2006〕701 号）、《保险资金运用管理暂行办法》（中国保险监督管理委员会令〔2010〕第 9 号）、《中国保险监督管理委员会关于禁止保险资金参与民间借贷的通知》（保监发〔2011〕62 号）、《中国保监会关于印发〈保险资金委托投资管理暂行办法〉的通知》（保监发〔2012〕60 号）、《中国保监会关于印发〈保险资产配置管理暂行办法〉的通知》（保监发〔2012〕61 号）、《中国保险监督管理委员会关于加强和改进保险机构投资管理能力建设有关事项的通知》（保监发〔2013〕10 号）、《中国保险监督委员会关于加强和改进保险资金运用比例监管的通知》（保监发〔2014〕13 号）、《保险资金运用管理暂行办法（2014 修订）》（中国保险监督管理委员会令〔2014〕第 3 号）、《中国保监会办公厅关于保险资金运用属地监管试点工作有关事项的通知》（保监厅发〔2014〕76 号）、《中国银保监会关于印发〈保险资产负债管理监管暂行办法〉的通知》（银保监发〔2019〕32 号）、《中国银保监会办公厅关于优化保险公司权益类资产配置监管有关事项的通知》（银保监办发〔2020〕63 号）和《中国银保监会关于优化保险机构投资管理能力监管有关事项的通知》（银保监发〔2020〕45 号）。

第二，关于综合投资的法律法规文件共有 5 部，分别是《中国保险监督管理委员会关于印发〈保险公司投资证券投资基金管理暂行办法〉的通知》（保监发〔1999〕206 号）、《中国保险监督管理委员会关于修改〈保险公司投资证券投资基金管理暂行办法〉部分内容的通知（2000）》（保监发〔2000〕96 号）、《中国保险监督管理委员会关于印发〈保险公司投资证券投资基金管理暂行办法〉的通知（2003）》（保监发〔2003〕6 号）、《中国保险监督管理委员会关于保险资金投资股权和不动产有关问题的通知》（保监发〔2012〕59 号）和《中国银保监会办公厅关于保险资金投资债转股投资计划有关事项的通知》（银保监办发〔2020〕82 号）。

第三，关于债权投资的法律法规文件共有 10 部，分别是《中国保险监督管理委员会关于印发〈保险公司购买中央企业债券管理办法〉的通知》（保监发〔1999〕85 号）、《中国人民银行关于批准保险公司在全国银行间同业市场办理债券回购业务的通知》（银货政〔1999〕102 号）、《中国保险监督管理委员会关于重新修订〈保险公司购买中央企业债券管理办法〉的通知（2003）》（保监发〔2003〕9 号）、《中国保险监督管理委员会关于印发〈保险公司投资企业债券管理暂行办法〉的通知》（保监发〔2003〕74 号）、《中国保险监督管理委员会关于保险公司投资银行次级定期债务有关事项的通知》（保监发〔2004〕23 号）、《中国保险监督管理委员会关于保险公司投资可转换公司债券有关事项的通知》（保监发〔2004〕94 号）、《中国保险监督管理委员会关于增加保险机构债券投资品种的通知》（保监发〔2009〕42 号）、《中国保险监督管理委员会关于债券投资有关事项的通知》（保监发〔2009〕105 号）、《中国保险监督管理委员会关于保险机构投资无担保企业债券有关事宜的通知》（保监发〔2009〕132 号）和《中国保监会关于印发〈保险资金投资债券暂行办法〉的通知》（保监发〔2012〕58 号）。

第四，关于股票投资的法律法规文件共有 8 部，分别是《保险机构投资者股票投资管理暂行办法》（中国保险监督管理委员会、中国证券监督管理委员会〔2004〕第 12 号令）、《中国保险监督管理委员会关于保险机构投资者股票投资交易有关问题的通知》（保监发〔2005〕13 号）、《中国保险监督管理委员会关于保险机构投资者股票投资有关问题的通知》（保监发〔2005〕14 号）、《中国保险监督管理委员会关于股票投资有关问题的通知》（保监发〔2007〕44 号）、《中国保险监督管理委员会关于规范保险机构股票投资业务的通知》（保监发〔2009〕45 号）、《中国保险监督管理委员会关于保险资金投资创业板上市公司股票等有关问题的通知》（保监发〔2014

1 号）、《中国保监会关于提高保险资金投资蓝筹股票监管比例有关事项的通知》（保监发〔2015〕64 号）和《中国保监会关于进一步加强保险资金股票投资监管有关事项的通知》（保监发〔2017〕9 号）。

第五，关于股权投资的法律法规文件共有 5 部，分别是《中国人民银行印发〈关于向金融机构投资入股的暂行规定〉的通知》（银发〔1994〕186 号）、《中国保险监督管理委员会关于保险机构投资商业银行股权的通知》（保监发〔2006〕98 号）、《中国保监会关于印发〈保险资金投资股权暂行办法〉的通知》（保监发〔2010〕79 号）、《中国保险监督管理委员会关于保险资金投资优先股有关事项的通知》（保监发〔2014〕80 号）和《中国银保监会关于保险资金财务性股权投资有关事项的通知》（银保监发〔2020〕54 号）。

第六，关于境外投资的法律法规文件共有 5 部，分别是《中国保险监督管理委员会关于保险中介机构对外投资有关问题的批复》（保监办复〔2003〕9 号）、《保险资金境外投资管理暂行办法》（中国保险监督管理委员会、中国人民银行、国家外汇管理局令〔2007〕第 2 号）、《中国保险监督管理委员会关于印发〈保险资金境外投资管理暂行办法实施细则〉的通知》（保监发〔2012〕93 号）、《中国保监会关于调整保险资金境外投资有关政策的通知》（保监发〔2015〕33 号）和《中国银保监会关于将澳门纳入保险资金境外可投资地区的通知》（银保监发〔2019〕48 号）。

第七，关于基础设施投资的法律法规文件共有 4 部，分别是《保险资金间接投资基础设施项目试点管理办法》（中国保险监督管理委员会令〔2006〕第 1 号）、《中国保险监督管理委员会关于保险资金投资基础设施债权投资计划的通知》（保监发〔2009〕43 号）、《保险资金间接投资基础设施项目试点管理办法（2010 修正）》（中国保险监督管理委员会令〔2010〕第 10 号）和《保险资金间接投资基础设施项目管理办法》（中国保险监督管理委员会令〔2016〕第 2 号）。

第八，关于金融产品投资的法律法规文件共有 4 部，分别是《中国保险监督管理委员会关于保险资金投资有关金融产品的通知》（保监发〔2012〕91 号）、《中国保险监督管理委员会关于保险公司投资信托产品风险有关情况的通报》（保监资金〔2014〕186 号）、《中国银保监会办公厅关于印发保险资金参与金融衍生产品交易办法等三个文件的通知（附：保险资金参与国债期货交易规定、保险资金参与股指期货交易规定）》（银保监办发〔2020〕59 号）和《中国银保监会关于保险资金投资有关金融产品的通知》（银保监规〔2022〕7 号）。

第九，关于其他资金运用的法律法规文件共有 7 部，分别是《中国保监会关于印发〈保险资金投资不动产暂行办法〉的通知》（保监发〔2010〕80 号）、《中国保险监督管理委员会关于保险资金投资集合资金信托计划有关事项的通知》（保监发〔2014〕38 号）、《中国保险监督管理委员会关于清理规范保险公司投资性房地产评估增值有关事项的通知》（保监财会〔2014〕81 号）、《中国保监会关于保险资金投资创业投资基金有关事项的通知》（保监发〔2014〕101 号）、《中国保监会关于保险资金投资政府和社会资本合作项目有关事项的通知》（保监发〔2017〕41 号）、《中国银保监会关于印发〈个人税收递延型商业养老保险资金运用管理暂行办法〉的通知》（银保监发〔2018〕32 号）和《中国银保监会关于印发保险资金委托投资管理办法的通知》（银保监规〔2022〕9 号）。

（6）融资监管文件

外部监管文件中关于融资监管的法律法规文件共有 6 部，分别是《中国保险监督管理委员会关于中国人寿保险公司重组上市的批复》（保监复〔2003〕88 号）、《保险公司次级定期债务管理暂行办法》（中国保险监督管理委员会令〔2004〕第 10 号）、《保险公司次级定期债务管理暂行办法（2010 修正）》（中国保险监督管理委员会令〔2010〕第 10 号）、《中国证券监督管理委员会关于核准新华人寿保险股份有限公司发行境外上市外资股的批复》（证监许可〔2011〕1816 号）、《中国证券监督管理委员会关于核准新华人寿保险股份有限公司首次公开发行股票的批复》（证监许可〔2011〕1837 号）和《中国保监会关于保险公司在全国中小企业股份转让系统挂牌有关事项的通知》（保监发〔2016〕71 号）。

（7）信息系统监管文件

外部监管文件中关于信息系统监管的法律法规文件有 1 部，是《中国保险监督管理委员会关于开展保险业信息系统安全检查工作的通知》（保监厅发〔2007〕28 号）。

（8）产品管理文件

外部监管文件中关于产品管理的法律法规文件共有 4 部，分别是《人身保险公司保险条款和保险费率管理办法》（中国保险监督管理委员会令〔2011〕第 3 号）、《人身保险公司保险条款和保险费率管理办法（2015 修订）》（中国保险监督管理委员会令〔2015〕第 3 号）、《中国保监会关于强化人身保险产品监管工作的通知》（保监人身险〔2016〕199 号）和《中国保监会关于印发〈财产保险公司保险产品开发指引〉的通知》（保监发〔2016〕115 号）。

（9）财务会计治理文件

外部监管文件中关于财务会计治理的法律法规文件共有 30 部，分别是《国营金融、保险企业成本管理实施细则》（无编号）、《财政部、国家税务总局对保险公司征收营业税有关问题的通知》（〔87〕财税营 85 号）、《国营金融、保险企业成本管理办法》（财商字〔1990〕第 500 号）、《保险企业会计制度》（无编号）、《中国人民保险公司关于印发〈中国人民保险公司全资附属（或合资）企业财务管理的若干规定（试行）〉的通知》（保发〔1993〕95 号）、《金融企业会计制度》（〔93〕财会字第 11 号）、《财政部关于切实加强保险企业财务管理等问题的通知》（〔93〕财商字第 261 号）、《中国人民保险公司关于执行新财务会计制度中需要明确的几个问题的通知》（保发〔1994〕58 号）、《中国人民保险公司稽核审计部关于印发〈中国人民保险公司新旧会计制度接轨审计方案〉的通知》（保审〔1994〕10 号）、《财政部关于加强金融、保险企业财务管理若干问题的通知》（财商字〔1995〕23 号）、《关于外商投资金融保险企业制定内部财务管理制度的指导意见》（〔96〕财工字第 25 号）、《财政部关于保险公司保险保障基金有关财务管理的通知》（财商字〔1997〕194 号）、《中国人民保险（集团）公司关于印发〈关于加强各级公司财会工作的若干规定〉的通知》（保发〔1997〕167 号）、《中国人民保险（集团）公司财务管理规定》（财商字〔1998〕50 号）、《中国人民银行关于编报保险企业合并会计报表的通知》（银发〔1998〕116 号）、《保险公司会计制度》（财会字〔1998〕60 号）、《财政部会计司〈保险公司会计制度〉问题解答》（无编号）、《财政部办公厅关于做好金融、保险企业国有资本保值增值考核试点工作的通知》（财办统〔2002〕16 号）、《中国保险监督管理委员会关于做好分红保险专题财务报告编报工作的补充通知》（保监发〔2003〕19 号）、《中国保险监督管理委员会转发财政部关于实施〈金融企业会计制度〉有关问题解答的通知》（保监办发〔2003〕26 号）、《财政部关于国有保险公司股份制改造后国有资产及财务管理有关事项的通知》（财金〔2004〕74 号）、《保险公司非寿险业务准备金管理办法（试行）》（中国保险监督管理委员会令〔2004〕第 13 号）、《中国保险监督管理委员会关于保险公司提存资本保证金有关问题的通知》（保监发〔2005〕4 号）、《财政部关于印发〈金融企业财务规则——实施指南〉的通知》（财金〔2007〕23 号）、《中国保险监督管理委员会关于印发〈保险公司资本保证金管理暂行办法〉的通知》（保监发〔2007〕66 号）、《中国保险监督管理委员会关于印发〈保险公司资本保证金管理办法〉的通知（2011 修订）》（保监发〔2011〕39 号）、《中国保险监督管理委员会关于印发〈保险公司财会工作规范）的通知》（保监发〔2012〕8号）、《中国保险监督管理委员会关于编报保险公司非寿险业务准备金评估报告有关事项的通知》（保监产险〔2012〕651号）、《中国保险监督管理委员会关于印发〈保险公司资本保证金管理办法〉的通知（2015修订）》（保监发〔2015〕37号）和《保险公司非寿险业务准备金管理办法》（中国银行保险监督管理委员会令〔2021〕第11号）。

（10）数据治理文件

外部监管文件中关于数据治理的法律法规文件共有5部，分别是《关于开展保险公司数据质量问题调查的通知》（保监厅发〔2005〕80号）、《金融机构客户身份识别和客户身份资料及交易记录保存管理办法》（中国人民银行、中国银行业监督管理委员会、中国证券监督管理委员会、中国保险监督管理委员会令〔2007〕第2号）、《中国保险监督管理委员会关于开展保险公司财务业务数据真实性自查工作的通知》（保监发〔2009〕9号）、《中国人民银行关于印发〈金融业机构信息管理规定〉的通知》（银发〔2010〕175号）和《中国保险监督管理委员会、中国人民银行关于发布〈银行保险业务财产保险数据交换规范〉行业标准的通知（2016）》（保监发〔2016〕25号）。

（11）分支机构治理文件

外部监管文件中关于分支机构治理的法律法规文件共有20部，分别是《中国人民保险公司关于统一各级机构名称的通知》（保发〔1996〕74号）、《中国人民保险（集团）公司关于分公司不得在境外设立机构的通知》（保发〔1996〕324号）、《中国人民银行关于保险公司分支机构审批有关问题的补充通知》（银发〔1998〕2号）、《中国人民银行关于规范保险总公司在京营业机构的批复》（银发〔1998〕2号）、《中国人民银行关于审批设立保险公司分支机构有关问题的复函》（银保险〔1998〕43号）、《中国保险监督管理委员会关于规范保险公司分支机构名称等有关问题的通知》（保监发〔2001〕71号）、《中国保险监督管理委员会关于加强保险公司分支机构名称规范工作的通知》（保监函〔2001〕170号）、《中国保险监督管理委员会关于加强对保险公司设立分支机构管理的通知》（保监发〔2001〕199号）、《保险公司营销服务部管理办法》（中华人民共和国保监会、中华人民共和国工商行政管理总局令〔2002〕第1号）、《中国保险监督管理委员会关于执行〈保险公司营销服务部管理办法〉有关事项的通知》（保监发〔2002〕25号）、《中国保险监督管理委员会关于印发〈财产保险公司分支机构监管指标（试行）〉的通知》（保监发〔2003〕20号）、《关于在营销服务部基础上设立支公司等分支机构有关问题的批复》(保监法规〔2005〕274 号)、《中国保险监督管理委员会关于保险公司擅自撤销分支机构处理问题的复函》(保监厅函〔2005〕207 号)、《中国保险监督管理委员会关于印发〈保险公司分支机构分类监管暂行办法〉的通知》(保监发〔2010〕45 号)、《中国保险监督管理委员会关于明确保险公司分支机构管理有关问题的通知》(保监发〔2010〕49 号)、《中国保监会关于印发〈保险公司分支机构市场准入管理办法〉的通知》(保监发〔2013〕20 号)、《中国保险监督管理委员会关于印发〈保险公司所属非保险子公司管理暂行办法〉的通知》(保监发〔2014〕78 号)、《中国保监会关于印发〈广西辖区保险公司分支机构市场退出管理指引〉的通知》(保监发〔2016〕53 号)、《中国银保监会办公厅关于加强保险公司省级分公司以下分支机构负责人管理的通知》(银保监办发〔2021〕74 号)和《中国银保监会关于印发保险公司分支机构市场准入管理办法的通知(2021)》(银保监发〔2021〕37 号)。

(12) 报告规范文件

外部监管文件中关于报告规范的法律法规文件共有 33 部,分别是《中国人民银行关于建立全国金融机构基本情况报告制度的通知》(银发〔1996〕312 号)、《中国保险监督管理委员会关于及时报送重要信息的通知》(保监发〔1999〕74 号)、《中国保险监督管理委员会关于规范保险公司重要事项变更报批程序的通知》(保监发〔1999〕130 号)、《中国保险监督管理委员会关于做好 2002 年年度报告编报工作的通知》(保监发〔2002〕138 号)、《中国保险监督管理委员会关于 2003 年年度报告编报工作有关问题的通知》(保监财会〔2004〕41 号)、《中国保险监督管理委员会关于保险公司 2004 年年度报告编报工作有关问题的通知》(保监财会〔2005〕94 号)、《中国保险监督管理委员会关于保险资产管理公司 2004 年年度报告编报工作有关问题的通知》(保监财会〔2005〕95 号)、《中国保险监督管理委员会办公厅关于提前报送 2005 年保险公司主要指标快报的通知》(保监厅函〔2005〕216 号)、《中国保险监督管理委员会办公厅关于定期报送保险公司基本资料和数据的通知》(保监厅发〔2006〕3 号)、《关于开展对保险业资本构成等情况调查的通知》(保监厅发〔2006〕22 号)、《中国保险监督管理委员会关于报送保险公司治理结构有关资料的通知》(保监厅发〔2006〕32 号)、《金融机构大额交易和可疑交易报告管理办法》(中国人民银行令〔2006〕第 2 号)、《中国保险监督管理委员会关于加强统计数据信息报送工作管理有关事项的通知》(保监统信〔2006〕1348 号)、《中国人民银行办公厅关于严格执行〈金融机构大额交易和可疑交易报告管理办法〉的通知》

（银办发〔2008〕155 号）、《中国保险监督管理委员会关于向保监会派出机构报送保险公司分支机构内部审计报告有关事项的通知》（保监发〔2008〕56 号）、《中国保险监督管理委员会关于实施分类监管信息报送有关事宜的通知（产险公司）》（保监产险〔2008〕1567 号）、《关于实施分类监管信息报送有关事宜的通知（寿险公司）》（保监寿险〔2008〕1566 号）、《中国保险监督管理委员会关于报送保险公司分类监管信息的通知》（保监发〔2008〕113 号）、《中国保险监督管理委员会关于报送保险机构和高管人员类行政许可申请事项电子化文档的通知》（保监统信〔2009〕222 号）、《中国人民银行关于进一步严格大额交易和可疑交易报告填报要求的通知》（银发〔2009〕123 号）、《中国人民银行关于明确可疑交易报告制度有关执行问题的通知》（银发〔2010〕48 号）、《中国保险监督管理委员会关于规范报送〈保险公司治理报告〉的通知》（保监发改〔2010〕169 号）、《中国保险监督管理委员会关于报送保险业反洗钱工作信息的通知》（保监稽查〔2011〕1919 号）、《中国保险监督管理委员会关于进一步做好〈保险公司治理报告〉报送工作的通知》（保监发改〔2012〕124 号）、《中国保险监督管理委员会办公厅关于报送境内机构在境外设立保险类机构年度财务报表等材料的函》（保监厅函〔2012〕52 号）、《中国保监会办公厅关于报送年度信息披露报告的通知》（保监厅发〔2012〕65 号）、《中国保监会办公厅关于规范保险机构向中国保险监督管理委员会报送文件的通知》（保监厅发〔2013〕20 号）、《金融机构大额交易和可疑交易报告管理办法（2016 修订）》（中国人民银行令〔2016〕第 3 号）、《中国人民银行关于〈金融机构大额交易和可疑交易报告管理办法〉有关执行要求的通知》（银发〔2017〕99 号）、《中国保监会关于部分保险机构报送风险排查专项整治自查报告有关问题的通报》（保监资金〔2017〕185 号）、《中国人民银行令〔2018〕第 2 号——关于修改〈金融机构大额交易和可疑交易报告管理办法〉的决定》（中国人民银行令〔2018〕第 2 号）、《中国银保监会办公厅关于明确保险资产负债管理报告报送要求的通知》（银保监办发〔2019〕98 号）和《中国银保监会关于精简保险资金运用监管报告事项的通知》（银保监规〔2022〕1 号）。

（13）报道规范文件

外部监管文件中关于报道规范的法律法规文件共有 5 部，分别是《保险业对外宣传管理暂行规定》（保监发〔1999〕18 号）、《中国保险监督管理委员会关于加强保险业宣传工作的通知》（保监发〔2002〕96 号）、《中国保险监督管理委员会关于进一步加强和改进保险业突发事件新闻报道工作的通知》（保监发〔2003〕117 号）、《中国保险监督管理委员会关于增加中国保监会指定披露保险信息报纸的通知》（保监厅发〔2005〕13 号）和《中国保险监督管理委员会办公厅关于进一步做好突发事件的保险新闻宣传工作的通知》（保监厅发〔2005〕104 号）。

（14）行政许可文件

外部监管文件中关于行政许可的法律法规文件共有 8 部，分别是《中国人民银行关于批准美国友邦保险公司上海分公司、安联大众保险公司进入全国银行间债券市场的通知》（银货政〔1999〕176 号）、《中国保险监督管理委员会关于中国平安保险股份有限公司分业经营实施方案的批复》（保监复〔2002〕32 号）、《中国保险监督管理委员会关于企业名称登记有关问题的函》（保监函〔2003〕1077 号）、《中国保险监督管理委员会办公厅关于调整外资保险公司部分行政许可项目有关事项的通知》（保监厅发〔2012〕6 号）、《中国保监会关于更名设立泰康保险集团股份有限公司并进行集团化改组的批复》（保监许可〔2016〕816 号）、《中国保监会关于印发〈保险公司跨京津冀区域经营备案管理试点办法〉及开展试点工作的通知》（保监发〔2017〕1 号）、《中国银保监会办公厅关于取消部分证明材料的通知》（银保监办发〔2019〕181 号）和《中国银保监会办公厅关于印发非银行金融机构行政许可事项申请材料目录及格式要求的通知》（银保监办发〔2021〕83 号）。

（15）接管机制文件

外部监管文件中关于接管机制的法律法规文件有 1 部，是《中国保监会关于对安邦保险集团股份有限公司实施接管的决定》（保监发改〔2018〕58 号）。

（16）其他监管文件

外部监管文件中关于其他监管的法律法规文件共有 9 部，分别是《中国人民银行金融科学技术进步奖励办法》（银发〔1992〕59 号）、《中国人民保险公司关于印发〈中国人民保险（集团）公司外事工作有关规定〉的通知》（保发〔1996〕168 号）、《中国人民保险公司纪检监察信访工作管理暂行规定》（人保发〔1999〕59 号）、《中国人民保险公司关于建立各级公司领导干部廉政档案的通知》（人保党发〔1999〕60 号）、《中国保险监督管理委员会关于印发〈保险业重大上访事件处理办法〉的通知》（保监发〔2003〕116 号）、《教育部、中国保险监督管理委员会关于加强学校保险教育有关工作的指导意见》（教基〔2006〕24 号）、《中国保监会关于印发〈保险业功能服务指标体系〉的通知》（保监发〔2015〕129 号）、《中国保监会办公厅关于进一步加强保险业信访工作的指导意见》（保监厅发〔2016〕24

号）和《中国银保监会关于印发银行保险机构涉刑案件管理办法（试行）的通知》（银保监发〔2020〕20 号）。

（二）监管评价文件

1. 监管评价文件分类

保险公司外部治理法律法规文件中关于监管评价的法律法规文件共有 8 部，可以按照内容划分为五类，分别是治理评价文件、服务评价文件、经营评价文件、治理销售误导文件和投诉处理评价文件。其中，治理评价文件有 3 部，占比 37.50%；服务评价文件有 2 部，占比 25.00%；经营评价文件有 1 部，占比 12.50%；治理销售误导文件有 1 部，占比 12.50%；投诉处理评价文件有 1 部，占比 12.50%。如表 6-10 所示。

表 6-10　保险公司监管评价文件分类统计

序号	文件分类	文件数量（部）	占比（%）
1	治理评价文件	3	37.50
2	服务评价文件	2	25.00
3	经营评价文件	1	12.50
4	治理销售误导文件	1	12.50
5	投诉处理评价文件	1	12.50
	合计	8	100.00

资料来源：作者整理。

2. 监管评价文件具体说明

（1）治理评价文件

监管评价文件中关于治理评价的法律法规文件共有 3 部，分别是《中国保险监督管理委员会关于开展保险公司治理结构专项自查活动的通知》（保监发〔2007〕113 号）、《中国保监会关于 2015 年保险公司信息披露核查情况的通报》（保监统信〔2016〕27 号）和《中国银保监会人身保险监管部关于人身保险公司 2020 年公司治理监管评估结果的通报》（人身险部函〔2021〕102 号）。

（2）服务评价文件

监管评价文件中关于服务评价的法律法规文件共有 2 部，分别是《中国保险监督管理委员会关于印发〈人身保险公司服务评价管理办法〉的通知》（保监发〔2013〕73 号）和《中国保监会关于印发〈保险公司服务评价管理办法（试行）〉的通知》（保监发〔2015〕75 号）。

（3）经营评价文件

　　监管评价文件中关于经营评价的法律法规文件有 1 部，是《中国保监会关于印发〈保险公司经营评价指标体系（试行）〉的通知》（保监发〔2015〕80 号）。

　　（4）治理销售误导文件

　　监管评价文件中关于治理销售误导的法律法规文件有 1 部，是《中国保监会关于印发〈人身保险业综合治理销售误导评价办法（试行）〉的通知》（保监发〔2012〕105 号）。

　　（5）投诉处理评价文件

　　监管评价文件中关于投诉处理评价的法律法规文件有 1 部，是《中国保监会关于 2014 年保险公司投诉处理考评情况的通报》（保监消保〔2015〕27 号）。

　　（三）信息披露文件

　　1. 信息披露文件分类

　　保险公司外部治理法律法规文件中关于信息披露的法律法规文件共有 18 部，可以按照内容划分为四类，分别是综合规定文件、具体规则文件、披露渠道文件和专项信息披露文件。其中，综合规定文件有 3 部，占比16.67%；具体规则文件有 9 部，占比 50.00%；披露渠道文件有 1 部，占比5.56%；专项信息披露文件有 5 部，占比 27.78%。如表 6-11 所示。

表 6-11　保险公司信息披露文件分类统计

序号	文件分类	文件数量（部）	占比（%）
1	综合规定文件	3	16.67
2	具体规则文件	9	50.00
3	披露渠道文件	1	5.56
4	专项信息披露文件	5	27.78
	合计	18	100.00

资料来源：作者整理。

　　2. 信息披露文件具体说明

　　（1）综合规定文件

　　信息披露文件中关于综合规定的法律法规文件共有 3 部，分别是《保险公司信息披露管理办法》（中国保险监督管理委员会令〔2010〕第 7 号）、《中国保监会办公厅关于进一步做好保险公司公开信息披露工作的通知》（保监厅发〔2013〕15 号）和《保险公司信息披露管理办法（2018）》（中国银行保险监督管理委员会令〔2018〕第 2 号）。

（2）具体规则文件

信息披露文件中关于具体规则的法律法规文件共有 9 部，分别是《中国证券监督管理委员会公开发行证券公司信息披露编报规则（第 3 号）——保险公司招股说明书内容与格式特别规定》（证监发〔2000〕76 号）、《中国证券监督管理委员会公开发行证券公司信息披露编报规则（第 4 号）——保险公司财务报表附注特别规定》（证监发〔2000〕76 号）、《公开发行证券的公司信息披露编报规则第 4 号——保险公司信息披露特别规定（2022 年修订）》（中国证券监督管理委员会公告〔2022〕11 号）、《中国证券监督管理委员会关于发布〈公开发行证券的公司信息披露编报规则第 3 号——保险公司招股说明书内容与格式特别规定〉的通知（2006 修订）》（证监发行字〔2006〕151 号）、《中国证券监督管理委员会关于发布〈公开发行证券的公司信息披露编报规则第 4 号－保险公司信息披露特别规定〉的通知》（证监公司字〔2007〕139 号）、《中国保险监督管理委员会关于印发〈保险公司资金运用信息披露准则第 1 号：关联交易〉的通知》（保监发〔2014〕44 号）、《中国保监会关于印发〈保险公司资金运用信息披露准则第 2 号：风险责任人〉的通知》（保监发〔2015〕42 号）、《中国保监会关于印发〈保险公司资金运用信息披露准则第 3 号：举牌上市公司股票〉的通知》（保监发〔2015〕121 号）和《中国保监会关于印发〈保险公司资金运用信息披露准则第 4 号：大额未上市股权和大额不动产投资〉的通知》（保监发〔2016〕36 号）。

（3）披露渠道文件

信息披露文件中关于披露渠道的法律法规文件有 1 部，是《中国保险监督管理委员会关于指定披露保险信息报纸的通知》（保监办发〔2003〕22 号）。

（4）专项信息披露文件

信息披露文件中关于专项信息披露的法律法规文件共有 5 部，分别是《人身保险新型产品信息披露管理暂行办法》（中国保险监督管理委员会令〔2001〕第 6 号）、《中国保险监督管理委员会关于加强外资保险公司与关联企业从事再保险交易信息披露工作的通知》（保监发〔2006〕116 号）、《人身保险新型产品信息披露管理办法》（中国保险监督管理委员会令〔2009〕第 3 号）、《中国保监会关于进一步加强保险公司关联交易信息披露工作有关问题的通知》（保监发〔2016〕52 号）和《中国保监会关于进一步加强保险公司股权信息披露有关事项的通知》（保监发〔2016〕62 号）。

（四）利益相关者治理文件

保险公司外部治理法律法规文件中关于利益相关者治理的法律法规文件共有 18 部，可以按照内容划分为两类，分别是消费者文件和债权人文件。

1. 消费者文件

利益相关者治理文件中关于消费者的法律法规文件共有 17 部，分别是《中国人民银行、国家计划委员会关于禁止强制收取保险费的通知》（银发〔1994〕20 号）、《中国保险监督管理委员会关于人身保险业务必须遵循自愿投保原则的通知》（保监发〔1999〕65 号）、《关于妥善处理人身保险新型产品客户投诉有关问题的通知》（保监办发〔2003〕24 号）、《中国保险监督管理委员会关于提醒投保人防止保险诈骗的公告》（保监公告第 51 号）、《中国保险监督管理委员会关于印发〈加强保险消费者教育工作方案〉的通知》（保监发〔2008〕118 号）、《中国保险监督管理委员会关于改进服务质量落实服务承诺有关问题的通知》（保监发〔2011〕16 号）、《中国保险监督管理委员会关于做好保险消费者权益保护工作的通知》（保监发〔2012〕9 号）、《中国保险监督管理委员会关于贯彻依法经营依法监管原则切实维护投保人和被保险人权益的通知》（保监中介〔2012〕811 号）、《中国保险监督管理委员会关于印发〈人身保险公司销售误导责任追究指导意见〉的通知》（保监发〔2012〕99 号）、《保险消费投诉处理管理办法》（中国保险监督管理委员会令〔2013〕第 8 号）、《中国保险监督管理委员会关于贯彻实施〈保险消费投诉处理管理办法〉的通知》（保监消保〔2013〕686 号）、《中国保险监督管理委员会关于印发〈中国保监会关于加强保险消费者权益保护工作的意见〉的通知》（保监发〔2014〕89 号）、《中国保监会关于侵害保险消费者合法权益典型案例的通报》（保监消保〔2014〕213 号）、《中国人民银行办公厅、保监会办公厅关于投保人与被保险人、受益人关系确认有关事项的通知》（银办发〔2016〕270 号）、《中国保监会关于印发〈中国保监会关于加强保险消费风险提示工作的意见〉的通知》（保监发〔2017〕66 号）、《银行业保险业消费投诉处理管理办法》（中国银行保险监督管理委员会令〔2020〕第 3 号）和《金融机构客户尽职调查和客户身份资料及交易记录保存管理办法》（中国人民银行、中国银行保险监督管理委员会、中国证券监督管理委员会令〔2022〕第 1 号）。

2. 债权人文件

利益相关者治理文件中关于债权人的法律法规文件有 1 部，是《中国银保监会、发展改革委、中国人民银行、中国证监会关于印发金融机构债权人委员会工作规程的通知》（银保监发〔2020〕57 号）。

（五）外部审计文件

保险公司外部治理法律法规文件中关于外部审计的法律法规文件共有 4 部，分别是《审计署关于对国家金融机构的财务收支实行经常性审计的通知》（无编号）、《中国保险监督管理委员会关于保险公司委托会计师事务所开展审计业务有关问题的通知》（保监发〔1999〕235 号）、《审计署审计结果公告 2008 年第 8 号——"国家开发银行、中国农业银行、中国光大银行股份有限公司、原中国人保控股公司、原中国再保险（集团）公司 2006 年度资产负债损益审计结果"》（审计署审计结果公告 2008 年第 8 号）和《财政部、国务院国资委、银保监会关于加强会计师事务所执业管理切实提高审计质量的实施意见》（财会〔2020〕14 号）。

（六）并购机制文件

保险公司外部治理法律法规文件中关于并购机制的法律法规文件有 1 部，是《中国保险监督管理委员会关于印发〈保险公司收购合并管理办法〉的通知》（保监发〔2014〕26 号）。

第七章　总结与展望

针对前文所进行的统计与分析，本章主要内容包括我国保险治理法律法规文件的发展总结和基于我国保险治理法律法规文件的研究展望，以期为保险领域研究人员和保险业从业人员提供参考借鉴。

第一节　我国保险治理法律法规文件发展总结

一、治理贯穿我国保险业发展全过程

世界银行 1991 年的《管理发展：治理的视角》（Managing Development: The Governance Dimension）报告认为，治理是一个国家为了促进经济和社会资源的发展而运用的一种管理方式；这是世界银行关于"治理"的第二版定义，这里的治理同样聚焦于国家层面。世界银行在 1992 年的《治理与发展》（Governance and Development）报告和 1994 年的《治理：世界银行的经验》（Governance: The World Bank's Experience）报告中均沿用了上述定义。与管理相比，治理确实与其有显著的区别：首先，两者的目标不同，治理的目标是协调并最终实现决策科学化而非简单的制衡，而管理的目标则是利润最大化；其次，两者的主体不同，治理涉及多方主体，利益相关者理论是其理论基石，而管理往往只有管理者与被管理者；最后，两者的实施基础不同，治理可以通过正式的制度或非正式的制度来实施，而管理多通过正式的制度授权完成。我国保险业的高质量发展要求保险领域各个层次的重要问题决策要科学化，决策科学是保险业高质量发展的重要体现，而治理的目标就是决策科学。我国保险业复业以来实现了快速发展，取得了一系列成就，这完全得益于治理所提供的基础和保障。而行业发展与治理水平呈现螺旋式上升，行业快速发展对治理能力提出了更高的要求，而完善的治理结构与机制又进一步促进了行业的健康与可持续发展。

二、我国保险业高度重视治理的法律法规制度建设

为深入贯彻落实《中共中央关于全面推进依法治国若干重大问题的决定》《法治政府建设实施纲要（2015－2020 年）》和《国务院关于加快发展现代保险服务业的若干意见》，更好发挥法治对保险业发展的引领、规范和推动作用，促进保险监管机构依法监管和保险行业依法经营水平迈上新台阶，原中国保监会在 2016 年 1 月 18 日印发《中国保监会关于全面推进保险法治建设的指导意见》（保监发〔2016〕7 号）。该意见包括全面推进保险法治建设的重要性、紧迫性和总体要求；坚持立法先行，不断完善保险法律制度体系；落实依法行政，推进严格规范公正监管；加强监督制约，切实提高依法监管水平；增强法治观念，提升保险业依法经营水平；注重多措并举，积极营造良好的保险法治环境；加大保障力度，确保保险法治建设取得实效，总计 7 部分 23 条。2022 年 3 月 28 日，《中国银保监会关于印发银行业保险业法治建设实施方案的通知》（银保监发〔2022〕7 号）提出，到 2025 年，银行业保险业法律体系更加完备，各项监管行为和金融活动全部纳入法治轨道，权责一致、全面覆盖、统筹协调、有力有效的现代金融监管体系日益健全，机构守法合规程度显著增强，"八五"普法规划实施完成，法治观念深入人心，金融监管透明度和法治化水平显著提升。我国保险业从 1979 年复业至今 44 年间累计出台 1000 部治理法律法规文件，平均每年制定 23 部治理相关法律法规文件，1995 年之前每年治理文件数量不超过 10 部，1995 年及以后每年治理文件数量均超过 10 部，其中 2010 和 2015 年出台的治理文件数量分别为 57 部和 53 部。我国保险业大多数市场主体为非上市公司，相对于上市公司、国有企业、民营企业、银行等其他治理主体，我国保险业在治理起步上较早。例如，较早走到境外市场上市并接受国际治理规则检验，较早开展行业公司治理评价工作，较早明确将公司治理作为监管的重要支柱，较早探索在保险机构官网上开辟专栏披露公司治理信息。上述内容足以说明我国保险业非常重视治理的法律法规制度建设。

三、我国保险治理法律法规体系内容丰富

正如本书的统计分析，我国保险治理法律法规从文件层次来说包括法律、行政法规、国务院规范性文件、司法解释性质文件、部门规章、部门规范性文件、部门工作文件、行政许可批复、党内法规制度和行业规定等。我国保险治理法律法规文件从具体内容角度来说，可以分为保险业治理法

律法规文件、保险机构治理法律法规文件和保险公司治理法律法规文件，而每类法律法规文件按照规范的内容不同或层次不同又可以进一步细分为多个层级。以保险业治理为例，二级分类包括法律文件、方针规划、行业监管和行业组织，而行业监管的三级分类包括监管基础、监管报表、监管方式、监管通知、文件规范、统计规范、人员监管、市场监管和业务监管，业务监管的四级分类包括具体险种业务监管、业务审批、业务合规管理、销售管理、合同管理和其他业务监管，业务监管的五级分类包括健康保险监管、养老保险监管、信用和保证保险监管、责任保险监管、互联网保险监管和再保险监管。可见，无论是从文件层次角度来说，还是从文件内容角度来讲，我国保险治理法律法规体系总体上内容丰富、体系健全。

四、保险治理包括微观、中观和宏观三个层次

郝臣、李慧聪和崔光耀（2017）提出治理具有层次性，包括微观、中观和宏观三个层次。已有的治理研究主要聚焦于微观层面，即具体公司的治理问题。随着治理理念的普及，我们不难发现，不同类型公司的治理在目标、结构与机制等方面都存在一定的特殊性，需要分类加以研究，这就是中观层面的治理，即不同类型公司或组织的治理问题，中观层面的治理主要是横向上的拓展，而纵向的延伸便是第三个层次的治理问题，即宏观层面治理。在宏观层面治理中，更多的利益相关者参与到治理中来，每一个利益相关者都是一个相对独立的治理子系统，有的处于上游，有的处于下游。这些利益相关者主要是政府部门或非政府组织，他们参与治理的目标更加宏观，不再局限于系统中的某一个子系统，而是大系统的整体目标，结构与机制也显著不同于一般公司组织。以保险业为例，保险治理包括微观层面的保险公司治理、中观层面的保险机构治理和宏观层面的保险业治理。保险机构治理包括保险经营机构治理和保险中介机构治理，其中保险经营机构治理包括保险公司治理、保险集团（控股）公司治理、相互保险组织治理、再保险公司治理、保险资产管理公司治理等；而保险中介机构治理包括代理机构治理、经纪机构治理、公估机构治理等。因此，保险治理的层次性非常清晰，符合一般治理原理。

五、保险机构治理是我国金融机构治理体系的重要组成部分

李维安等（2019）在《公司治理研究 40 年：脉络与展望》一文中指出，近年来，除了对上市公司治理问题展开研究以外，越来越多的学者尝试对非上市公司、中央控股企业、地方国有控股公司、中小企业、集团控

股公司、跨国公司和各类金融机构进行研究，治理主体更加多元，治理思维不断普及。金融机构高负债、高风险和高回报的特点，以及较强的外部影响，使得金融机构的公司治理格外引人关注（李剑阁，2005）。郝臣（2023）在《金融机构治理手册》一书中将金融机构划分为金融监管机构、金融业务机构、金融服务机构、类金融机构或准金融机构和境外金融机构五大类，其中金融业务机构可以分为银行业存款类金融机构、银行业非存款类金融机构、保险业金融机构、证券业金融机构和期货业金融机构，保险业金融机构主要为保险机构；其在划分金融机构类型的基础上，指出金融机构治理（Financial Institution Governance）是指针对从事金融业相关活动的机构的治理，具体而言，为了有效发挥金融机构的功能和保障金融机构决策的科学，所构建的一套来自金融机构内部和外部的治理制度安排体系，金融机构治理的目标是实现以存款人、投保人、基金份额持有人等金融机构客户和股东利益为主导的利益相关者利益最大化。金融机构治理可以按照活动类型和法人资格不同进一步细分，保险机构治理则是金融机构治理体系框架中金融业务机构治理的分支之一，与金融控股公司治理、银行业金融机构治理、证券业金融机构治理、期货业金融机构治理等共同组成我国金融业务机构治理。

六、保险公司治理内容相对于一般公司具有一定的特殊性

所谓公司治理是指通过一套包括正式或非正式的、内部或外部的制度或机制来协调公司与所有利益相关者之间的利益关系，以保证公司决策的科学化，从而最终维护公司各方面利益的一种制度安排，公司治理有结构和机制两个层面，治理的目标是公司决策的科学化（李维安，2001）。与一般公司治理相比，保险公司治理也有结构和机制两个层面，其中机制同样包括内部治理机制和外部治理机制。但在具体的结构与机制层面保险公司治理的内容具有一定的特殊性，这是保险公司的经营特殊性所决定的。保险公司十大经营特殊性如下：（1）经营目标的多元性；（2）经营产品的长期性、复杂性、无形性和连贯性；（3）资本结构的高负债性；（4）经营范围的广泛性；（5）社会影响的遍及性；（6）经营过程的稳健性和持续性；（7）交易过程的非即时性；（8）成果核算的不确定性；（9）收益分配的复杂性；（10）政府管制的严格性（郝臣，2022）。

保险公司治理特殊性具体来说主要体现在治理目标、治理原则、治理结构与机制、治理风险、治理评价、治理监管等方面，其中核心是治理目标的特殊性。什雷费尔和维什尼（Shleifer & Vishny，1997）认为，公司治

理要处理的是公司的资本供给者如何确保自己得到投资回报的途径问题，公司治理的中心问题是保证资本供给者（股东和债权人）的利益。经典的公司治理理论主要关注分散股权条件下，所有权和经营权分离所产生的所有者和管理者之间的委托代理问题，以及控股股东同中小股东之间的委托代理问题，这些问题在保险公司治理中同样存在。除此之外，保险公司治理还存在着特有的治理问题。保险公司是高比例负债经营的公司，股东投入的资本金只占公司资产的一小部分，投保人对公司资产的投入和贡献远远大于股东。投保人倾向于稳健经营而获得稳定的未来保障；而股东的剩余索取权是无限的，他们倾向于扩大公司的业务范围，为追求高额的风险回报往往偏向于激励保险公司管理者投资高风险的项目，这将侵害投保人的利益。保险公司经营的特殊性导致的债权治理不足或缺失使得投保人与股东利益冲突凸显，投保人利益难以得到有效维护，且保险公司经营中的承保风险、杠杆风险、投资风险等进一步加剧了这一冲突，因而，维护投保人权益就成为保险公司治理的重要目标。同时，保险公司作为典型的金融机构，其经营失败引发的风险负外部性往往会直接造成巨大的社会成本，保险监管机构作为投保人以及政府的代理人参与到保险公司治理中来，尤其强调维持保险公司的偿付能力，也是这一治理目标的体现。保险公司治理法律法规文件类型分类也进一步证明了保险公司治理的特殊性，相对于一般公司来说，保险公司治理内容更加丰富。

第二节　我国保险治理法律法规文件研究展望

一、未来可以设计我国保险治理法律法规环境指数

根据历年我国出台的保险治理法律法规文件的情况，可以设计一套评价指标体系来科学地量化反映我国保险治理法律法规环境状况，并基于本书整理的数据展开评价研究，最终生成我国保险治理法律法规环境指数及其分指数。在建立我国保险治理法律法规环境指数数据库的基础上，一方面，可以针对该指数展开年度和趋势分析；另一方面，也可以进一步探讨治理法律法规环境对保险业发展的影响、保险机构发展的影响、保险公司经营行为的影响等，从而丰富保险领域相关研究理论，为我国保险业高质量发展提供理论支撑。

二、未来可以探讨具体法律法规文件对治理的影响

保险治理法律法规环境指数是从宏观层面展开研究，而针对某一部或几部具体法律法规文件来说，则是从微观层面来进行探讨的。从数量众多的保险治理法律法规文件中可以选择相对更重要的、影响更大的文件来研究其保险治理的影响，例如研究具体保险业治理文件对保险业发展的影响，研究具体保险机构治理文件对保险机构治理水平的影响，研究具体保险公司治理文件对保险公司治理水平的影响，以期检验我国保险治理法律法规文件的治理效应。研究过程中可以采用事件研究方法、双重差分法、现场访谈法等具体研究方法。

三、未来可以分析保险治理法律法规文件文本内容

每一部治理法律法规文件的制定都要经过一系列规定的过程，因此文本内容具有非常多的信息量，进而为展开量化文本分析提供了有效的素材。量化文本分析法（Humphreys & Wang，2018）是指借助统计学、数学及语言学知识，针对文本材料进行量化处理的方法统称，包括辞典法、词袋法和计算机自然语言处理法。该类方法并不是实证研究的终点，而是挖掘主题或测量构念的一个方法，是研究构念间相关关系的一个前导。量化文本分析法可以有效解决主题量化、主体对比、未知主题提炼三大类问题（宋铁波、陈玉娇和朱子君，2021）。通过开展保险治理法律法规文件的量化文本分析，可以进一步丰富和完善保险治理理论。

四、未来可以研究具体法律法规文件修改的必要性

在我国已经推出的保险治理法律法规文件中，部分文件进行了多次修正或修订，但还有很多文件自发布或生效之日起并没有修改。伴随着我国保险业的快速发展，部分文件或文件部分条款可能不再适用于当前的治理实践，这部分文件需要进一步完善。在目前有效且从没有修改过的文件中，可以按照修改必要性不同将文件分为急需修改、可以修改和无须修改，从而为监管部门等文件制定主体修正或修订治理文件提供决策参考。

参考文献

1. 曹德云. 推进保险资管高质量发展[J]. 中国金融，2022（03）：52-54.

2. 曹斯蔚. 中国农业保险高质量发展研究——兼顾乡村振兴的视角[J]. 保险职业学院学报，2022（01）：27-33.

3. 曹远征. 大国大金融——中国金融体制改革 40 年[M]. 广州：广东经济出版社，2018.

4. 陈丽涛. 基于金融业内部治理现状提出的改进建议[J]. 内蒙古统计，2014（06）：27-28.

5. 陈雨露，马勇. 大金融论纲[M]. 北京：中国人民大学出版社，2013.

6. 程竹. 周延礼：外资险企在华资产总额约占 7%[N]. 证券时报，2019-11-04.

7. 董迎秋，金铭卉，崔亚南，等. 保险业公司治理风险的分析与防范——基于保险业公司治理框架视角[J]. 保险理论与实践，2018（12）：1-12.

8. 董迎秋，王瑞涵. 构建战略型董事会是保险业公司治理建设的重要方向[J]. 保险理论与实践，2020（01）：17-24.

9. 冯根福. 关于健全和完善我国上市公司治理结构几个关键问题的思考[J]. 当代经济科学，2001（06）：23-28.

10. 冯文丽，苏晓鹏. 我国农业保险高质量发展的实现路径[J]. 中国保险，2020（01）：18-23.

11. 冯文丽，张惠敏. 我国农业保险高质量发展的对策建议[J]. 中国保险，2019（07）：27-30.

12. 郭树清. 加强和完善现代金融监管[N]. 人民日报，2022-12-14（13）.

13. 郭树清. 坚持人民至上 服务高质量发展[N]. 中国银行保险报，2021-10-21（001）.

14. 郭树清. 完善公司治理是金融企业改革的重中之重[J]. 中国农村金融，2020（14）：6-9.

15. 郝臣,付金薇. 全面提升我国保险业治理能力[J]. 审计观察,2018(02)：

80-83.

16. 郝臣，李慧聪，崔光耀. 治理的微观、中观与宏观——基于中国保险业的研究[M]. 天津：南开大学出版社，2017.

17. 郝臣，李慧聪，罗胜. 保险公司治理研究：进展、框架与展望[J]. 保险研究，2011（11）：119-127.

18. 郝臣，李艺华，崔光耀，刘琦，王萍. 从金融机构治理到金融治理——基于中国金融业的案例分析[R]. 研究报告，2020.

19. 郝臣，李艺华，崔光耀，等. 金融治理概念之辨析与应用——基于习近平总书记 2013－2019 年 567 份相关文件的研究[J]. 公司治理评论，2019（01）：69-89.

20. 郝臣，李艺华，董迎秋. 我国保险公司治理风险的识别与防范——基于监管函和行政处罚决定书的统计分析[J]. 保险理论与实践，2019（02）：93-112.

21. 郝臣，李元祯. 治理的发展与展望[J]. 审计观察，2021（02）：25-29.

22. 郝臣，刘琦. 我国中小型保险机构治理质量研究——基于 2016－2019 年公开数据的治理评价[J]. 保险研究，2020（10）：79-97.

23. 郝臣，钱璟，付金薇，等. 我国保险业治理的发展与优化研究[J]. 西南金融，2018（01）：41-50.

24. 郝臣. 保险公司治理[M]. 北京：清华大学出版社，2021.

25. 郝臣. 保险公司治理的优化[J]. 中国金融，2017（16）：80-81.

26. 郝臣. 保险公司治理对绩效影响实证研究——基于公司治理评价视角[M]. 北京：科学出版社，2016.

27. 郝臣. 我国中小型保险机构治理研究[M]. 天津：南开大学出版社，2022.

28. 郝臣. 中国金融治理：体系构成与能力提升[R]. 研究报告，2020.

29. 郝臣. 金融机构治理手册[M]. 北京：清华大学出版社，2023.

30. 郝新东，邓慧. 我国保险机构市场退出机制分析[J]. 金融教育研究，2011（03）：36-39.

31. 何杰. 深圳绿色金融发展实践[J]. 中国金融，2021（23）：42-43.

32. 侯旭华，汤宇卉. 互联网保险公司高质量发展评价指标设计与测度研究[J]. 保险研究，2022（09）：78-90.

33. 华山. 全面推动健康保险高质量发展[J]. 中国金融，2020（16）：56-57.

34. 姜华. 新时期、新定位、新目标下的农业保险高质量发展研究[J]. 保险研究，2019（12）：10-17.

35. 睢岚,马千惠,陈明玮. 推进个人保险代理人高质量发展[J]. 中国金融,
    2022（17）：76-77.

36. 郎咸平. 公司治理[M]. 北京：社会科学文献出版社,2004.

37. 李剑阁. 金融机构公司治理具有特殊性[N]. 中国城乡金融报,
    2005-05-23（3）.

38. 李梦宇. 国际金融业数据治理特征与启示[J]. 清华金融评论,2021
    （05）：35-38.

39. 李维安,曹廷求. 保险公司治理:理论模式与我国的改革[J]. 保险研究,
    2005（04）：4-8.

40. 李维安,郝臣,崔光耀,等. 公司治理研究40年：脉络与展望[J]. 外
    国经济与管理,2019（12）：161-185.

41. 李维安,郝臣. 公司治理手册[M]. 北京：清华大学出版社,2015.

42. 李维安,郝臣. 金融机构治理及一般框架研究[J]. 农村金融研究,2009
    （04）：4-13.

43. 李维安. 公司治理[M]. 天津：南开大学出版社,2001.

44. 李维安. 公司治理学[M]. 北京：高等教育出版社,2005.

45. 李维安. 金融机构治理的着力点：治理风险[J]. 南开管理评论,2005
    （05）：3.

46. 李小平. EVA理念与公司治理目标的优化[J]. 四川大学学报（哲学社会
    科学版）,2003（04）：10-15.

47. 李有祥. 推动农业保险高质量发展[J]. 中国金融,2019（10）：47-49.

48. 李豫湘,孟祥龙. 董事会作用、信息披露与公司治理绩效的研究[J]. 现
    代管理科学,2010（05）：93-94.

49. 栗亮,蒋昭昆. 新发展格局下的出口信用保险高质量发展探究[J]. 中国
    保险,2021（03）：40-45.

50. 林善明. 中国森林保险高质量发展路径研究[J]. 林业经济问题,2022
    （01）：30-36.

51. 刘鸿儒. 变革：中国金融体制发展六十年[M]. 北京：中国金融出版社,
    2009.

52. 刘婧. 我国农业保险高质量发展现状、问题及对策建议[J]. 中国保险,
    2021（08）：50-53.

53. 刘咏. 保险机构消保体系应加快融入公司治理[J]. 中国农村金融,2020
    （15）：44-46.

54. 尚鹏辉. 制约我国商业健康保险高质量发展的突出问题——基于健康

保险从业者深入访谈结果[J]. 金融理论与实践，2019（08）：87-92.

55. 宋铁波，陈玉娇，朱子君. 量化文本分析法在国内外工商管理领域的应用对比与评述[J]. 管理学报，2021（04）：624-632.

56. 宋炜. 公司治理目标选择与绩效检验——来自中国上市公司的经验证据[J]. 证券市场导报，2013（08）：38-43.

57. 苏冬蔚，林大庞. 股权激励、盈余管理与公司治理[J]. 经济研究，2010（11）：88-100.

58. 随力瑞，李媛媛，方会琳. 推动家庭商业保险高质量发展[J]. 宏观经济管理，2022（04）：76-82+90.

59. 孙祁祥. 保险：人类社会可持续发展的重要保障——从保险与共同富裕谈起[J]. 中国保险，2023（01）：12-15.

60. 孙祁祥. 从保险大国迈向保险强国[J]. 中国金融，2021（Z1）：59-61.

61. 唐金成，韩晴. "新基建"赋能我国关税保证保险高质量发展研究[J]. 区域金融研究，2022（02）：35-41.

62. 庹国柱，李慧. 将农业保险高质量发展进行到底[J]. 中国保险，2022（02）：14-20.

63. 王国军. 农业保险：迈向高质量发展之路[J]. 中国保险，2020（01）：6-7.

64. 王国军. 农业保险：驶入高质量发展的快车道[J]. 中国保险，2021（02）：6-7.

65. 王克，张峭. 推进农业保险高质量发展——第六期中国农业保险论坛综述[J]. 保险研究，2019（06）：125-127.

66. 王兴智. 人寿保险高质量发展刍议——以青海省为例[J]. 青海金融，2021（11）：61-64.

67. 王志凯. 中国金融业治理与创新发展研究[J]. 中共浙江省委党校学报，2010（05）：116-120.

68. 魏瑄. 国内系统重要性保险机构监管对保险集团的影响[J]. 中国保险，2016（11）：29-31.

69. 吴定富. 中国保险业发展改革报告（1979－2003）[M]. 北京：中国经济出版社，2004.

70. 吴淑琨，柏杰，席酉民. 董事长与总经理两职的分离与合一——中国上市公司实证分析[J]. 经济研究，1998（08）：3-5.

71. 吴晓灵. 中国金融体制改革 30 年回顾与展望[M]. 北京：人民出版社，2008.

72. 谢志华. 关于公司治理的若干问题[J]. 会计研究, 2008 (12): 63-68.

73. 许予朋. 周延礼: 推动普惠保险业务高质量发展[N]. 中国银行保险报, 2022-11-14 (001).

74. 杨馥. 中国保险公司治理监管制度研究[D]. 成都: 西南财经大学, 2009.

75. 喻强. 论中国绿色保险高质量发展之路径[J]. 中国保险, 2022 (11): 8-13.

76. 袁力. 保险公司治理: 风险与监管[J]. 中国金融, 2010 (02): 13-15.

77. 张曾莲, 徐方圆. 董事高管责任保险与企业高质量发展——基于代理成本和创新激励视角[J]. 华东经济管理, 2021 (02): 78-86.

78. 张海军. 我国农业保险高质量发展的内涵与推进路径[J]. 保险研究, 2019 (12): 3-9.

79. 张恒国. 保险中介高质量发展之路[J]. 经济, 2021 (11): 102-103.

80. 张峭. 农业保险高质量发展的意义和内涵特征[J]. 中国合作经济, 2019 (10): 11-16.

81. 赵清辉. 商业银行公司治理制衡机制研究[J]. 经济研究参考, 2013 (58): 76-80.

82. 中国保险行业协会. 保险机构公司治理监管制度汇编——董事会治理[M]. 北京: 法律出版社, 2021.

83. 中国保险行业协会. 保险机构公司治理监管制度汇编——风险内控[M]. 北京: 法律出版社, 2021.

84. 中国保险行业协会. 保险机构公司治理监管制度汇编——股东治理[M]. 北京: 法律出版社, 2021.

85. 中国保险行业协会. 保险机构公司治理监管制度汇编——关联交易治理[M]. 北京: 法律出版社, 2021.

86. 中国保险行业协会. 保险机构公司治理监管制度汇编——监事会和高管层治理[M]. 北京: 法律出版社, 2021.

87. 中国保险行业协会. 保险机构公司治理监管制度汇编——其他利益相关者[M]. 北京: 法律出版社, 2021.

88. 中国保险行业协会. 保险机构公司治理监管制度汇编——市场约束[M]. 北京: 法律出版社, 2021.

89. 中国保险行业协会. 中国保险业发展报告(2021)[M]. 北京: 中国金融出版社, 2022.

90. 周道炯. 现代金融监管体制研究［M］. 北京：中国金融出版社，2000.

91. 周小川. 系统性的体制转变［M］. 北京：中国金融出版社，2008.

92. 周延礼. 保险业改革发展新思考.［M］. 北京：新华出版社，2020.

93. 周延礼. 推动农业保险高质量发展［J］. 中国金融，2019（23）：19-20.

94. 朱俊生，张峭. 科技运用促进农业保险高质量发展［J］. 中国保险，2022（04）：22-27.

95. 朱南军，高子涵. 系统重要性保险机构的评估与监管——国际实践与中国探索［J］. 经济体制改革，2017（02）：150-156.

96. 朱艳霞. 促进保险资管高质量发展［N］. 中国银行保险报，2022-08-08（001）.

97. 朱艳霞. 全面推动农业保险高质量发展［N］. 中国银行保险报，2022-11-28（004）.

98. Andrei Shleifer, Robert W Vishny. A Survey of Corporate Governance [J]. The Journal of Finance, 1997, 52(02):737-783.

99. Andrei Shleifer, Robert W Vishny. Large Shareholders and Corporate Control [J]. The Journal of Political Economy, 1986, 94(03):461-488.

100. Aron Balas, Rafael La Porta, Florencio Lopez-De-Silanes, Andrei Shleifer. The Divergence of Legal Procedures [J]. American Economic Journal-Economic Policy, 2009, 1(02):138-162.

101. Ashlee Humphreys, Rebecca J Wang. Automated Text Analysis for Consumer Research [J]. Journal of Consumer Research, 2018, 44(06):1274-1306.

102. John J McConnell, Henri Servaes. Additional Evidence on Equity Ownership and Corporate Value [J]. Journal of Financial Economics, 1990, 27(02):595-612.

103. Laura Horn. Corporate Governance in Crisis? The Politics of EU Corporate Governance Regulation [J]. European Law Journal, 2012, 18(01):83-107.

104. Marina Martynova, Luc Renneboog. Evidence on the International Evolution and Convergence of Corporate Governance Regulations [J]. Journal of Corporate Finance, 2011, 17(05):1531-1557.

105. Michael C Jensen. Value Maximization and the Corporate Objective

Function [A]// Michael Beer, Nithan Norhia. Breaking the Code of Change [C]. Boston: Harvard Business School Press, 2000.

106. Michael C Jensen. Value Maximization, Stakeholder Theory, and the Corporate Objective Function [J]. Journal of Applied Corporate Finance, 2001, 14(03):8-21.

107. Michael C Jensen. Value Maximization, Stakeholder Theory, and the Corporate Objective Function [J]. Business Ethics Quarterly, 2002, 12(02):235-256.

108. Rafael La Porta, Floencio Lopez-De-Silanes, Andrei Shleifer, Robert W Vishny. Legal Determinants of External Finance [J]. The Journal of Finance, 1997, 52(03):1131-1150.

109. Rafael La Porta, Florencio Lopez-De-Silanes, Andrei Shleifer, Robert W Vishny. Law and Finance [J]. Journal of Political Economy, 1998, 106(06):1113-1155.

110. Rafael La Porta, Florencio Lopez-de-Silanes, Andrei Shleifer, Robert W Vishny. Investor Protection and Corporate Governance [J]. Journal of Financial Economics, 2000, 58(1-2):3-27.

111. Rafael La Porta, Florencio Lopez-De-Silanes, Andrei Shleifer. Corporate Ownership around the World [J]. The Journal of Finance, 1999, 54(02):471-517.

112. Rafael La Porta, Florencio Lopez-De-Silanes, Andrei Shleifer. The Economic Consequences of Legal Origins [J]. Journal of Economic Literature, 2008, 46(02):285-332.

113. Randall Morck, Andrei Shleifer, Robert W Vishny. Management Ownership and Market Valuation: An Empirical Analysis [J]. Journal of Financial Economics, 1988, 20(6-7):293-315.

114. Ronald K Mitchell, Bradley R Agle, Donna J Wood. Toward A Theory of Stakeholder Identification and Salience: Defining the Principle of Who and What Really Counts [J]. Academy of Management Review, 1997, 22(04):853-858.

115. Simeon Djankov, Rafael La Porta, Florencio Lopez-De-Silanes, Andrei Shleifer. Disclosure by Politicians [J]. American Economic

Journal-Applied Economics, 2010, 2(02):179-209.

116. Simeon Djankov, Rafael La Porta, Florencio Lopez-De-Silanes, Andrei Shleifer. The Law and Economics of Self-Dealing [J]. Journal of Financial Economics, 2008, 88(03):430-465.

附录 1　我国保险业治理法律法规文件汇总表

序号	文件名称及编号	发布主体	发布时间	生效时间	北大法宝有效性
1	《关于恢复国内保险业务和加强保险机构的通知》（银保字〔1979〕第 16 号）	中国人民银行中国保险监督管理委员会（已撤销）	1979-04-25	1979-04-25	失效
2	《中国人民银行全国分行行长会议纪要》（国发〔1979〕99号）	国务院	1979-12-04	1980-01-01	现行有效
3	《中华人民共和国财产保险合同条例》（国发〔1983〕135号）	国务院	1983-09-01	1983-09-01	失效
4	《国务院批转中国人民保险公司关于加快发展我国保险事业的报告的通知》（国发〔1984〕151 号）	国务院	1984-11-03	1984-11-03	现行有效
5	《中国人民银行、国家经济体制改革委员会关于转发〈第三次金融体制改革试点城市工作座谈会纪要〉的通知》（银发〔1987〕15 号）	中国人民银行国家经济体制改革委员会（已变更）	1987-01-26	1987-01-26	现行有效
6	《中国人民银行关于依法加强人民银行行使国家保险管理机关职责的通知》（银发〔1988〕74 号）	中国人民银行	1988-03-26	1988-03-26	失效
7	《国务院办公厅关于加强保险事业管理的通知》（国办发〔1989〕11 号）	国务院办公厅	1989-02-16	1989-02-16	现行有效

序号	文件名称及编号	发布主体	发布时间	生效时间	北大法宝有效性
8	《中国人民银行关于交通银行办理保险业务问题的批复》（银复〔1989〕50号）	中国人民银行	1989-02-27	1989-02-27	现行有效
9	《中国人民银行关于印发〈金融业务基本规章制定程序规定（试行）〉的通知》（银发〔1991〕66号）	中国人民银行	1991-03-30	1991-07-01	现行有效
10	《中国人民银行关于对保险业务和机构进一步清理整顿和加强管理的通知》（银发〔1991〕92号）	中国人民银行	1991-04-13	1991-04-13	失效
11	《中国人民银行关于贯彻落实〈金融业务基本规章制定程序规定（试行）〉有关问题的通知》（银办发〔1991〕21号）	中国人民银行	1991-06-13	1991-06-13	现行有效
12	《中国人民银行关于印发〈金融体制改革"八五"及十年设想〉的通知》（银发〔1991〕219号）	中国人民银行	1991-08-06	1991-08-06	现行有效
13	《财政部、中国人民银行、工商银行、农业银行、中国银行、人民建设银行、中国人民保险公司关于重申银行、保险企业财务管理和收入分配集中于中央财政的通知》（财商字〔1992〕第360号）	财政部 中国人民银行 中国工商银行 中国农业银行 中国（人民）建设银行 中国人民保险公司	1992-10-05	1992-10-05	现行有效
14	《中国人民银行关于停止保险公司为地方政府代办保险业务的通知》（银发〔1993〕24号）	中国人民银行	1993-02-10	1993-02-10	失效
15	《关于印发〈中国人民保险公司关于处理保险行业中一些问题的政策界限〉的通知》（保发〔1993〕37号）	中国人民保险公司	1993-02-22	1993-02-22	现行有效

序号	文件名称及编号	发布主体	发布时间	生效时间	北大法宝有效性
16	《中国人民银行关于严格金融机构审批的通知》（银发〔1993〕194 号）	中国人民银行	1993-07-09	1993-07-09	失效
17	《中国人民保险公司关于建立保险综合统计数据库的通知》（保发〔1994〕252 号）	中国人民保险公司	1994-12-07	1994-12-07	现行有效
18	《中华人民共和国保险法》（中华人民共和国主席令〔1995〕第 51 号）	全国人大常委会	1995-06-30	1995-10-01	已被修改
19	《中国人民银行关于中国人民保险公司机构体制改革方案的报告》（银发〔1995〕196 号）	中国人民银行	1995-07-10	1995-07-10	现行有效
20	《中国人民银行关于改革中国人民保险公司机构体制的通知》（银发〔1995〕301 号）	中国人民银行	1995-11-06	1995-11-06	现行有效
21	《中国人民银行关于暂停招聘保险营销员的通知》（银发〔1996〕16 号）	中国人民银行	1996-01-12	1996-01-12	现行有效
22	《中国人民银行关于中国人民保险公司机构体制改革有关问题的批复》（银复〔1996〕41 号）	中国人民银行	1996-01-21	1996-01-21	现行有效
23	《中国人民保险公司办公室关于做好体制改革期间文件档案资料管理工作的通知》（保办〔1996〕4 号）	中国人民保险公司	1996-03-15	1996-03-15	现行有效
24	《中国人民保险（集团）公司关于印发〈中国人民保险（集团）公司人员调动辞职暂行规定〉的通知》（保发〔1996〕150 号）	中国人民保险公司	1996-06-25	1996-06-25	现行有效

续表

序号	文件名称及编号	发布主体	发布时间	生效时间	北大法宝有效性
25	《中国人民保险（集团）公司关于印发〈中国人民保险（集团）公司退（离）休人员在公司（企业）任职有关问题的暂行规定〉的通知》（保发〔1996〕163号）	中国人民保险公司	1996-07-04	1996-07-04	现行有效
26	《保险管理暂行规定》（银发〔1996〕255号）	中国人民银行	1996-07-25	1996-07-25	失效
27	《中保人寿保险有限公司个人代理营销管理暂行规定》（保寿发〔1996〕13号）	中国人民保险公司	1996-08-28	1996-09-01	现行有效
28	《中保财产保险有限公司关于印发〈中保财产保险有限公司统计制度（暂行）〉的通知》（保财发〔1996〕18号）	中国人民保险公司	1996-09-04	1997-01-01	现行有效
29	《中国人民保险（集团）公司关于印发〈中国人民保险（集团）公司专业技术人员管理办法〉的通知》（保发〔1996〕227号）	中国人民保险公司	1996-09-05	1996-09-05	现行有效
30	《中国人民银行关于印发〈金融监管工作分工原则〉的通知》（银办发〔1996〕68号）	中国人民银行	1996-09-16	1996-09-16	现行有效
31	《中国人民保险（集团）公司关于印发〈中国人民保险（集团）公司公文处理办法〉的通知》（保发〔1996〕233号）	中国人民保险公司	1996-10-23	1996-11-01	现行有效
32	《中保财产保险有限公司关于下发〈中保财产保险有限公司统计制度实施细则（暂行）〉的通知》（保财发〔1996〕51号）	中国人民保险公司	1996-11-19	1997-01-01	现行有效

序号	文件名称及编号	发布主体	发布时间	生效时间	北大法宝有效性
33	《中国人民保险（集团）公司关于印发〈中国人民保险（集团）公司管理的干部退（离）休后在其他公司（企业）任职有关问题的暂行规定〉的通知》（保发〔1996〕318号）	中国人民保险公司	1996-12-04	1996-12-04	现行有效
34	《中国人民保险（集团）公司关于印发〈中国人民保险（集团）公司工作人员年度考核暂行规定〉的通知》（保发〔1996〕323号）	中国人民保险公司	1996-12-17	1996-12-17	现行有效
35	《中国人民银行关于印发〈关于对金融系统工作人员违反金融规章制度行为处理的暂行规定〉的通知》（银发〔1997〕167号）	中国人民银行	1997-04-25	1997-04-25	失效
36	《中国人民银行关于严禁擅自批设金融机构、非法办理金融业务的紧急通知》（银发〔1997〕378号）	中国人民银行	1997-09-08	1997-09-08	失效
37	《全国保险行业公约》（无编号）	十三家签约保险公司	1997-09-09	1997-10-01	现行有效
38	《中国人民银行关于印发〈保险代理人管理规定（试行）〉的通知》（银发〔1997〕513号）	中国人民银行	1997-11-30	1997-11-30	失效
39	《中国人民银行关于报送"保险公司主要业务指标月报表"通知》（银保险〔1998〕1号）	中国人民银行	1998-01-04	1998-01-04	现行有效
40	《中国人民银行关于保险业务监管权限问题的批复》（银复〔1998〕第27号）	中国人民银行	1998-01-22	1998-01-22	现行有效
41	《中国人民银行关于保险监管问题的复函》（银函〔1998〕第364号）	中国人民银行	1998-08-10	1998-08-10	失效

序号	文件名称及编号	发布主体	发布时间	生效时间	北大法宝有效性
42	《中国人民银行关于印发〈保险业监管指标〉的通知》（银发〔1998〕432 号）	中国人民银行	1998-09-11	1998-09-11	失效
43	《中国人民银行关于金融机构与所办经济实体脱钩有关问题的紧急通知》（银发〔1998〕562 号）	中国人民银行	1998-11-25	1998-11-25	现行有效
44	《中国人民银行关于管理体制重大改革的公告》（无编号）	中国人民银行	1999-01-01	1999-01-01	现行有效
45	《中国保险监督管理委员会对外公告管理暂行办法》（保监发〔1999〕9 号）	中国保险监督管理委员会（已撤销）	1999-01-11	1999-01-11	失效
46	《中国保险监督管理委员会信访投诉工作暂行办法》（保监发〔1999〕1 号）	中国保险监督管理委员会（已撤销）	1999-01-11	1999-01-11	失效
47	《保险监管报表管理暂行办法》（保监发〔1999〕28 号）	中国保险监督管理委员会（已撤销）	1999-02-23	1999-02-23	失效
48	《国务院办公厅关于印发中国保险监督管理委员会职能配置内设机构和人员编制规定的通知》（国办发〔1999〕21 号）	国务院办公厅	1999-03-04	1999-03-04	现行有效
49	《中国保险监督管理委员会关于目前保险日常监管工作有关问题的函》（保监函〔1999〕17 号）	中国保险监督管理委员会（已撤销）	1999-03-21	1999-03-21	现行有效
50	《中国保险监督管理委员会关于印发保险监管报表表样的通知》（保监发〔1999〕55 号）	中国保险监督管理委员会（已撤销）	1999-03-26	1999-03-26	失效
51	《国家工商行政管理局关于工商行政管理机关对保险公司不正当竞争行为管辖权问题的答复》（工商公字〔1999〕第 80 号）	国家工商行政管理总局（已撤销）	1999-04-05	1999-04-05	失效

续表

序号	文件名称及编号	发布主体	发布时间	生效时间	北大法宝有效性
52	《中国人民保险公司关于加强党风廉政建设的若干规定》（人保党发〔1999〕13 号）	中国人民保险公司	1999-04-09	1999-04-09	现行有效
53	《保险行政规章制定程序的规定》（保监发〔1999〕111 号）	中国保险监督管理委员会（已撤销）	1999-07-02	1999-07-01	失效
54	《中国保险监督管理委员会关于进一步做好整顿保险业工作的通知》（保监发〔1999〕136号）	中国保险监督管理委员会（已撤销）	1999-08-11	1999-08-11	现行有效
55	《中国保险监督管理委员会对〈关于沿用执行"上海外资保险机构暂行管理办法"的请示报告〉的复函》（保监财会〔1999〕10 号）	中国保险监督管理委员会（已撤销）	1999-08-12	1999-08-12	现行有效
56	《中国保险监督管理委员会关于对〈关于保监会文件执行过程中若干问题的请示〉的批复》（保监寿〔1999〕21 号）	中国保险监督管理委员会（已撤销）	1999-08-16	1999-08-16	现行有效
57	《中国保险监督管理委员会关于认真贯彻〈行政复议法〉有关问题的通知》（保监发〔1999〕180 号）	中国保险监督管理委员会（已撤销）	1999-09-29	1999-09-29	现行有效
58	《中国保险监督管理委员会关于协调解决工商监管有关问题的通知》（保监中介〔1999〕13 号）	中国保险监督管理委员会（已撤销）	1999-09-29	1999-09-29	现行有效
59	《中国保险监督管理委员会关于调整部分保险监管报表项目的通知》（保监发〔1999〕254号）	中国保险监督管理委员会（已撤销）	1999-12-28	1999-12-28	失效
60	《财政部关于印发〈中国保险监督管理委员会财务管理暂行办法〉的通知》（财债字〔1999〕273 号）	财政部	1999-12-29	2000-01-01	现行有效

序号	文件名称及编号	发布主体	发布时间	生效时间	北大法宝有效性
61	《中国保险监督管理委员会关于调整部分保险监管报表项目的通知(2000)》(保监发〔2000〕68号)	中国保险监督管理委员会(已撤销)	2000-05-09	2000-05-09	失效
62	《中国保险监督管理委员会关于印发〈中国保监会派出机构监管职责暂行规定〉的通知》(保监发〔2000〕100号)	中国保险监督管理委员会(已撤销)	2000-06-19	2000-06-19	失效
63	《中国保险监督管理委员会关于做好保险监管报表资料衔接工作的通知》(保监发〔2000〕132号)	中国保险监督管理委员会(已撤销)	2000-07-18	2000-07-18	现行有效
64	《中国保险监督管理委员会关于规范保险公司分支机构业务经营区域的通知》(保监发〔2000〕213号)	中国保险监督管理委员会(已撤销)	2000-11-06	2000-11-06	失效
65	《中国保险监督管理委员会关于处理有关保险合同纠纷问题的意见》(保监发〔2001〕74号)	中国保险监督管理委员会(已撤销)	2001-03-14	2001-03-14	现行有效
66	《中国保险监督管理委员会关于印发保险机构许可证编码方案的通知》(保监发〔2001〕81号)	中国保险监督管理委员会(已撤销)	2001-03-27	2001-03-27	现行有效
67	《中国保险监督管理委员会关于调整部分保险监管报表项目的通知(2001)》(保监发〔2001〕84号)	中国保险监督管理委员会(已撤销)	2001-03-28	2001-03-28	失效
68	《中国保险监督管理委员会关于印发〈中国保险监督管理委员会现场检查工作规程〉的通知》(保监发〔2001〕104号)	中国保险监督管理委员会(已撤销)	2001-04-29	2001-05-01	失效

序号	文件名称及编号	发布主体	发布时间	生效时间	北大法宝有效性
69	《中国保险监督管理委员会派出机构监管职责暂行规定》(中国保险监督管理委员会令〔2001〕第 1 号)	中国保险监督管理委员会（已撤销）	2001-04-30	2001-05-01	失效
70	《中国保险监督管理委员会关于印发保险兼业代理市场整顿方案的通知》(保监发〔2001〕112 号)	中国保险监督管理委员会（已撤销）	2001-05-10	2001-05-10	现行有效
71	《中国保险监督管理委员会行政复议办法》（中国保险监督管理委员会令〔2001〕第 2 号)	中国保险监督管理委员会（已撤销）	2001-07-05	2001-07-05	失效
72	《中国保险监督管理委员会关于印发〈中国保监会保险社团组织管理暂行办法〉的通知》(保监发〔2001〕152 号)	中国保险监督管理委员会（已撤销）	2001-08-14	2001-09-01	现行有效
73	《中国保险监督管理委员会关于印发〈中国保监会行政处罚法律文书格式〉的通知》（保监发〔2001〕159 号)	中国保险监督管理委员会（已撤销）	2001-08-28	2001-08-28	现行有效
74	《中国保险监督管理委员会关于做好 2001 年年度报告编报工作的通知》(保监发〔2001〕198 号)	中国保险监督管理委员会（已撤销）	2001-12-10	2001-12-10	失效
75	《中国保险监督管理委员会关于取消部分保险监管报表的通知》（保监函〔2001〕269 号)	中国保险监督管理委员会（已撤销）	2001-12-13	2001-12-13	失效
76	《中国保险监督管理委员会关于印发〈中国保险监督管理委员会信访工作办法〉的通知》（保监发〔2002〕27 号)	中国保险监督管理委员会（已撤销）	2002-03-07	2002-04-01	失效
77	《中国保险监督管理委员会关于印发我国加入 WTO 法律文件有关保险业内容的通知》(保监办发〔2002〕14 号)	中国保险监督管理委员会（已撤销）	2002-03-12	2002-03-12	现行有效

序号	文件名称及编号	发布主体	发布时间	生效时间	北大法宝有效性
78	《中国保险监督管理委员会办公室关于加强保险监管报表管理工作的通知》（保监发〔2002〕68 号）	中国保险监督管理委员会（已撤销）	2002-08-21	2002-08-21	失效
79	《中国保险监督管理委员会关于收取保险业务监管费有关事项的通知》（保监发〔2002〕99 号）	中国保险监督管理委员会（已撤销）	2002-09-30	2002-01-01	失效
80	《中国保险监督管理委员会关于法定再保险有关政策的通知》（保监发〔2002〕109 号）	中国保险监督管理委员会（已撤销）	2002-10-28	2002-10-28	失效
81	《中华人民共和国保险法（2002修正）》（中华人民共和国主席令〔2002〕第 78 号）	全国人大常委会	2002-10-28	2003-01-01	已被修改
82	《中国保险监督管理委员会关于取消第一批行政审批项目的通知》（保监发〔2002〕113 号）	中国保险监督管理委员会（已撤销）	2002-12-06	2002-12-06	现行有效
83	《中国保险监督管理委员会关于印发〈财产保险公司分险种监管报表（试行）〉的通知》（保监发〔2002〕128 号）	中国保险监督管理委员会（已撤销）	2002-12-24	2003-01-01	失效
84	《中国保险监督管理委员会关于取消第二批行政审批项目的通知》（保监发〔2003〕28 号）	中国保险监督管理委员会（已撤销）	2003-03-12	2003-03-12	现行有效
85	《中国保险监督管理委员会关于启用中国保险监督管理委员会新印章的通知》（保监发〔2003〕44 号）	中国保险监督管理委员会（已撤销）	2003-04-07	2003-04-07	现行有效
86	《中国保险监督管理委员会关于中国保监会党委调整职责有关问题的通知》（保监党委〔2003〕10 号）	中国保险监督管理委员会（已撤销）	2003-04-25	2003-04-25	现行有效

续表

序号	文件名称及编号	发布主体	发布时间	生效时间	北大法宝有效性
87	《中国保险监督管理委员会关于执行第二批取消行政审批项目决定中若干问题的函》（保监发〔2003〕93 号）	中国保险监督管理委员会（已撤销）	2003-06-06	2003-06-06	失效
88	《中国保险监督管理委员会办公室关于保险营销员工商登记有关问题的通知》（保监办发〔2003〕90 号）	中国保险监督管理委员会（已撤销）	2003-06-25	2003-06-25	失效
89	《保监会财会部关于规范保险监管报表上报格式的通知》（无编号）	中国保险监督管理委员会（已撤销）	2003-06-30	2003-07-01	现行有效
90	《保险监督管理委员会关于规范保险监管报表保送格式的通知》（无编号）	中国保险监督管理委员会（已撤销）	2003-06-30	2003-06-30	现行有效
91	《国务院办公厅关于印发中国保险监督管理委员会主要职责内设机构和人员编制规定的通知》（国办发〔2003〕61 号）	国务院办公厅	2003-07-07	2003-07-07	现行有效
92	《中国保监会关于警惕非法经营保险业务活动的公告》（保监公告第 56 号）	中国保险监督管理委员会（已撤销）	2003-09-01	2003-09-01	现行有效
93	《中国保险监督管理委员会关于保险公司经营区域有关问题的通知》（保监发〔2003〕120 号）	中国保险监督管理委员会（已撤销）	2003-09-02	2003-09-02	现行有效
94	《中国保监会关于履行有关入世承诺的公告》（保监公告第 59 号）	中国保险监督管理委员会（已撤销）	2003-12-11	2003-12-11	现行有效
95	《保险业重大突发事件应急处理规定》（中国保险监督管理委员会令〔2003〕第 3 号）	中国保险监督管理委员会（已撤销）	2003-12-18	2004-02-01	失效
96	《中国保险监督管理委员会关于印发〈中国保险监督管理委员会公文处理办法〉的通知》（保监发〔2003〕144 号）	中国保险监督管理委员会（已撤销）	2003-12-25	2004-01-01	现行有效

序号	文件名称及编号	发布主体	发布时间	生效时间	北大法宝有效性
97	《中国保险监督管理委员会关于印发〈中国保险监督管理委员会工作规则〉的通知》（保监发〔2004〕10号）	中国保险监督管理委员会（已撤销）	2004-01-30	2004-01-30	现行有效
98	《中国保险监督管理委员会关于派出机构行政级别的通知》（保监人教〔2004〕148号）	中国保险监督管理委员会（已撤销）	2004-02-05	2004-02-05	现行有效
99	《中国保险监督管理委员会关于印发派出机构管理部工作规则的通知》（保监厅发〔2004〕13号）	中国保险监督管理委员会（已撤销）	2004-02-06	2004-02-06	现行有效
100	《中国保险监督管理委员会关于印发〈中国保监会关于加强保险行业协会建设的指导意见〉的通知》（保监发〔2004〕17号）	中国保险监督管理委员会（已撤销）	2004-03-09	2004-03-09	失效
101	《中国保险监督管理委员会关于印发〈中国保监会保密工作管理规定〉的通知》（保监发〔2004〕24号）	中国保险监督管理委员会（已撤销）	2004-03-30	2004-03-30	现行有效
102	《中国保险监督管理委员会关于印发中国保监会派出机构内设处室及主要职责的通知》（保监发〔2004〕25号）	中国保险监督管理委员会（已撤销）	2004-04-01	2004-04-01	失效
103	《中国保险监督管理委员会关于严禁协助境外保险公司推销地下保单有关问题的通知》（保监发〔2004〕29号）	中国保险监督管理委员会（已撤销）	2004-04-06	2004-04-06	现行有效
104	《中国保险监督管理委员会办公厅关于保险违法行为管辖问题的复函》（保监厅函〔2004〕70号）	中国保险监督管理委员会（已撤销）	2004-04-07	2004-04-07	现行有效

序号	文件名称及编号	发布主体	发布时间	生效时间	北大法宝有效性
105	《中国保险监督管理委员会关于就商业保险合同监管主体问题做好有关协调工作的通知》（保监发〔2004〕32 号）	中国保险监督管理委员会（已撤销）	2004-04-13	2004-04-13	失效
106	《中国保险监督管理委员会关于第三批取消和调整行政审批项目的通知》（保监发〔2004〕59 号）	中国保险监督管理委员会（已撤销）	2004-06-03	2004-06-03	现行有效
107	《中国保险监督管理委员会关于开展 2004 年整顿和规范保险市场秩序工作的通知》（保监发〔2004〕68 号）	中国保险监督管理委员会（已撤销）	2004-06-21	2004-06-21	现行有效
108	《中国保险监督管理委员会关于积极推进责任保险发展有关问题的通知》（保监厅发〔2004〕56 号）	中国保险监督管理委员会（已撤销）	2004-06-24	2004-06-24	现行有效
109	《中国银行业监督管理委员会、中国证券监督管理委员会、中国保险监督管理委员会在金融监管方面分工合作的备忘录》（无编号）	中国银行业监督管理委员会（已撤销）中国证券监督管理委员会 中国保险监督管理委员会（已撤销）	2004-06-28	2004-06-28	现行有效
110	《中国保险监督管理委员会派出机构监管职责规定》（中国保险监督管理委员会令〔2004〕第 7 号）	中国保险监督管理委员会（已撤销）	2004-06-30	2004-08-01	失效
111	《中国保险监督管理委员会关于印发已取消行政审批项目后续管理措施的通知》（保监发〔2004〕79 号）	中国保险监督管理委员会（已撤销）	2004-07-01	2004-07-01	现行有效
112	《中国保监会行政许可事项实施规程》（中国保险监督管理委员会令〔2004〕第 8 号）	中国保险监督管理委员会（已撤销）	2004-07-07	2004-07-07	已被修改

序号	文件名称及编号	发布主体	发布时间	生效时间	北大法宝有效性
113	《保险统计管理暂行规定》（中国保险监督管理委员会令〔2004〕第 11 号）	中国保险监督管理委员会（已撤销）	2004-09-29	2004-11-01	失效
114	《中国保险监督管理委员会关于履行入世承诺的公告》（无编号）	中国保险监督管理委员会（已撤销）	2004-12-11	2004-12-11	现行有效
115	《中国保险监督管理委员会关于印发〈保险政务信息工作管理办法〉的通知》（保监发〔2004〕151 号）	中国保险监督管理委员会（已撤销）	2004-12-20	2005-01-01	失效
116	《中国保险监督管理委员会关于印发〈关于加快发展养老保险的若干指导意见〉的通知》（保监发〔2004〕152 号）	中国保险监督管理委员会（已撤销）	2004-12-22	2004-12-22	失效
117	《保险保障基金管理办法》（中国保险监督管理委员会令〔2004〕第 16 号）	中国保险监督管理委员会（已撤销）	2004-12-30	2005-01-01	失效
118	《中国保险监督管理委员会关于印发中国保监会关于加强计划单列市保监局与所在省保监局监管合作的意见的通知》（保监发〔2005〕6 号）	中国保险监督管理委员会（已撤销）	2005-01-21	2005-01-21	现行有效
119	《中国保险监督管理委员会关于进一步加强保险业诚信建设的通知》（保监发〔2005〕7 号）	中国保险监督管理委员会（已撤销）	2005-01-24	2005-01-24	失效
120	《中国保险监督管理委员会关于修订〈中国保监会行政许可事项实施规程〉有关内容的通知（2005）》（保监发〔2005〕29 号）	中国保险监督管理委员会（已撤销）	2005-03-28	2005-03-28	现行有效

序号	文件名称及编号	发布主体	发布时间	生效时间	北大法宝有效性
121	《中国保险监督管理委员会办公厅关于保险公司在设有特区、计划单列市的省份展业有关问题的通知》（保监厅发〔2005〕45 号）	中国保险监督管理委员会（已撤销）	2005-04-01	2005-04-01	失效
122	《中国保险监督管理委员会关于开展 2005 年整顿和规范保险市场秩序工作的通知》（保监发〔2005〕42 号）	中国保险监督管理委员会（已撤销）	2005-05-09	2005-05-09	现行有效
123	《中国保险监督管理委员会关于印发〈保险公司分支机构开业统计与信息化建设验收指引〉的通知》（保监发〔2005〕44 号）	中国保险监督管理委员会（已撤销）	2005-05-12	2005-05-12	现行有效
124	《中国保险监督管理委员会信访工作办法（2005）》（中国保险监督管理委员令〔2005〕第 1 号）	中国保险监督管理委员会（已撤销）	2005-05-26	2005-07-01	失效
125	《关于印发机关财务管理有关规定的通知》（保监厅发〔2005〕85 号）	中国保险监督管理委员会（已撤销）	2005-06-13	2005-06-13	现行有效
126	《中国保险监督管理委员会关于加强保险统计数据质量管理的通知》（保监发〔2005〕56 号）	中国保险监督管理委员会（已撤销）	2005-06-14	2005-06-14	失效
127	《中国保险监督管理委员会办公厅关于指定中国保险报为保险采购信息披露媒体的函》（保监厅函〔2005〕136 号）	中国保险监督管理委员会（已撤销）	2005-07-13	2005-07-13	失效
128	《中国保险监督管理委员会关于印发〈中国保险监督管理委员会新闻宣传管理暂行办法〉的通知》（保监发〔2005〕66 号）	中国保险监督管理委员会（已撤销）	2005-07-29	2005-07-29	失效

序号	文件名称及编号	发布主体	发布时间	生效时间	北大法宝有效性
129	《中国保险监督管理委员会办公厅关于保险业突发事件应急处置工作有关问题的通知》（保监厅发〔2005〕114 号）	中国保险监督管理委员会（已撤销）	2005-08-19	2005-08-19	失效
130	《再保险业务管理规定》（中国保险监督管理委员会令〔2005〕第 2 号）	中国保险监督管理委员会（已撤销）	2005-10-14	2005-12-01	失效
131	《中国保险监督管理委员会关于印发〈中国保监会保险统计现场检查工作规程〉的通知》（保监发〔2005〕101 号）	中国保险监督管理委员会（已撤销）	2005-11-02	2005-11-02	失效
132	《中国保险监督管理委员会行政处罚程序规定》（中国保险监督管理委员会令〔2005〕第 3 号）	中国保险监督管理委员会（已撤销）	2005-11-08	2006-01-01	失效
133	《中国保险监督管理委员会关于加强年报和年度报统计信息管理的通知》（保监统信〔2005〕1074 号）	中国保险监督管理委员会（已撤销）	2005-12-02	2005-12-02	失效
134	《中国保险监督管理委员会关于印发〈寿险公司非现场监管规程（试行）〉的通知》（保监发〔2006〕5 号）	中国保险监督管理委员会（已撤销）	2006-01-10	2006-01-10	失效
135	《中国保险监督管理委员会关于印发〈中国保监会保险监管问责制试行办法〉的通知》（保监发〔2006〕12 号）	中国保险监督管理委员会（已撤销）	2006-01-20	2006-01-20	现行有效
136	《中国保险监督管理委员会关于调整保险业务监管费收费标准和收费办法的通知》（保监发〔2006〕13 号）	中国保险监督管理委员会（已撤销）	2006-01-25	2005-01-01	失效
137	《中国保险监督管理委员会关于派出机构设立法制科有关问题的通知》（保监人教〔2006〕118 号）	中国保险监督管理委员会（已撤销）	2006-02-10	2006-02-10	现行有效

续表

序号	文件名称及编号	发布主体	发布时间	生效时间	北大法宝有效性
138	《中国保险监督管理委员会关于保险保障基金汇算清缴有关问题的通知》（保监发〔2006〕18号）	中国保险监督管理委员会（已撤销）	2006-02-28	2006-02-28	失效
139	《中国保险监督管理委员会关于印发〈中国保监会现场检查工作规程〉的通知（2006修订）》（保监发〔2006〕25号）	中国保险监督管理委员会（已撤销）	2006-03-14	2006-04-01	失效
140	《中国保险监督管理委员会规章制定程序规定》（中国保险监督管理委员会令〔2006〕第2号）	中国保险监督管理委员会（已撤销）	2006-03-14	2006-05-01	已被修改
141	《中国保险监督管理委员会关于报送寿险公司非现场监管信息的通知》（保监发〔2006〕32号）	中国保险监督管理委员会（已撤销）	2006-03-31	2006-03-31	现行有效
142	《保险营销员管理规定》（中国保险监督管理委员会令〔2006〕第3号）	中国保险监督管理委员会（已撤销）	2006-04-06	2006-07-01	失效
143	《中国保险监督管理委员会关于印发〈关于实施〈中国保监会行政处罚程序规定〉若干问题的意见〉的通知》（保监厅发〔2006〕43号）	中国保险监督管理委员会（已撤销）	2006-05-23	2006-05-23	现行有效
144	《中国保险监督管理委员会关于规范监管意见书、监管建议书等监管文书的通知》（保监厅发〔2006〕49号）	中国保险监督管理委员会（已撤销）	2006-06-12	2006-06-12	现行有效
145	《国务院关于保险业改革发展的若干意见》（国发〔2006〕23号）	国务院	2006-06-15	2006-06-15	现行有效
146	《非保险机构投资境外保险类企业管理办法》（中国保险监督管理委员会令〔2006〕第6号）	中国保险监督管理委员会（已撤销）	2006-07-31	2006-09-01	失效

序号	文件名称及编号	发布主体	发布时间	生效时间	北大法宝有效性
147	《健康保险管理办法》（中国保险监督管理委员会令〔2006〕第 8 号）	中国保险监督管理委员会（已撤销）	2006-08-07	2006-09-01	失效
148	《中国保险监督管理委员会关于〈健康保险管理办法〉实施中有关问题的通知》（保监发〔2006〕95 号）	中国保险监督管理委员会（已撤销）	2006-09-13	2006-09-01	失效
149	《中国保险监督管理委员会关于印发〈中国保险业发展"十一五"规划纲要〉的通知》（保监发〔2006〕97 号）	中国保险监督管理委员会（已撤销）	2006-09-21	2006-09-21	失效
150	《中国保险监督管理委员会关于落实〈健康保险管理办法〉有关问题的批复》（保监寿险〔2006〕1363 号）	中国保险监督管理委员会（已撤销）	2006-12-13	2006-12-13	现行有效
151	《中国保险监督管理委员会关于印发〈中国保险业发展"十一五"规划信息化重点专项规划〉的通知》（保监发〔2006〕125 号）	中国保险监督管理委员会（已撤销）	2006-12-22	2006-12-22	失效
152	《中国保险监督管理委员会关于加强和改善对高新技术企业保险服务有关问题的通知》（保监发〔2006〕129 号）	中国保险监督管理委员会（已撤销）	2006-12-28	2006-12-28	失效
153	《中国保险监督管理委员会关于加强保险业信息化工作重大事项管理的通知》（保监厅发〔2007〕8 号）	中国保险监督管理委员会（已撤销）	2007-03-05	2007-03-05	现行有效
154	《中国保险监督管理委员会关于做好保险业应对全球变暖引发极端天气气候事件有关事项的通知》（保监产险〔2007〕402 号）	中国保险监督管理委员会（已撤销）	2007-04-06	2007-04-06	失效

续表

序号	文件名称及编号	发布主体	发布时间	生效时间	北大法宝有效性
155	《中国保险监督管理委员会关于印发〈关于推进保险合同纠纷快速处理机制试点工作的指导意见〉的通知》（保监法规〔2007〕427号）	中国保险监督管理委员会（已撤销）	2007-04-16	2007-04-16	失效
156	《中国人民银行关于印发〈反洗钱现场检查管理办法（试行）〉的通知》（银发〔2007〕175号）	中国人民银行	2007-06-04	2007-06-04	失效
157	《中国保险监督管理委员会关于印发〈中国再保险市场发展规划〉的通知》（保监发〔2007〕50号）	中国保险监督管理委员会（已撤销）	2007-06-19	2007-06-19	现行有效
158	《中国银监会关于制定、修改、废止、不适用部分规章和规范性文件的公告》（银监发〔2007〕56号）	中国银行业监督管理委员会（已撤销）	2007-07-03	2007-07-03	现行有效
159	《中国保险监督管理委员会关于修订〈中国保监会行政许可事项实施规程〉有关内容的通知（2007）》（保监发〔2007〕54号）	中国保险监督管理委员会（已撤销）	2007-07-05	2007-07-05	现行有效
160	《中国人民银行关于印发〈反洗钱非现场监管办法（试行）〉的通知》（银发〔2007〕254号）	中国人民银行	2007-07-27	2007-07-27	失效
161	《保险公司养老保险业务管理办法》（中国保险监督管理委员会令〔2007〕第4号）	中国保险监督管理委员会（已撤销）	2007-11-02	2008-01-01	已被修改
162	《中国保监会、天津市人民政府关于加快天津滨海新区保险改革试验区创新发展的意见》（保监发〔2007〕110号）	中国保险监督管理委员会（已撤销）	2007-11-14	2007-11-14	现行有效

序号	文件名称及编号	发布主体	发布时间	生效时间	北大法宝有效性
163	《中国人民银行、监察部公告〔2007〕第 25 号——废止金融稽核检查处罚规定的公告》（中国人民银行、监察部公告〔2007〕第 25 号）	中国人民银行监察部（已撤销）	2007-11-15	2007-11-15	现行有效
164	《中国保险监督管理委员会关于保险中介市场发展的若干意见》（保监发〔2007〕107 号）	中国保险监督管理委员会（已撤销）	2007-11-29	2007-11-29	失效
165	《中国保险监督管理委员会关于印发〈关于加强保险业社团组织建设的指导意见〉的通知》（保监发〔2007〕118 号）	中国保险监督管理委员会（已撤销）	2007-12-03	2007-12-03	现行有效
166	《中国保险监督管理委员会关于印发〈中国保险监督管理委员会关于规范部分法律文书送达工作的指导意见〉的通知》（保监发〔2007〕120 号）	中国保险监督管理委员会（已撤销）	2007-12-06	2008-01-01	现行有效
167	《中国人民银行公告〔2008〕第 5 号——废止上海外资保险机构暂行管理办法等 15 项规章》（中国人民银行公告〔2008〕第 5 号）	中国人民银行	2008-01-22	2008-01-22	现行有效
168	《中国保险监督管理委员会关于贯彻落实保险行业标准的通知》（保监发〔2008〕14 号）	中国保险监督管理委员会（已撤销）	2008-02-14	2008-02-14	现行有效
169	《中国人民银行、中国银行业监督管理委员会、中国证券监督管理委员会、中国保险监督管理委员会关于金融支持服务业加快发展的若干意见》（银发〔2008〕90 号）	中国人民银行 中国银行业监督管理委员会（已撤销） 中国证券监督管理委员会 中国保险监督管理委员会（已撤销）	2008-03-19	2008-03-19	现行有效

续表

序号	文件名称及编号	发布主体	发布时间	生效时间	北大法宝有效性
170	《中国保险监督管理委员会关于明确保险公司法人机构直接经营保险业务行为监管有关问题的通知》（保监机构〔2008〕384 号）	中国保险监督管理委员会（已撤销）	2008-04-02	2008-04-02	失效
171	《中国保险监督管理委员会关于印发〈中国保监会关于在行政执法中及时移送涉嫌犯罪案件的规定〉的通知》（保监发〔2008〕37 号）	中国保险监督管理委员会（已撤销）	2008-05-08	2008-05-08	现行有效
172	《中国保险监督管理委员会办公厅关于进一步规范代理制保险营销员管理有关问题的通知》（保监厅发〔2008〕27 号）	中国保险监督管理委员会（已撤销）	2008-05-21	2008-05-21	失效
173	《中国保险监督管理委员会办公厅关于开展〈中国保险业发展"十一五"规划纲要〉中期评估和修订工作的通知》（保监厅函〔2008〕195 号）	中国保险监督管理委员会（已撤销）	2008-06-25	2008-06-25	现行有效
174	《中国保险监督管理委员会关于印发〈中国保监会资格考试报名费收缴管理办法〉的通知》（保监发〔2008〕69 号）	中国保险监督管理委员会（已撤销）	2008-08-25	2008-08-25	失效
175	《中国保险监督管理委员会关于印发〈中国保监会关于进一步规范财产保险市场秩序工作方案〉的通知》（保监发〔2008〕70 号）	中国保险监督管理委员会（已撤销）	2008-08-29	2008-08-29	现行有效
176	《保险保障基金管理办法(2008)》（中国保险监督管理委员会令〔2008〕第 2 号 ）	中国保险监督管理委员会（已撤销）	2008-09-11	2008-09-11	现行有效
177	《中国保险监督管理委员会关于开展第二次保险业经济普查的通知》（保监统信〔2008〕1262 号）	中国保险监督管理委员会（已撤销）	2008-09-24	2008-09-24	失效

续表

序号	文件名称及编号	发布主体	发布时间	生效时间	北大法宝有效性
178	《中国保险监督管理委员会、国务院第二次全国经济普查领导小组办公室关于印发〈第二次保险业经济普查实施方案〉的通知》（保监发〔2008〕91号）	中国保险监督管理委员会（已撤销）	2008-10-28	2008-10-28	失效
179	《中国保险监督管理委员会政府信息公开办法》（中国保险监督管理委员会令〔2008〕第3号）	中国保险监督管理委员会（已撤销）	2008-11-18	2009-01-01	失效
180	《中国保险监督管理委员会关于调整保险业务监管费收费标准及收费办法有关事项的通知》（保监发〔2008〕121号）	中国保险监督管理委员会（已撤销）	2008-12-30	2008-01-01	失效
181	《中国保险监督管理委员会关于实施保险公司分类监管有关事项的通知》（保监发〔2008〕120号）	中国保险监督管理委员会（已撤销）	2008-12-30	2008-12-30	失效
182	《中国保险监督管理委员会关于印发〈保险监管人员行为准则〉和〈保险从业人员行为准则〉的通知》（保监发〔2009〕24号）	中国保险监督管理委员会（已撤销）	2009-02-28	2009-02-28	现行有效
183	《中华人民共和国保险法（2009修订）》〔中华人民共和国主席令（2009）第11号〕	全国人大常委会	2009-02-28	2009-10-01	已被修改
184	《中国保险监督管理委员会关于加强资产管理能力建设的通知》（保监发〔2009〕40号）	中国保险监督管理委员会（已撤销）	2009-03-19	2009-03-19	失效
185	《中国保险监督管理委员会办公厅关于印发〈保险公司第二次经济普查工作方案〉的通知》（保监厅发〔2009〕22号）	中国保险监督管理委员会（已撤销）	2009-03-25	2009-03-25	失效

续表

序号	文件名称及编号	发布主体	发布时间	生效时间	北大法宝有效性
186	《中国保险监督管理委员会关于开展保险数据真实性抽查工作的通知》（保监发〔2009〕62 号）	中国保险监督管理委员会（已撤销）	2009-04-28	2009-04-28	失效
187	《中国保险监督管理委员会关于加强保险中介从业人员继续教育管理工作的通知（2009）》（保监发〔2009〕70 号）	中国保险监督管理委员会（已撤销）	2009-05-27	2009-05-27	失效
188	《中国保险监督管理委员会办公厅关于新保险法实施后行政处罚案件中法律适用有关问题的通知》（保监厅发〔2009〕66 号）	中国保险监督管理委员会（已撤销）	2009-08-31	2009-08-31	失效
189	《中国保险监督管理委员会关于加强和完善保险营销员管理工作有关事项的通知》（保监发〔2009〕98 号）	中国保险监督管理委员会（已撤销）	2009-09-11	2009-09-11	现行有效
190	《中国保险监督管理委员会、国家工商行政管理总局令 2009 年第 2 号——〈保险公司营销服务部管理办法〉废止令》（中国保险监督管理委员会、国家工商行政管理总局令〔2009〕第 2 号）	中国保险监督管理委员会（已撤销）　中国工商行政管理总局（已撤销）	2009-10-01	2009-10-01	现行有效
191	《中国保险监督管理委员会关于保监局履行偿付能力监管职责有关事项的通知》（保监发〔2009〕124 号）	中国保险监督管理委员会（已撤销）	2009-11-23	2009-11-23	现行有效
192	《中国人民银行关于印发〈金融机构编码规范〉的通知》（银发〔2009〕363 号）	中国人民银行	2009-11-30	2009-11-30	现行有效
193	《中国保险监督管理委员会关于废止部分保险中介规范性文件的通知》（保监发〔2009〕128 号）	中国保险监督管理委员会（已撤销）	2009-12-07	2009-12-07	现行有效

序号	文件名称及编号	发布主体	发布时间	生效时间	北大法宝有效性
194	《中国保险监督管理委员会行政复议办法（2010）》（中国保险监督管理委员会令〔2010〕第 1 号）	中国保险监督管理委员会（已撤销）	2010-01-06	2010-03-01	现行有效
195	《中国保险监督管理委员会、科学技术部关于进一步做好科技保险有关工作的通知》（保监发〔2010〕31 号）	中国保险监督管理委员会（已撤销）	2010-03-11	2010-03-11	现行有效
196	《中国保险监督管理委员会关于进一步贯彻落实〈保险监管人员行为准则〉和〈保险从业人员行为准则〉的通知》（保监监察〔2010〕326 号）	中国保险监督管理委员会（已撤销）	2010-03-31	2010-03-31	现行有效
197	《关于启用中国保险监督管理委员会证书专用章的通知》（保监厅发〔2010〕25 号）	中国保险监督管理委员会（已撤销）	2010-04-20	2010-05-01	现行有效
198	《中国保险监督管理委员会行政处罚程序规定（2010）》（中国保险监督管理委员会令〔2010〕第 5 号）	中国保险监督管理委员会（已撤销）	2010-04-27	2010-05-28	失效
199	《中国保险监督管理委员会办公厅关于召开第四届保险公司董事会秘书联席会议的通知》（保监厅函〔2010〕162 号）	中国保险监督管理委员会（已撤销）	2010-04-29	2010-04-29	现行有效
200	《中国保险监督管理委员会关于进一步加强和完善保险营销员管理工作有关事项的通知》（保监中介〔2010〕544 号）	中国保险监督管理委员会（已撤销）	2010-05-18	2010-05-18	现行有效
201	《再保险业务管理规定（2010）》（中国保险监督管理委员会令〔2010〕第 8 号）	中国保险监督管理委员会（已撤销）	2010-05-21	2010-07-01	失效
202	《中国保险监督管理委员会办公厅关于做好保监会信访投诉转办件处理工作的通知》（保监厅发〔2010〕46 号）	中国保险监督管理委员会（已撤销）	2010-06-13	2010-06-13	失效

续表

序号	文件名称及编号	发布主体	发布时间	生效时间	北大法宝有效性
203	《中国保险监督管理委员会办公厅关于开展保险业境外机构定期统计调查工作的通知》(保监厅发〔2010〕47号)	中国保险监督管理委员会(已撤销)	2010-06-18	2010-06-18	失效
204	《中国人民银行、银监会、证监会、保监会关于进一步做好中小企业金融服务工作的若干意见》(银发〔2010〕193号)	中国人民银行 中国银行业监督管理委员会(已撤销) 中国证券监督管理委员会 中国保险监督管理委员会(已撤销)	2010-06-21	2010-06-21	现行有效
205	《中国保险监督管理委员会办公厅关于建立人身险公司专管员联系机制的通知》(保监厅发〔2010〕52号)	中国保险监督管理委员会(已撤销)	2010-07-01	2010-07-01	失效
206	《中国保险监督管理委员会关于进一步规范银保专管员管理制度的通知》(保监中介〔2010〕925号)	中国保险监督管理委员会(已撤销)	2010-08-03	2010-08-03	失效
207	《中国保监会关于第五批取消行政审批项目的通知》(保监发〔2010〕75号)	中国保险监督管理委员会(已撤销)	2010-08-26	2010-08-26	现行有效
208	《中国保监会关于保险业进一步参与加强社会建设创新社会管理的意见》(保监发〔2010〕82号)	中国保险监督管理委员会(已撤销)	2010-09-06	2010-09-06	失效
209	《中国人民银行、中国保险监督管理委员会公告〔2010〕第12号——废止〈关于恢复国内保险业务和加强保险机构的通知〉等38件规范性文件的公告》(中国人民银行、中国保险监督管理委员会公告〔2010〕第12号)	中国人民银行 中国保险监督管理委员会(已撤销)	2010-09-29	2010-09-29	现行有效

序号	文件名称及编号	发布主体	发布时间	生效时间	北大法宝有效性
210	《中国保监会关于印发〈保险公司资金运用统计制度〉的通知》（保监发〔2010〕86号）	中国保险监督管理委员会（已撤销）	2010-10-08	2011-01-01	现行有效
211	《中国保险监督管理委员会关于贯彻落实〈关于改革完善保险营销员管理体制的意见〉的通知》（保监中介〔2010〕1221号）	中国保险监督管理委员会（已撤销）	2010-10-13	2010-10-13	现行有效
212	《中国保险监督管理委员会关于公布规章和规范性文件清理结果的通知》（保监发〔2010〕100号）	中国保险监督管理委员会（已撤销）	2010-12-02	2010-12-02	现行有效
213	《中国保险监督管理委员会关于修改部分规章的决定》（中国保险监督管理委员会令〔2010〕第10号）	中国保险监督管理委员会（已撤销）	2010-12-03	2010-12-03	部分失效
214	《中国保险监督管理委员会派出机构监管职责规定（2010修正）》（中国保险监督管理委员会令〔2010〕第10号）	中国保险监督管理委员会（已撤销）	2010-12-03	2010-12-03	失效
215	《保险公司养老保险业务管理办法（2010修正）》（中国保险监督管理委员会令〔2010〕第10号）	中国保险监督管理委员会（已撤销）	2010-12-03	2010-12-03	现行有效
216	《中国人民银行、中国银行业监督管理委员会、中国证券监督管理委员会、中国保险监督管理委员会关于印发〈金融人才发展中长期规划（2010－2020年）〉的通知》（银发〔2011〕18号）	中国人民银行 中国银行业监督管理委员会（已撤销） 中国证券监督管理委员会 中国保险监督管理委员会（已撤销）	2011-01-24	2011-01-24	现行有效

续表

序号	文件名称及编号	发布主体	发布时间	生效时间	北大法宝有效性
217	《中国保险监督管理委员会、中国银行业监督管理委员会关于保险监督管理机构查询保险机构及相关单位和个人在金融机构账户有关问题的通知》（保监发〔2011〕21 号）	中国保险监督管理委员会（已撤销）中国银行业监督管理委员会（已撤销）	2011-04-14	2011-04-14	现行有效
218	《中国保险监督管理委员会关于印发〈关于加强保监会系统党建带团建工作的意见〉的通知》（保监党委发〔2011〕6 号）	中国保险监督管理委员会（已撤销）	2011-07-04	2011-07-04	现行有效
219	《中国保险监督管理委员会关于印发〈中国保险业发展"十二五"规划纲要〉的通知》（保监发〔2011〕47 号）	中国保险监督管理委员会（已撤销）	2011-08-03	2011-08-03	现行有效
220	《保险公司保险业务转让管理暂行办法》（中国保险监督管理委员会令〔2011〕第 1 号）	中国保险监督管理委员会（已撤销）	2011-08-26	2011-10-01	现行有效
221	《中国人民银行关于印发〈中国金融业信息化"十二五"发展规划〉的通知》（银发〔2011〕219 号）	中国人民银行	2011-09-05	2011-09-05	现行有效
222	《中国保监会关于保险业参与加强和创新社会管理的指导意见》（保监发〔2011〕69 号）	中国保险监督管理委员会（已撤销）	2011-11-16	2011-11-16	失效
223	《中国保险监督管理委员会关于调整保险业务监管费收费标准等有关事项的通知》（保监发〔2012〕10 号）	中国保险监督管理委员会（已撤销）	2012-01-29	2011-01-01	失效
224	《中国保险监督管理委员会关于印发〈2012 年保险稽查工作要点〉的通知》（保监稽查〔2012〕156 号）	中国保险监督管理委员会（已撤销）	2012-02-17	2012-02-17	现行有效

序号	文件名称及编号	发布主体	发布时间	生效时间	北大法宝有效性
225	《中国保监会关于印发〈关于加强保险监管文化建设的工作方案〉的通知》（保监发〔2012〕31 号）	中国保险监督管理委员会（已撤销）	2012-04-18	2012-04-18	现行有效
226	《中国保险监督管理委员会关于进一步加大力度规范财产保险市场秩序有关问题的通知》（保监发〔2012〕39 号）	中国保险监督管理委员会（已撤销）	2012-04-28	2012-04-28	现行有效
227	《中国保险监督管理委员会办公厅关于召开第六届保险公司董事会秘书联席会议暨中国保险行业协会公司治理专业委员会 2012 年年会的通知》（保监厅函〔2012〕361 号）	中国保险监督管理委员会（已撤销）	2012-08-29	2012-08-29	现行有效
228	《金融业发展和改革"十二五"规划》（无编号）	中国人民银行 中国银行业监督管理委员会（已撤销） 中国证券监督管理委员会 中国保险监督管理委员会（已撤销） 国家外汇管理局	2012-09-17	2012-09-17	现行有效
229	《中国保监会关于第六批取消和调整行政审批项目的通知》（保监发〔2012〕104 号）	中国保险监督管理委员会（已撤销）	2012-11-05	2012-11-05	现行有效
230	《中国保监会办公厅关于印发〈中国保监会电子文件传输系统管理暂行办法〉的通知》（保监厅发〔2012〕75 号）	中国保险监督管理委员会（已撤销）	2012-12-25	2012-12-25	现行有效
231	《保险销售从业人员监管办法》（中国保险监督管理委员会令〔2013〕第 2 号）	中国保险监督管理委员会（已撤销）	2013-01-06	2013-07-01	失效

续表

序号	文件名称及编号	发布主体	发布时间	生效时间	北大法宝有效性
232	《中国保监会关于进一步发挥保险经纪公司促进保险创新作用的意见》（保监发〔2013〕16 号）	中国保险监督管理委员会（已撤销）	2013-02-25	2013-02-25	现行有效
233	《中国保险监督管理委员会关于废止〈非保险机构投资境外保险类企业管理办法〉的决定》（中国保险监督管理委员会令〔2013〕第 4 号）	中国保险监督管理委员会（已撤销）	2013-03-05	2013-03-05	现行有效
234	《中国保监会办公厅关于部分保险公司纳入分类监管实施范围的通知》（保监厅发〔2013〕29 号）	中国保险监督管理委员会（已撤销）	2013-04-11	2013-04-11	失效
235	《中国保监会关于印发〈关于加强保险监管文化建设的意见〉的通知》（保监发〔2013〕33 号）	中国保险监督管理委员会（已撤销）	2013-04-17	2013-04-17	失效
236	《中国保监会关于印发〈关于加强保险行业文化建设的意见〉的通知》（保监发〔2013〕32 号）	中国保险监督管理委员会（已撤销）	2013-04-17	2013-04-17	失效
237	《中国保监会关于印发〈保险公司业务范围分级管理办法〉的通知》（保监发〔2013〕41 号）	中国保险监督管理委员会（已撤销）	2013-05-02	2013-05-02	现行有效
238	《中国保险监督管理委员会信访工作办法（2013 修正）》（中国保险监督管理委员会令〔2013〕第 9 号）	中国保险监督管理委员会（已撤销）	2013-06-25	2013-11-01	失效
239	《中国保险监督管理委员会关于修改〈中国保险监督管理委员会信访工作办法〉的决定（2013）》（中国保险监督管理委员会令〔2013〕第 9 号）	中国保险监督管理委员会（已撤销）	2013-07-04	2013-11-01	失效

续表

序号	文件名称及编号	发布主体	发布时间	生效时间	北大法宝有效性
240	《中国保监会关于建立分类监管评价结果通报制度的通知》（保监财会〔2013〕619号）	中国保险监督管理委员会（已撤销）	2013-07-30	2013-07-30	现行有效
241	《中国保监会关于保险业支持经济结构调整和转型升级的指导意见》（保监发〔2013〕69号）	中国保险监督管理委员会（已撤销）	2013-08-27	2013-08-27	现行有效
242	《中国保险监督管理委员会关于禁止强制销售保险的紧急通知》（保监消保〔2013〕634号）	中国保险监督管理委员会（已撤销）	2013-08-27	2013-08-27	失效
243	《中国保险监督管理委员会关于印发〈保监局案件风险监管考核办法（试行）〉的通知》（保监稽查〔2013〕643号）	中国保险监督管理委员会（已撤销）	2013-09-02	2014-01-01	失效
244	《中国保险监督管理委员会规章制定程序规定（2013修正）》（中国保险监督管理委员会令〔2013〕第11号）	中国保险监督管理委员会（已撤销）	2013-11-15	2014-01-01	现行有效
245	《中国保险监督管理委员会关于印发〈中国保险监督管理委员会规范性文件制定管理办法〉的通知》（保监发〔2013〕101号）	中国保险监督管理委员会（已撤销）	2013-12-30	2014-02-01	失效
246	《国家质量监督检验检疫总局、国家标准化管理委员会公告2013年第28号-关于废止〈银行行别和保险公司标识代码〉国家标准的公告》（国家质量监督检验检疫总局、国家标准化管理委员会公告2013年第28号）	国家质量监督检验检疫总局（已撤销）国家标准化管理委员会	2013-12-31	2014-07-01	现行有效

续表

序号	文件名称及编号	发布主体	发布时间	生效时间	北大法宝有效性
247	《中国保险监督管理委员会行政许可实施办法（2014 修订）》（中国保险监督管理委员会令〔2014〕第 2 号）	中国保险监督管理委员会（已撤销）	2014-02-14	2014-02-14	失效
248	《中国保险监督管理委员会关于取消行政审批项目的通知》（保监发〔2014〕16 号）	中国保险监督管理委员会（已撤销）	2014-02-27	2014-03-01	现行有效
249	《中国保险监督管理委员会关于授权北京等保监局开展保险资金运用监管试点工作的通知》（保监资金〔2014〕17 号）	中国保险监督管理委员会（已撤销）	2014-04-02	2014-04-02	现行有效
250	《国务院关于加快发展现代保险服务业的若干意见》（国发〔2014〕29 号）	国务院	2014-08-10	2014-08-10	现行有效
251	《中华人民共和国保险法（2014 修正）》（中华人民共和国主席令〔2014〕第 14 号）	全国人大常委会	2014-08-31	2014-08-31	已被修改
252	《中国人民银行关于发布〈金融机构编码规范〉行业标准的通知》（银发〔2014〕277 号）	中国人民银行	2014-09-19	2014-09-19	现行有效
253	《中国保监会关于取消和调整行政审批项目的通知》（保监发〔2014〕97 号）	中国保险监督管理委员会（已撤销）	2014-12-08	2014-12-08	现行有效
254	《保险违法行为举报处理工作办法》（中国保险监督管理委员会令〔2015〕第 1 号）	中国保险监督管理委员会（已撤销）	2015-01-04	2015-03-01	失效
255	《中国保监会、国家发展改革委关于印发〈中国保险业信用体系建设规划（2015－2020 年）〉的通知》（保监发〔2015〕16 号）	中国保险监督管理委员会（已撤销）　国家发展和改革委员会（含原国家发展计划委员会原国家计划委员会）	2015-01-29	2015-01-29	现行有效

序号	文件名称及编号	发布主体	发布时间	生效时间	北大法宝有效性
256	《中国保监会关于公布保险违法行为举报渠道的公告》（保监公告〔2015〕3 号）	中国保险监督管理委员会（已撤销）	2015-02-28	2015-02-28	现行有效
257	《中国保监会办公厅关于贯彻实施〈中国保险业信用体系建设规划（2015－2020 年）〉的通知》（保监厅发〔2015〕19 号）	中国保险监督管理委员会（已撤销）	2015-03-04	2015-03-04	现行有效
258	《中国保监会关于取消和调整一批行政审批项目等事项的通知》（保监发〔2015〕35 号）	中国保险监督管理委员会（已撤销）	2015-03-31	2015-03-31	现行有效
259	《中国保险监督管理委员会行政处罚程序规定（2015 修订）》（中国保险监督管理委员会令〔2015〕第 2 号）	中国保险监督管理委员会（已撤销）	2015-04-21	2015-04-21	失效
260	《中华人民共和国保险法（2015 修正）》（中华人民共和国主席令〔2015〕第 26 号）	全国人大常委会	2015-04-24	2015-04-24	现行有效
261	《中国保监会关于印发〈互联网保险业务监管暂行办法〉的通知》（保监发〔2015〕69 号）	中国保险监督管理委员会（已撤销）	2015-07-22	2015-10-01	失效
262	《中国保监会办公厅关于进一步加强应急管理工作的通知》（保监厅发〔2015〕54 号）	中国保险监督管理委员会（已撤销）	2015-07-27	2015-07-27	失效
263	《中国保监会关于取消和调整一批行政审批事项的通知》（保监发〔2015〕78 号）	中国保险监督管理委员会（已撤销）	2015-08-07	2015-08-07	现行有效
264	《中国保监会关于设立保险私募基金有关事项的通知》（保监发〔2015〕89 号）	中国保险监督管理委员会（已撤销）	2015-09-10	2015-09-10	已被修改
265	《中国保监会关于深化保险中介市场改革的意见》（保监发〔2015〕91 号）	中国保险监督管理委员会（已撤销）	2015-09-17	2015-09-17	现行有效

续表

序号	文件名称及编号	发布主体	发布时间	生效时间	北大法宝有效性
266	《再保险业务管理规定（2015修订）》（中国保险监督管理委员会令〔2015〕第 3 号）	中国保险监督管理委员会（已撤销）	2015-10-19	2015-10-19	失效
267	《中国保险监督管理委员会行政处罚程序规定（2015 第二次修订）》（中国保险监督管理委员会令〔2015〕第 3 号）	中国保险监督管理委员会（已撤销）	2015-10-19	2015-10-19	失效
268	《中国保监会关于严格规范非保险金融产品销售的通知（2015 修改）》（保监发〔2015〕100 号）	中国保险监督管理委员会（已撤销）	2015-10-24	2015-10-24	现行有效
269	《中国保监会关于保险业服务京津冀协同发展的指导意见》（保监发〔2015〕106 号）	中国保险监督管理委员会（已撤销）	2015-12-03	2015-12-03	现行有效
270	《中国保监会关于保险业履行社会责任的指导意见》（保监发〔2015〕123 号）	中国保险监督管理委员会（已撤销）	2015-12-24	2015-12-24	现行有效
271	《中国保监会关于印发〈中国保险监督管理委员会政务信息工作办法〉的通知（2015 修订）》（保监发〔2015〕128 号）	中国保险监督管理委员会（已撤销）	2015-12-29	2015-12-29	现行有效
272	《中国保监会全面推进政务公开工作方案》（无编号）	中国保险监督管理委员会（已撤销）	2016-00-00	2016-00-00	现行有效
273	《中国保险监督管理委员会派出机构监管职责规定（2016）》（中国保险监督管理委员会令〔2016〕第 1 号）	中国保险监督管理委员会（已撤销）	2016-01-11	2016-03-01	失效
274	《中国保监会关于全面推进保险法治建设的指导意见》（保监发〔2016〕7 号）	中国保险监督管理委员会（已撤销）	2016-01-18	2016-01-18	现行有效
275	《中国保监会关于调整保险业监管费收费标准等有关事项的通知（2016）》（保监发〔2016〕9 号）	中国保险监督管理委员会（已撤销）	2016-01-25	2014-01-01	失效

序号	文件名称及编号	发布主体	发布时间	生效时间	北大法宝有效性
276	《中国保监会关于印发〈深化保险标准化工作改革方案〉的通知》（保监发〔2016〕15 号）	中国保险监督管理委员会（已撤销）	2016-02-02	2016-02-02	现行有效
277	《中国保监会关于取消一批行政审批中介服务事项的通知》（保监发〔2016〕21 号）	中国保险监督管理委员会（已撤销）	2016-03-03	2016-03-03	现行有效
278	《中国人民银行关于印发〈金融业机构信息管理规定〉的通知（2016 修订）》（银发〔2016〕66 号）	中国人民银行	2016-03-04	2016-03-04	现行有效
279	《中国保监会关于印发〈保险集团并表监管统计制度〉的通知》（保监发〔2016〕29 号）	中国保险监督管理委员会（已撤销）	2016-04-07	2016-07-01	现行有效
280	《中国保监会关于开展风险案件防控有效性现场检查的通知》（保监稽查〔2016〕102 号）	中国保险监督管理委员会（已撤销）	2016-06-13	2016-06-13	现行有效
281	《保监会关于印发〈中国保险业发展"十三五"规划纲要〉的通知》（保监发〔2016〕74 号）	中国保险监督管理委员会（已撤销）	2016-08-23	2016-08-23	现行有效
282	《最高人民法院、中国保险监督管理委员会关于全面推进保险纠纷诉讼与调解对接机制建设的意见》（法〔2016〕374 号）	最高人民法院中国保险监督管理委员会（已撤销）	2016-11-04	2016-11-04	现行有效
283	《中国保监会关于调整保险业监管费和保险罚没收入缴款方式等有关事项的通知》（保监发〔2016〕103 号）	中国保险监督管理委员会（已撤销）	2016-12-02	2016-12-02	失效
284	《中国人民银行关于印发〈中国金融业信息技术"十三五"发展规划〉的通知》（银发〔2017〕140 号）	中国人民银行	2017-00-00	2017-00-00	现行有效

序号	文件名称及编号	发布主体	发布时间	生效时间	北大法宝有效性
285	《中国保险监督管理委员会行政处罚程序规定（2017）》（中国保险监督管理委员会令〔2017〕第 1 号）	中国保险监督管理委员会（已撤销）	2017-01-25	2017-03-31	失效
286	《中国保监会关于完善监管公开质询制度有关事项的通知》（保监发〔2017〕22 号）	中国保险监督管理委员会（已撤销）	2017-03-09	2017-03-09	现行有效
287	《中国保监会关于进一步加强保险监管 维护保险业稳定健康发展的通知》（保监发〔2017〕34 号）	中国保险监督管理委员会（已撤销）	2017-04-20	2017-04-20	失效
288	《中国保监会关于进一步加强保险业风险防控工作的通知》（保监发〔2017〕35 号）	中国保险监督管理委员会（已撤销）	2017-04-21	2017-04-21	现行有效
289	《中国保监会办公厅关于加强保险业全国性社团组织规范化建设的通知》（保监厅发〔2017〕21 号）	中国保险监督管理委员会（已撤销）	2017-04-25	2017-04-25	现行有效
290	《中国保监会关于保险业服务"一带一路"建设的指导意见》（保监发〔2017〕38 号）	中国保险监督管理委员会（已撤销）	2017-04-27	2017-04-27	现行有效
291	《中国保监会关于保险业支持实体经济发展的指导意见》（保监发〔2017〕42 号）	中国保险监督管理委员会（已撤销）	2017-05-04	2017-05-04	现行有效
292	《中国保监会关于弥补监管短板构建严密有效保险监管体系的通知》（保监发〔2017〕44 号）	中国保险监督管理委员会（已撤销）	2017-05-05	2017-05-05	现行有效
293	《中国保监会关于进一步加强人身保险公司销售管理工作的通知》（保监人身险〔2017〕136 号）	中国保险监督管理委员会（已撤销）	2017-05-17	2017-05-17	现行有效

序号	文件名称及编号	发布主体	发布时间	生效时间	北大法宝有效性
294	《中国保监会关于印发〈信用保证保险业务监管暂行办法〉的通知》（保监财险〔2017〕180号）	中国保险监督管理委员会（已撤销）	2017-07-11	2017-07-11	失效
295	《中国保监会关于暂免征保险业监管费有关事项的通知》（监财会〔2017〕181号）	中国保险监督管理委员会（已撤销）	2017-07-11	2017-07-11	现行有效
296	《中国保监会关于废止部分规范性文件的通知（2017）》（保监发〔2017〕90号）	中国保险监督管理委员会（已撤销）	2017-12-08	2017-12-08	现行有效
297	《中国保监会关于印发〈保险标准化工作管理办法〉的通知》（保监发〔2017〕94号）	中国保险监督管理委员会（已撤销）	2017-12-29	2017-12-29	现行有效
298	《中国保监会关于组织开展人身保险治理销售乱象打击非法经营专项行动的通知》（保监人身险〔2017〕283号）	中国保险监督管理委员会（已撤销）	2017-12-29	2017-12-29	失效
299	《中国保监会、财政部关于加强保险资金运用管理支持防范化解地方政府债务风险的指导意见》（保监发〔2018〕6号）	中国保险监督管理委员会（已撤销）　财政部	2018-01-08	2018-01-08	已被修改
300	《中国保监会关于印发〈打赢保险业防范化解重大风险攻坚战的总体方案〉的通知》（保监发〔2018〕9号）	中国保险监督管理委员会（已撤销）	2018-01-12	2018-01-12	现行有效
301	《中国保监会关于印发〈全国性保险业社团组织收费管理暂行办法〉的通知》（保监财会〔2018〕47号）	中国保险监督管理委员会（已撤销）	2018-01-24	2018-01-24	现行有效
302	《中国保监会关于印发〈反保险欺诈指引〉的通知》（保监发〔2018〕24号）	中国保险监督管理委员会（已撤销）	2018-02-11	2018-04-01	现行有效
303	《中共中央印发〈深化党和国家机构改革方案〉》（无编号）	中国共产党中央委员会	2018-03-21	2018-03-21	现行有效

续表

序号	文件名称及编号	发布主体	发布时间	生效时间	北大法宝有效性
304	《中国银行保险监督管理委员会关于放开外资保险经纪公司经营范围的通知》（银保监发〔2018〕19 号）	中国银行保险监督管理委员会	2018-04-27	2018-04-27	现行有效
305	《中国银保监会关于切实加强和改进保险服务的通知》（银保监发〔2018〕40 号）	中国银行保险监督管理委员会	2018-07-18	2018-07-18	现行有效
306	《中国银保监会关于废止和修改部分规章的决定》（中国银行保险监督管理委员会令〔2018〕第 5 号）	中国银行保险监督管理委员会	2018-08-17	2018-08-17	部分失效
307	《中华人民共和国公司法（2018修正）》（中华人民共和国主席令〔2018〕第 15 号）	全国人大常委会	2018-10-26	2018-10-26	现行有效
308	《中国人民银行、中国银行保险监督管理委员会、中国证券监督管理委员会关于完善系统重要性金融机构监管的指导意见》（银发〔2018〕301 号）	中国人民银行 中国银行保险监督管理委员会 中国证券监督管理委员会	2018-11-26	2018-11-26	现行有效
309	《中国人民银行、发展改革委、科技部等关于印发〈上海国际金融中心建设行动计划（2018-2020 年）〉的通知》（银发〔2019〕17 号）	中国人民银行 国家发展和改革委员会（含原国家发展计划委员会 原国家计划委员会）科学技术部	2019-00-00	2019-00-00	现行有效
310	《中国银保监会关于进一步加强金融服务民营企业有关工作的通知》（银保监发〔2019〕8 号）	中国银行保险监督管理委员会	2019-02-25	2019-02-25	现行有效
311	《中国银保监会办公厅关于授权派出机构实施部分行政许可事项的通知》（银保监办发〔2019〕69 号）	中国银行保险监督管理委员会	2019-03-11	2019-03-11	现行有效

序号	文件名称及编号	发布主体	发布时间	生效时间	北大法宝有效性
312	《中国人民银行关于印发〈金融科技（FinTech）发展规划（2019－2021 年）〉的通知》（银发〔2019〕209 号）	中国人民银行	2019-08-22	2019-08-22	现行有效
313	《财政部、农业农村部、银保监会、林草局关于印发〈关于加快农业保险高质量发展的指导意见〉的通知》（财金〔2019〕102 号）	财政部 农业农村部 中国银行保险监督管理委员会 国家林业和草原局	2019-09-19	2019-09-19	现行有效
314	《国务院关于进一步做好利用外资工作的意见》（国发〔2019〕23 号）	国务院	2019-10-30	2019-10-30	现行有效
315	《健康保险管理办法（2019 修订）》（中国银行保险监督管理委员会令〔2019〕第 3 号）	中国银行保险监督管理委员会	2019-10-31	2019-12-01	现行有效
316	《中国银保监会办公厅关于落实〈健康保险管理办法〉做好产品过渡有关问题的通知》（银保监办便函〔2019〕1791 号）	中国银行保险监督管理委员会	2019-12-03	2019-12-03	现行有效
317	《中国银保监会现场检查办法（试行）》（中国银行保险监督管理委员会令〔2019〕第 7 号）	中国银行保险监督管理委员会	2019-12-24	2020-01-28	现行有效
318	《银行保险违法行为举报处理办法》（中国银行保险监督管理委员会令〔2019〕第 8 号）	中国银行保险监督管理委员会	2019-12-25	2020-03-01	现行有效
319	《中国银保监会关于推动银行业和保险业高质量发展的指导意见》（银保监发〔2019〕52 号）	中国银行保险监督管理委员会	2019-12-30	2019-12-30	现行有效
320	《中国银保监会规范性文件管理办法》（中国银行保险监督管理委员会令〔2020〕第 1 号）	中国银行保险监督管理委员会	2020-01-03	2020-03-01	现行有效
321	《中国银保监会信访工作办法》（中国银行保险监督管理委员会令〔2020〕第 2 号）	中国银行保险监督管理委员会	2020-01-14	2020-03-01	现行有效

续表

序号	文件名称及编号	发布主体	发布时间	生效时间	北大法宝有效性
322	《中国银保监会办公厅关于加快推进意外险改革的意见》(银保监办发〔2020〕4号)	中国银行保险监督管理委员会	2020-01-17	2020-01-17	现行有效
323	《中国银保监会、发展改革委、教育部等关于促进社会服务领域商业保险发展的意见》(银保监发〔2020〕4号)	中国银行保险监督管理委员会 国家发展和改革委员会(含原国家发展计划委员会 原国家计划委员会)教育部 民政部 司法部 财政部 人力资源社会保障部 自然资源部 住房城乡建设部 商务部 国家卫生健康委员会 国家税务总局 国家医疗保障局	2020-01-23	2020-01-23	现行有效
324	《中国银保监会关于废止和修改部分规范性文件的通知》(银保监发〔2020〕5号)	中国银行保险监督管理委员会	2020-02-04	2020-02-04	部分失效
325	《中国银保监会办公厅关于进一步做好疫情防控金融服务的通知》(银保监办发〔2020〕15号)	中国银行保险监督管理委员会	2020-02-14	2020-02-14	现行有效
326	《中国银保监会办公厅关于预防银行业保险业从业人员金融违法犯罪的指导意见》(银保监办发〔2020〕18号)	中国银行保险监督管理委员会	2020-02-20	2020-02-20	现行有效
327	《中国银保监会办公厅关于印发信用保险和保证保险业务监管办法的通知》(银保监办发〔2020〕39号)	中国银行保险监督管理委员会	2020-05-08	2020-05-08	已被修改

续表

序号	文件名称及编号	发布主体	发布时间	生效时间	北大法宝有效性
328	《中国银保监会办公厅关于落实保险公司主体责任 加强保险销售人员管理的通知》（银保监办发〔2020〕41号）	中国银行保险监督管理委员会	2020-05-12	2020-05-12	现行有效
329	《中国银保监会行政许可实施程序规定》（中国银行保险监督管理委员会令〔2020〕第7号）	中国银行保险监督管理委员会	2020-05-24	2020-07-01	现行有效
330	《中国银保监会行政处罚办法》（中国银行保险监督管理委员会令〔2020〕第8号）	中国银行保险监督管理委员会	2020-06-15	2020-08-01	现行有效
331	《中国银保监会关于印发财产保险公司、再保险公司监管主体职责改革方案的通知》（无编号）	中国银行保险监督管理委员会	2020-07-16	2020-08-01	现行有效
332	《中国银保监会关于印发健全银行业保险业公司治理三年行动方案（2020—2022年）的通知》（银保监发〔2020〕40号）	中国银行保险监督管理委员会	2020-08-17	2020-08-17	现行有效
333	《中国银保监会办公厅关于印发银保监会现场检查立项和实施程序规定（试行）的通知》（银保监办发〔2020〕84号）	中国银行保险监督管理委员会	2020-09-06	2020-10-01	现行有效
334	《中国银保监会关于印发监管数据安全管理办法（试行）的通知》（银保监发〔2020〕43号）	中国银行保险监督管理委员会	2020-09-23	2020-09-23	现行有效
335	《互联网保险业务监管办法》（中国银行保险监督管理委员会令〔2020〕第13号）	中国银行保险监督管理委员会	2020-12-07	2021-02-01	现行有效
336	《中国银保监会办公厅关于印发责任保险业务监管办法的通知》（银保监办发〔2020〕117号）	中国银行保险监督管理委员会	2020-12-22	2021-01-01	现行有效

续表

序号	文件名称及编号	发布主体	发布时间	生效时间	北大法宝有效性
337	《中国银保监会办公厅关于深化银行业保险业"放管服"改革 优化营商环境的通知》(银保监办发〔2020〕129 号)	中国银行保险监督管理委员会	2020-12-30	2020-12-30	现行有效
338	《中国银保监会关于印发人身保险公司监管主体职责改革方案的通知》(银保监发〔2021〕1 号)	中国银行保险监督管理委员会	2021-01-08	2021-02-01	现行有效
339	《中国银保监会办公厅关于规范短期健康保险业务有关问题的通知》(银保监办发〔2021〕7 号)	中国银行保险监督管理委员会	2021-01-11	2021-01-11	现行有效
340	《中国人民银行关于发布金融行业标准加强金融业数据能力建设的通知》(银发〔2021〕42 号)	中国人民银行	2021-02-09	2021-02-09	现行有效
341	《中国人民银行、中国银行保险监督管理委员会、中国证券监督管理委员会、国家外汇管理局关于金融支持海南全面深化改革开放的意见》(银发〔2021〕84 号)	中国人民银行 中国银行保险监督管理委员会 中国证券监督管理委员会 国家外汇管理局	2021-03-30	2021-03-30	现行有效
342	《中国银保监会办公厅关于2021 年进一步推动小微企业金融服务高质量发展的通知》(银保监办发〔2021〕49 号)	中国银行保险监督管理委员会	2021-04-09	2021-04-09	现行有效
343	《中国银保监会关于清理规章规范性文件的决定》(中国银行保险监督管理委员会令〔2021〕第 7 号)	中国银行保险监督管理委员会	2021-06-21	2021-06-21	现行有效
344	《中国银保监会关于印发深化"证照分离"改革进一步激发市场主体发展活力实施方案的通知》(银保监发〔2021〕25 号)	中国银行保险监督管理委员会	2021-07-16	2021-07-01	现行有效

序号	文件名称及编号	发布主体	发布时间	生效时间	北大法宝有效性
345	《再保险业务管理规定（2021修订）》（中国银行保险监督管理委员会令〔2021〕第8号）	中国银行保险监督管理委员会	2021-07-21	2021-12-01	现行有效
346	《中国银行保险监督管理委员会派出机构监管职责规定》（中国银行保险监督管理委员会令〔2021〕第9号）	中国银行保险监督管理委员会	2021-07-30	2021-10-01	现行有效
347	《中国银保监会关于印发派出机构规范性文件备案审查办法的通知》（银保监发〔2021〕40号）	中国银行保险监督管理委员会	2021-09-26	2021-09-26	现行有效
348	《中国银保监会办公厅关于明确保险中介市场对外开放有关措施的通知》（银保监办发〔2021〕128号）	中国银行保险监督管理委员会	2021-12-03	2021-12-03	现行有效
349	《保险保障基金管理办法（2022）》（中国银行保险监督管理委员会、中华人民共和国财政部、中国人民银行令2022年第7号）	中国银行保险监督管理委员会 财政部 中国人民银行	2022-10-26	2022-12-12	现行有效
350	《中国银保监会办公厅关于银行业保险业数字化转型的指导意见》（银保监办发〔2022〕2号）	中国银行保险监督管理委员会	2022-01-10	2022-01-10	现行有效
351	《保险公司非现场监管暂行办法》（中国银行保险监督管理委员会令〔2022〕第3号）	中国银行保险监督管理委员会	2022-01-16	2022-03-01	现行有效
352	《中国人民银行、中国银行保险监督管理委员会、中国证券监督管理委员会关于印发〈对真抓实干成效明显地方激励措施的实施办法（2022）〉的通知》（银发〔2022〕53号）	中国人民银行 中国银行保险监督管理委员会 中国证券监督管理委员会	2022-03-03	2022-03-03	现行有效

序号	文件名称及编号	发布主体	发布时间	生效时间	北大法宝有效性
353	《上海市人民政府关于印发中国（上海）自由贸易试验区临港新片区科技保险创新引领区工作方案的通知》（银保监发〔2022〕16号）	中国银行保险监督管理委员会	2022-03-11	2022-03-11	现行有效
354	《中国银保监会关于印发银行业保险业法治建设实施方案的通知》（银保监发〔2022〕7号）	中国银行保险监督管理委员会	2022-03-28	2022-03-28	现行有效
355	《中国银保监会办公厅关于2022年银行业保险业服务全面推进乡村振兴重点工作的通知》（银保监办发〔2022〕35号）	中国银行保险监督管理委员会	2022-04-02	2022-04-02	现行有效
356	《中国银保监会、交通运输部关于银行业保险业支持公路交通高质量发展的意见》（银保监发〔2022〕8号）	中国银行保险监督管理委员会	2022-04-15	2022-04-15	现行有效
357	《中国银保监会关于银行业保险业支持城市建设和治理的指导意见》（银保监发〔2022〕10号）	中国银行保险监督管理委员会	2022-05-06	2022-05-06	现行有效
358	《中国银保监会关于印发保险业标准化"十四五"规划的通知》（银保监发〔2022〕11号）	中国银行保险监督管理委员会	2022-05-11	2022-05-11	现行有效
359	《中国银保监会关于缴纳2022年银行业和保险业监管费的通知》（银保监规〔2022〕12号）	中国银行保险监督管理委员会	2022-05-16	2022-05-16	现行有效
360	《中国银保监会关于印发银行业保险业绿色金融指引的通知》（银保监发〔2022〕15号）	中国银行保险监督管理委员会	2022-06-01	2022-06-01	现行有效
361	《中国银保监会办公厅关于银行业保险业加强新市民金融服务有关情况的通报》（银保监办发〔2022〕66号）	中国银行保险监督管理委员会	2022-06-10	2022-06-10	现行有效

续表

序号	文件名称及编号	发布主体	发布时间	生效时间	北大法宝有效性
362	《中国银保监会关于修改部分行政许可规章的决定》（中国银行保险监督管理委员会令2022年第5号）	中国银行保险监督管理委员会	2022-09-02	2022-10-08	现行有效
363	《中国银保监会办公厅关于印发绿色保险业务统计制度的通知》（无编号）	中国银行保险监督管理委员会	2022-11-10	2022-11-10	现行有效

资料来源：作者整理。

附录 2 我国保险机构治理法律法规文件汇总表

序号	文件名称及编号	发布主体	发布时间	生效时间	北大法宝有效性
1	《中国人民银行关于侨资外资金融机构在中国设立常驻代表机构的管理办法》（无编号）	中国人民银行	1983-02-01	1983-02-01	失效
2	《中国人民银行关于审批金融机构若干问题的通知》（无编号）	中国人民银行	1987-02-06	1987-02-06	现行有效
3	《境外金融机构管理办法》（中国人民银行令〔1990〕第 1 号）	中国人民银行	1990-04-13	1990-04-13	失效
4	《中国人民银行关于执行〈境外金融机构管理办法〉有关问题的通知》（银发〔1990〕126 号）	中国人民银行	1990-05-05	1990-05-05	失效
5	《中国人民银行关于外资金融机构在中国设立常驻代表机构的管理办法》（无编号）	中国人民银行	1991-06-04	1991-06-04	失效
6	《保险代理机构管理暂行办法》（无编号）	中国人民银行	1992-11-02	1992-11-02	失效
7	《财政部关于印发〈金融保险企业财务制度〉的通知》（〔93〕财商字第 11 号）	财政部	1993-02-01	1993-07-01	失效
8	《中国人民银行关于保险代理机构有关问题的通知》（银发〔1994〕129 号）	中国人民银行	1994-05-26	1994-05-26	失效

续表

序号	文件名称及编号	发布主体	发布时间	生效时间	北大法宝有效性
9	《中国人民银行关于加强境外中资金融机构管理的通知》（银发〔1995〕232 号）	中国人民银行	1995-08-14	1995-08-14	失效
10	《中国人民保险公司关于印发〈中国人民保险（集团）公司海外机构管理暂行规定〉等四个管理办法的通知》（保发〔1995〕198 号）	中国人民保险公司	1995-12-01	1995-12-01	现行有效
11	《保险代理人管理暂行规定》（银发〔1996〕36 号）	中国人民银行	1996-02-02	1996-05-01	失效
12	《中国人民银行关于印发〈外国金融机构驻华代表机构管理办法〉的通知》（银发〔1996〕149 号）	中国人民银行	1996-04-29	1996-04-29	失效
13	《中国人民保险公司关于在东南亚地区机构的有关问题的通知》（保发〔1996〕123 号）	中国人民保险公司	1996-05-29	1996-05-29	现行有效
14	《中国人民银行〈关于进一步加强境外中资金融机构管理的通知〉》（〔1996〕外经贸计财字第 532 号）	中国人民银行	1996-10-23	1996-10-23	失效
15	《中国人民保险（集团）公司关于海外机构管理中若干问题的补充通知》（保发〔1996〕276 号）	中国人民保险公司	1996-11-05	1996-11-05	现行有效
16	《中国人民保险（集团）公司关于转发中国人民银行〈关于进一步加强境外中资金融机构管理的通知〉及我公司〈海外机构"九五"发展规划的函〉的通知》（保发〔1996〕312 号）	中国人民保险公司	1996-12-03	1996-12-03	现行有效
17	《保险经纪人管理规定（试行）》（银发〔1998〕61 号）	中国人民银行	1998-02-24	1998-02-24	失效

续表

序号	文件名称及编号	发布主体	发布时间	生效时间	北大法宝有效性
18	《国务院关于撤销中国人民保险（集团）公司实施方案的批复》（国函〔1998〕85号）	国务院	1998-10-07	1998-10-07	现行有效
19	《中国保险监督管理委员会关于印发〈保险机构高级管理人员任职资格管理暂行规定〉的通知》（保监发〔1999〕10号）	中国保险监督管理委员会（已撤销）	1999-01-11	1999-01-11	失效
20	《中国保险监督管理委员会关于严禁境外保险机构非法从事保险及其中介活动的公告》（保监公告第6号）	中国保险监督管理委员会（已撤销）	1999-03-30	1999-03-30	现行有效
21	《中国再保险公司关于印发〈中国再保险公司稽核工作报告制度〉（试行）、〈中国再保险公司稽核工作暂行规定〉（试行）、〈中国再保险公司经济处罚暂行规定〉（试行）》（中再发〔1999〕11号）	中国人民保险公司	1999-04-07	1999-04-07	现行有效
22	《中国保险监督管理委员会关于加强保险兼业代理人管理有关问题的通知》（保监发〔1999〕68号）	中国保险监督管理委员会（已撤销）	1999-04-19	1999-04-19	失效
23	《中国保险监督管理委员会关于撤销中国人民保险（集团）公司的公告》（保监公告第7号）	中国保险监督管理委员会（已撤销）	1999-07-08	1999-07-08	现行有效
24	《中国保险监督管理委员会关于印发〈外资保险机构驻华代表机构管理办法〉的通知》（保监发〔1999〕225号）	中国保险监督管理委员会（已撤销）	1999-11-26	1999-11-26	失效

续表

序号	文件名称及编号	发布主体	发布时间	生效时间	北大法宝有效性
25	《中国保险监督管理委员会关于调整高级管理人员任职资格审查范围和改变内部机构设置报批制度的通知》（保监发〔2000〕52号）	中国保险监督管理委员会（已撤销）	2000-04-01	2000-04-01	失效
26	《中国保险监督管理委员会关于执行〈保险兼业代理管理暂行办法〉有关问题的通知》（保监发〔2000〕189号）	中国保险监督管理委员会（已撤销）	2000-09-25	2000-09-25	失效
27	《中国保险监督管理委员会关于印发保险经纪公司监管报表的通知》（保监发〔2000〕212号）	中国保险监督管理委员会（已撤销）	2000-11-03	2000-11-03	失效
28	《关于保险中介公司聘请会计师事务所进行外部审计有关问题的通知》（保监发〔2001〕72号）	中国保险监督管理委员会（已撤销）	2001-03-09	2001-03-09	失效
29	《保险代理机构管理规定》（中国保险监督管理委员会令〔2001〕第4号）	中国保险监督管理委员会（已撤销）	2001-11-16	2002-01-01	失效
30	《保险公估机构管理规定》（中国保险监督管理委员会令〔2001〕第3号）	中国保险监督管理委员会（已撤销）	2001-11-16	2002-01-01	失效
31	《保险经纪公司管理规定》（中国保险监督管理委员会令〔2001〕第5号）	中国保险监督管理委员会（已撤销）	2001-11-16	2002-01-01	失效
32	《中国保险监督管理委员会关于贯彻执行保险中介机构管理规定有关问题的通知》（保监发〔2001〕195号）	中国保险监督管理委员会（已撤销）	2001-12-05	2001-12-05	失效
33	《中国保险监督管理委员会关于修订保险经纪公司监管报表的通知》（保监发〔2002〕63号）	中国保险监督管理委员会（已撤销）	2002-07-01	2002-07-01	失效

续表

序号	文件名称及编号	发布主体	发布时间	生效时间	北大法宝有效性
34	《中国保险监督管理委员会关于印发保险公估机构监管报表的通知》（保监发〔2002〕66号）	中国保险监督管理委员会（已撤销）	2002-07-05	2002-07-05	失效
35	《中国保险监督管理委员会关于做好保险中介非现场监管工作有关事项的通知》（保监发〔2002〕81号）	中国保险监督管理委员会（已撤销）	2002-07-25	2002-07-25	失效
36	《再保险公司设立规定》（中国保险监督管理委员会令〔2002〕第4号）	中国保险监督管理委员会（已撤销）	2002-09-17	2002-09-17	现行有效
37	《中国保险监督管理委员会关于保险兼业代理机构外设网点合规性等问题的复函》（保监发〔2003〕136号）	中国保险监督管理委员会（已撤销）	2003-08-26	2003-08-26	现行有效
38	《中国保险监督管理委员会关于修订保险中介监管报表有关事宜的通知》（保监发〔2003〕143号）	中国保险监督管理委员会（已撤销）	2003-12-02	2003-12-02	现行有效
39	《中国保险监督管理委员会关于保险中介机构设立分支机构有关事项的通知》（保监发〔2004〕1号）	中国保险监督管理委员会（已撤销）	2004-01-02	2004-01-02	失效
40	《中国保险监督管理委员会关于保险公司员工投资保险中介机构问题的批复》（保监产险〔2004〕53号）	中国保险监督管理委员会（已撤销）	2004-01-13	2004-01-13	失效
41	《中国保险监督管理委员会关于保险资产管理公司编报2003年年度报告有关问题的通知》（保监财会〔2004〕59号）	中国保险监督管理委员会（已撤销）	2004-01-15	2004-01-15	失效
42	《外国保险机构驻华代表机构管理办法》（中国保险监督管理委员会令〔2004〕第1号）	中国保险监督管理委员会（已撤销）	2004-01-15	2004-03-01	失效

续表

序号	文件名称及编号	发布主体	发布时间	生效时间	北大法宝有效性
43	《中国保险监督管理委员会关于明确外国保险机构驻华代表机构申请材料报送程序的通知》（保监发〔2004〕21号）	中国保险监督管理委员会（已撤销）	2004-03-25	2004-04-01	现行有效
44	《保险资产管理公司管理暂行规定》（中国保险监督管理委员会令〔2004〕第2号）	中国保险监督管理委员会（已撤销）	2004-04-21	2004-06-01	失效
45	《中国保险监督管理委员会关于严厉打击境外保险机构在境内非法保险活动及保险诈骗活动的通知》（保监发〔2004〕52号）	中国保险监督管理委员会（已撤销）	2004-05-17	2004-05-17	失效
46	《中国保险监督管理委员会关于专业保险中介机构现场检查有关问题的通知》（保监发〔2004〕93号）	中国保险监督管理委员会（已撤销）	2004-07-23	2004-07-23	失效
47	《财政部关于印发〈保险中介公司会计核算办法〉的通知》（财会〔2004〕10号）	财政部	2004-09-20	2004-09-20	现行有效
48	《中国保险监督管理委员会关于做好保险信息系统灾难备份工作的通知》（保监发〔2004〕127号）	中国保险监督管理委员会（已撤销）	2004-10-18	2004-10-18	现行有效
49	《中国保险监督管理委员会关于印发〈保险机构开业信息化建设验收指引〉的通知》（保监发〔2004〕137号）	中国保险监督管理委员会（已撤销）	2004-11-15	2004-11-15	失效
50	《保险代理机构管理规定（2004）》（中国保险监督管理委员会令〔2004〕第14号）	中国保险监督管理委员会（已撤销）	2004-12-01	2005-01-01	失效
51	《中国保险监督管理委员会关于发布保险中介从业人员职业道德指引的通知》（保监发〔2004〕143号）	中国保险监督管理委员会（已撤销）	2004-12-02	2004-12-02	现行有效

续表

序号	文件名称及编号	发布主体	发布时间	生效时间	北大法宝有效性
52	《保险经纪机构管理规定》（中国保险监督管理委员会令〔2004〕第 15 号）	中国保险监督管理委员会（已撤销）	2004-12-25	2005-01-01	失效
53	《中国保险监督管理委员会关于印发〈保险中介机构外部审计指引〉的通知》（保监发〔2005〕1 号）	中国保险监督管理委员会（已撤销）	2005-01-06	2005-01-06	现行有效
54	《中国保险监督管理委员会关于上报中资保险机构有关资料的通知》（保监厅发〔2005〕16 号）	中国保险监督管理委员会（已撤销）	2005-02-25	2005-02-25	现行有效
55	《保险中介机构法人治理指引（试行）》（保监发〔2005〕21号）	中国保险监督管理委员会（已撤销）	2005-02-28	2005-02-28	失效
56	《中国保险监督管理委员会关于保险代理（经纪）机构投保职业责任保险有关事宜的通知》（保监发〔2005〕27 号）	中国保险监督管理委员会（已撤销）	2005-03-10	2005-03-10	失效
57	《关于加强外国保险机构驻华代表机构管理问题的通知》（保监厅发〔2005〕49 号）	中国保险监督管理委员会（已撤销）	2005-04-13	2005-04-13	现行有效
58	《中国保险监督管理委员会关于印发〈保险中介从业人员继续教育暂行办法〉的通知》（保监发〔2005〕41 号）	中国保险监督管理委员会（已撤销）	2005-04-30	2005-05-01	失效
59	《中国保险监督管理委员会关于加强保险公估机构管理的通知》（保监中介〔2005〕619号）	中国保险监督管理委员会（已撤销）	2005-07-14	2005-07-14	现行有效
60	《中国保险监督管理委员会关于加强保险中介从业人员继续教育管理工作的通知》（保监发〔2005〕107 号）	中国保险监督管理委员会（已撤销）	2005-11-14	2005-11-14	失效

序号	文件名称及编号	发布主体	发布时间	生效时间	北大法宝有效性
61	《外国保险机构驻华代表机构管理办法（2006）》（中国保险监督管理委员会令〔2006〕第 5 号）	中国保险监督管理委员会（已撤销）	2006-07-12	2006-09-01	已被修改
62	《中国保监会关于保险业实施新会计准则有关事项的通知》（保监发〔2006〕96 号）	中国保险监督管理委员会（已撤销）	2006-09-20	2006-09-20	现行有效
63	《中国保险监督管理委员会关于下发〈保险兼业代理机构管理试点办法〉及开展试点工作的通知》（保监发〔2006〕109 号）	中国保险监督管理委员会（已撤销）	2006-10-24	2006-10-24	失效
64	《中国保险监督管理委员会关于允许外国保险经纪公司设立外商独资保险经纪公司的公告》（无编号）	中国保险监督管理委员会（已撤销）	2006-12-11	2006-12-11	现行有效
65	《中国保险监督管理委员会关于年度报告编报工作有关问题的通知》（无编号）	中国保险监督管理委员会（已撤销）	2007-02-13	2007-02-13	现行有效
66	《中国保险监督管理委员会关于加强保险中介机构信息化建设的通知》（保监发〔2007〕28 号）	中国保险监督管理委员会（已撤销）	2007-04-10	2007-10-01	失效
67	《保险许可证管理办法》（中国保险监督管理委员会令〔2007〕第 1 号）	中国保险监督管理委员会（已撤销）	2007-06-22	2007-09-01	失效
68	《中国保险监督管理委员会关于进一步做好保险专业中介机构外部审计工作的通知》（保监发〔2007〕73 号）	中国保险监督管理委员会（已撤销）	2007-08-13	2007-08-13	现行有效
69	《中国保险监督管理委员会关于加强保险资产管理公司标准化管理工作有关问题的通知》（保监厅发〔2007〕82 号）	中国保险监督管理委员会（已撤销）	2007-12-28	2007-12-28	失效

续表

序号	文件名称及编号	发布主体	发布时间	生效时间	北大法宝有效性
70	《中国保险监督管理委员会关于保险资产管理公司年度财务报告有关问题的通知》（保监发〔2008〕31号）	中国保险监督管理委员会（已撤销）	2008-04-29	2008-04-29	现行有效
71	《中国保险监督管理委员会关于编报保险集团偿付能力报告有关事项的通知》（保监发〔2008〕55号）	中国保险监督管理委员会（已撤销）	2008-07-03	2008-07-03	失效
72	《中国保险监督管理委员会关于保险集团（控股）公司、相互制保险公司资本保证金提存有关问题的通知》（保监发〔2008〕66号）	中国保险监督管理委员会（已撤销）	2008-08-12	2008-08-12	现行有效
73	《中国保险监督管理委员会关于印发〈中国保监会关于适用〈外国保险机构驻华代表机构管理办法〉若干问题的解释〉的通知》（保监发〔2008〕101号）	中国保险监督管理委员会（已撤销）	2008-11-14	2008-12-01	现行有效
74	《中国保险监督管理委员会关于调整保险经纪、保险公估法人许可证换发和高级管理人员任职资格核准工作流程有关事宜的通知》（保监发〔2008〕119号）	中国保险监督管理委员会（已撤销）	2008-12-17	2009-01-01	失效
75	《中国保险监督管理委员会关于遏制保险中介机构挪用侵占保费违法违规行为的通知》（保监发〔2008〕117号）	中国保险监督管理委员会（已撤销）	2008-12-20	2008-12-20	失效
76	《中国保险监督管理委员会关于印发〈保险专业中介机构分类监管暂行办法〉的通知》（保监发〔2008〕122号）	中国保险监督管理委员会（已撤销）	2008-12-30	2009-01-01	现行有效

序号	文件名称及编号	发布主体	发布时间	生效时间	北大法宝有效性
77	《中国保险监督管理委员会关于加强保险资产配置风险管理的通知》（保监发〔2009〕17号）	中国保险监督管理委员会（已撤销）	2009-02-17	2009-02-17	现行有效
78	《中国保险监督管理委员会关于建立再保险信息定期报告制度的通知》（保监发〔2009〕25号）	中国保险监督管理委员会（已撤销）	2009-03-05	2009-03-05	失效
79	《保险公估机构监管规定》（中国保险监督管理委员会令〔2009〕第7号）	中国保险监督管理委员会（已撤销）	2009-09-25	2009-10-01	失效
80	《保险经纪机构监管规定》（中国保险监督管理委员会令〔2009〕第6号）	中国保险监督管理委员会（已撤销）	2009-09-25	2009-10-01	失效
81	《保险专业代理机构监管规定》（中国保险监督管理委员会令〔2009〕第5号）	中国保险监督管理委员会（已撤销）	2009-09-25	2009-10-01	失效
82	《中国保险监督管理委员会关于贯彻落实〈保险专业代理机构监管规定〉、〈保险经纪机构监管规定〉、〈保险公估机构监管规定〉有关事宜的通知》（保监发〔2009〕130号）	中国保险监督管理委员会（已撤销）	2009-12-23	2009-12-23	失效
83	《中国保险监督管理委员会关于印发〈保险机构案件责任追究指导意见〉的通知》（保监发〔2010〕12号）	中国保险监督管理委员会（已撤销）	2010-01-29	2010-07-01	现行有效
84	《中国保险监督管理委员会关于贯彻落实〈保险机构案件责任追究指导意见〉的通知 》（保监发〔2010〕21号）	中国保险监督管理委员会（已撤销）	2010-02-24	2010-02-24	现行有效
85	《中国保险监督管理委员会关于开展案件责任追究清理工作的通知》（保监稽查〔2010〕192号）	中国保险监督管理委员会（已撤销）	2010-03-03	2010-03-03	失效

续表

序号	文件名称及编号	发布主体	发布时间	生效时间	北大法宝有效性
86	《中国保险监督管理委员会关于印发〈保险集团公司管理办法（试行）〉的通知》（保监发〔2010〕29号）	中国保险监督管理委员会（已撤销）	2010-03-12	2010-03-12	失效
87	《中国保险监督管理委员会关于保险公司中介业务检查中代理人、经纪人佣金监管有关问题的通知》（保监中介〔2010〕507号）	中国保险监督管理委员会（已撤销）	2010-05-06	2010-05-06	现行有效
88	《中国保险监督管理委员会关于印发〈国有及国有控股保险机构"小金库"专项治理试点工作方案〉的通知》（保监发〔2010〕65号）	中国保险监督管理委员会（已撤销）	2010-07-22	2010-07-22	现行有效
89	《中国保监会关于印发〈保险资产管理公司统计制度〉的通知》（保监发〔2010〕85号）	中国保险监督管理委员会（已撤销）	2010-10-08	2011-01-01	现行有效
90	《中国保险监督管理委员会关于严格规范保险专业中介机构激励行为的通知》（保监中介〔2010〕1333号）	中国保险监督管理委员会（已撤销）	2010-11-15	2010-11-15	现行有效
91	《中国保监会关于规范保险机构对外担保有关事项的通知》（保监发〔2011〕5号）	中国保险监督管理委员会（已撤销）	2011-01-20	2011-01-20	现行有效
92	《中国保险监督管理委员会关于调整〈保险资产管理公司管理暂行规定〉有关规定的通知（2011）》（保监发〔2011〕19号）	中国保险监督管理委员会（已撤销）	2011-04-07	2011-04-07	失效
93	《中国保险监督管理委员会办公厅关于举办保险公司董事、监事培训班的通知》（保监厅函〔2011〕342号）	中国保险监督管理委员会（已撤销）	2011-08-22	2011-08-22	现行有效

序号	文件名称及编号	发布主体	发布时间	生效时间	北大法宝有效性
94	《中国保险监督管理委员会关于印发〈保险代理、经纪公司互联网保险业务监管办法（试行）〉的通知》（保监发〔2011〕53 号）	中国保险监督管理委员会（已撤销）	2011-09-20	2012-01-01	失效
95	《中国保险监督管理委员会关于印发〈保险中介服务集团公司监管办法（试行）〉的通知》（保监发〔2011〕54 号）	中国保险监督管理委员会（已撤销）	2011-09-22	2011-09-22	现行有效
96	《中国保险监督管理委员会关于明确保险机构案件责任追究管理有关问题的通知》（保监稽查〔2011〕1539 号）	中国保险监督管理委员会（已撤销）	2011-09-26	2011-09-26	现行有效
97	《中国保险监督管理委员会关于进一步规范保险专业中介机构激励行为的通知》（保监中介〔2012〕202 号）	中国保险监督管理委员会（已撤销）	2012-02-28	2012-02-28	现行有效
98	《中国保险监督管理委员会关于进一步规范保险中介市场准入的通知》（保监中介〔2012〕693 号）	中国保险监督管理委员会（已撤销）	2012-06-12	2012-06-12	失效
99	《保险经纪从业人员、保险公估从业人员监管办法》（中国保险监督管理委员会令〔2013〕第 3 号）	中国保险监督管理委员会（已撤销）	2013-01-06	2013-07-01	失效
100	《中国保险监督管理委员会关于实施〈保险专业代理机构基本服务标准〉〈保险经纪机构基本服务标准〉〈保险公估机构基本服务标准〉的通知》（保监发〔2013〕3 号）	中国保险监督管理委员会（已撤销）	2013-01-16	2013-01-16	现行有效
101	《中国保监会关于保险机构投资风险责任人有关事项的通知》（保监发〔2013〕28 号）	中国保险监督管理委员会（已撤销）	2013-04-09	2013-04-09	现行有效

续表

序号	文件名称及编号	发布主体	发布时间	生效时间	北大法宝有效性
102	《保险经纪机构监管规定（2013 修订）》（中国保险监督管理委员会令〔2013〕第 6 号）	中国保险监督管理委员会（已撤销）	2013-04-27	2013-04-27	失效
103	《保险专业代理机构监管规定（2013 修订）》（中国保险监督管理委员会令〔2013〕第 7 号）	中国保险监督管理委员会（已撤销）	2013-04-27	2013-04-27	失效
104	《中国保监会关于进一步明确保险专业中介机构市场准入有关问题的通知》（保监发〔2013〕44 号）	中国保险监督管理委员会（已撤销）	2013-05-16	2013-05-16	现行有效
105	《保险公估机构监管规定（2013 修订）》（中国保险监督管理委员会令〔2013〕第 10 号）	中国保险监督管理委员会（已撤销）	2013-09-29	2013-12-01	失效
106	《中国保险监督管理委员会关于试行〈保险资产风险五级分类指引〉的通知》（保监发〔2014〕82 号）	中国保险监督管理委员会（已撤销）	2014-10-17	2014-10-17	现行有效
107	《中国保监会关于印发〈保险集团并表监管指引〉的通知》（保监发〔2014〕96 号）	中国保险监督管理委员会（已撤销）	2014-12-04	2014-12-04	现行有效
108	《中国保监会关于在瑞安市开展农村保险互助社试点的通知》（保监发改〔2015〕2 号）	中国保险监督管理委员会（已撤销）	2015-01-04	2015-01-04	现行有效
109	《中国保监会关于印发〈相互保险组织监管试行办法〉的通知》（保监发〔2015〕11 号）	中国保险监督管理委员会（已撤销）	2015-01-23	2015-01-23	现行有效
110	《中国保监会关于保险资产管理产品风险责任人有关事项的通知》（保监发〔2015〕24 号）	中国保险监督管理委员会（已撤销）	2015-02-25	2015-02-25	现行有效

序号	文件名称及编号	发布主体	发布时间	生效时间	北大法宝有效性
111	《中国保监会关于印发〈保险机构董事、监事和高级管理人员培训管理办法〉的通知》（保监发〔2015〕43号）	中国保险监督管理委员会（已撤销）	2015-04-10	2015-04-10	现行有效
112	《中国保监会关于进一步规范报送〈保险公司治理报告〉的通知》（保监发改〔2015〕95号）	中国保险监督管理委员会（已撤销）	2015-06-01	2015-06-01	现行有效
113	《中国保监会关于保险机构开展员工持股计划有关事项的通知》（保监发〔2015〕56号）	中国保险监督管理委员会（已撤销）	2015-06-18	2015-06-18	现行有效
114	《中国保监会关于保险中介从业人员管理有关问题的通知》（保监中介〔2015〕139号）	中国保险监督管理委员会（已撤销）	2015-08-03	2015-08-03	现行有效
115	《保险公估机构监管规定（2015修订）》（中国保险监督管理委员会令〔2015〕第3号）	中国保险监督管理委员会（已撤销）	2015-10-19	2015-10-19	失效
116	《保险经纪机构监管规定（2015修订）》（中国保险监督管理委员会令〔2015〕第3号）	中国保险监督管理委员会（已撤销）	2015-10-19	2015-10-19	失效
117	《保险专业代理机构监管规定（2015修订）》（中国保险监督管理委员会令〔2015〕第3号）	中国保险监督管理委员会（已撤销）	2015-10-19	2015-10-19	失效
118	《中国保监会关于印发〈保险法人机构公司治理评价办法（试行）〉的通知》（保监发〔2015〕112号）	中国保险监督管理委员会（已撤销）	2015-12-07	2015-12-07	失效
119	《中国保监会关于印发〈保险机构内部审计工作规范〉的通知》（保监发〔2015〕113号）	中国保险监督管理委员会（已撤销）	2015-12-07	2015-12-07	现行有效

序号	文件名称及编号	发布主体	发布时间	生效时间	北大法宝有效性
120	《中国保监会办公厅关于印发〈中国保险保障基金有限责任公司业务监管办法〉的通知（2015 修订）》（保监厅发〔2015〕79 号）	中国保险监督管理委员会（已撤销）	2015-12-14	2015-12-14	现行有效
121	《中国保监会关于印发〈关于规范保险机构董事、监事和高级管理人员任职资格考试工作的实施方案〉的通知》（保监发〔2015〕122 号）	中国保险监督管理委员会（已撤销）	2015-12-24	2016-01-01	现行有效
122	《中国保监会培训中心关于启用保险机构董事、监事和高级管理人员任职资格考试系统（试运行）的通知》（无编号）	中国保险监督管理委员会（已撤销）	2016-01-15	2016-01-15	现行有效
123	《中国保监会关于印发〈保险机构董事、监事和高级管理人员任职资格考试管理暂行办法〉的通知》（保监发〔2016〕6 号）	中国保险监督管理委员会（已撤销）	2016-01-18	2016-01-18	失效
124	《中国保监会关于银行类保险兼业代理机构行政许可有关事项的通知》（保监中介〔2016〕44 号）	中国保险监督管理委员会（已撤销）	2016-04-25	2016-04-25	失效
125	《中国保监会关于做好保险专业中介业务许可工作的通知》（保监发〔2016〕82 号）	中国保险监督管理委员会（已撤销）	2016-09-29	2016-09-29	现行有效
126	《中国保监会关于2015年度保险法人机构公司治理评价结果的通报》（无编号）	中国保险监督管理委员会（已撤销）	2016-11-22	2016-11-22	现行有效
127	《中国保监会关于加强相互保险组织信息披露有关事项的通知》（保监发〔2017〕26 号）	中国保险监督管理委员会（已撤销）	2017-03-28	2017-05-01	现行有效

序号	文件名称及编号	发布主体	发布时间	生效时间	北大法宝有效性
128	《中国保监会关于印发〈2017年保险机构董事、监事和高级管理人员培训要点〉的通知》（保监培训〔2017〕79号）	中国保险监督管理委员会（已撤销）	2017-04-11	2017-04-11	现行有效
129	《中国保监会关于开展2017年度SARMRA评估有关事项的通知》（保监财会〔2017〕156号）	中国保险监督管理委员会（已撤销）	2017-06-28	2017-06-28	现行有效
130	《中国保监会关于2017年保险法人机构公司治理评估有关情况的通报》（保监发改〔2017〕261号）	中国保险监督管理委员会（已撤销）	2017-09-21	2017-09-21	现行有效
131	《保险公估人监管规定》（中国保险监督管理委员会令〔2018〕第2号）	中国保险监督管理委员会（已撤销）	2018-02-01	2018-05-01	现行有效
132	《保险经纪人监管规定》（中国保险监督管理委员会令〔2018〕第3号）	中国保险监督管理委员会（已撤销）	2018-02-01	2018-05-01	现行有效
133	《外国保险机构驻华代表机构管理办法（2018修正）》（中国保险监督管理委员会令〔2018〕第4号）	中国保险监督管理委员会（已撤销）	2018-02-13	2018-02-13	现行有效
134	《中国银行保险监督管理委员会关于印发〈保险公估基本准则〉的通知》（银保监发〔2018〕21号）	中国银行保险监督管理委员会	2018-05-02	2018-05-02	现行有效
135	《中国银保监会关于允许境外投资者来华经营保险代理业务的通知》（银保监发〔2018〕30号）	中国银行保险监督管理委员会	2018-06-19	2018-06-19	现行有效
136	《中国银保监会关于允许境外投资者来华经营保险公估业务的通知》（银保监发〔2018〕29号）	中国银行保险监督管理委员会	2018-06-19	2018-06-19	现行有效

续表

序号	文件名称及编号	发布主体	发布时间	生效时间	北大法宝有效性
137	《银保监会关于印发〈保险机构独立董事管理办法〉的通知》（银保监发〔2018〕35号）	中国银行保险监督管理委员会	2018-06-30	2018-06-30	已被修改
138	《中国银保监会关于印发〈2018年度保险机构SARMRA评估、公司治理评估、资产负债管理能力评估工作方案〉的通知》（银保监发〔2018〕37号）	中国银行保险监督管理委员会	2018-07-06	2018-07-06	现行有效
139	《中国银保监会关于2018年保险法人机构公司治理现场评估结果的通报》（银保监发〔2019〕2号）	中国银行保险监督管理委员会	2019-01-11	2019-01-11	现行有效
140	《中国银保监会办公厅关于加强保险公司中介渠道业务管理的通知》（银保监办发〔2019〕19号）	中国银行保险监督管理委员会	2019-02-26	2019-02-26	现行有效
141	《中国银保监会办公厅关于开展银行保险机构侵害消费者权益乱象整治工作的通知》（银保监办发〔2019〕194号）	中国银行保险监督管理委员会	2019-09-24	2019-09-24	现行有效
142	《银保监会关于银行保险机构加强消费者权益保护工作体制机制建设的指导意见》（银保监发〔2019〕38号）	中国银行保险监督管理委员会	2019-11-02	2019-11-02	现行有效
143	《中国银保监会关于印发银行保险机构公司治理监管评估办法（试行）的通知》（银保监发〔2019〕43号）	中国银行保险监督管理委员会	2019-11-25	2019-11-25	现行有效
144	《中国银保监会关于银行保险机构员工履职回避工作的指导意见》（银保监发〔2019〕50号）	中国银行保险监督管理委员会	2019-12-19	2019-12-19	现行有效

序号	文件名称及编号	发布主体	发布时间	生效时间	北大法宝有效性
145	《保险资产管理产品管理暂行办法》（中国银行保险监督管理委员会令〔2020〕第5号）	中国银行保险监督管理委员会	2020-03-18	2020-05-01	现行有效
146	《中国银保监会办公厅关于切实加强保险专业中介机构从业人员管理的通知》（银保监办发〔2020〕42号）	中国银行保险监督管理委员会	2020-05-12	2020-05-12	现行有效
147	《银行保险机构应对突发事件金融服务管理办法》（中国银行保险监督管理委员会令〔2020〕第10号）	中国银行保险监督管理委员会	2020-09-09	2020-09-09	现行有效
148	《金融控股公司监督管理试行办法》（中国人民银行令〔2020〕第4号）	中国人民银行	2020-09-11	2020-11-01	现行有效
149	《保险代理人监管规定》（中国银行保险监督管理委员会令〔2020〕第11号）	中国银行保险监督管理委员会	2020-11-12	2021-01-01	现行有效
150	《中国银保监会办公厅关于印发保险中介机构信息化工作监管办法的通知》（银保监办发〔2021〕3号）	中国银行保险监督管理委员会	2021-01-05	2021-02-01	现行有效
151	《中国银保监会办公厅关于印发保险资产管理公司监管评级暂行办法的通知》（银保监办发〔2021〕5号）	中国银行保险监督管理委员会	2021-01-05	2021-01-05	现行有效
152	《2020年银行保险机构公司治理监管评估结果总体情况》（无编号）	中国银行保险监督管理委员会	2021-01-22	2021-01-22	现行有效
153	《中国银保监会办公厅印发关于建立完善银行保险机构绩效薪酬追索扣回机制指导意见的通知》（银保监办发〔2021〕17号）	中国银行保险监督管理委员会	2021-01-28	2021-01-28	现行有效

续表

序号	文件名称及编号	发布主体	发布时间	生效时间	北大法宝 有效性
154	《2020 年保险集团（控股）公司本级公司治理监管评估结果情况》（无编号）	中国银行保险监督管理委员会	2021-02-03	2021-02-03	现行有效
155	《中国银行保险监督管理委员会关于印发〈银行保险机构声誉风险管理办法（试行）〉的通知》（银保监发〔2021〕4号）	中国银行保险监督管理委员会	2021-02-08	2021-02-08	现行有效
156	《金融控股公司董事、监事、高级管理人员任职备案管理暂行规定》（中国人民银行令〔2021〕第 2 号）	中国人民银行	2021-03-31	2021-05-01	现行有效
157	《中国人民银行关于〈金融控股公司董事、监事、高级管理人员任职备案管理暂行规定（征求意见稿）〉公开征求意见的反馈》（无编号）	中国人民银行	2021-04-02	2021-04-02	现行有效
158	《银行保险机构许可证管理办法》（中国银行保险监督管理委员会令〔2021〕第 3 号）	中国银行保险监督管理委员会	2021-04-28	2021-07-01	现行有效
159	《银行保险机构董事监事履职评价办法（试行）》（中国银行保险监督管理委员会令〔2021〕第 5 号）	中国银行保险监督管理委员会	2021-05-20	2021-07-01	现行有效
160	《中国银保监会关于印发银行保险机构公司治理准则的通知》（银保监发〔2021〕14号）	中国银行保险监督管理委员会	2021-06-02	2021-06-02	现行有效
161	《银保监会关于印发银行保险机构恢复和处置计划实施暂行办法的通知》（银保监发〔2021〕16 号）	中国银行保险监督管理委员会	2021-06-03	2021-06-03	现行有效

序号	文件名称及编号	发布主体	发布时间	生效时间	北大法宝有效性
162	《中国银保监会关于开展银行业保险业"内控合规管理建设年"活动的通知》（银保监发〔2021〕17 号）	中国银行保险监督管理委员会	2021-06-07	2021-06-07	现行有效
163	《中国银保监会关于印发银行保险机构消费者权益保护监管评价办法的通知》（银保监发〔2021〕24 号）	中国银行保险监督管理委员会	2021-07-05	2021-07-05	现行有效
164	《中国银保监会办公厅关于进一步加强银行保险机构股东承诺管理有关事项的通知》（银保监办发〔2021〕100 号）	中国银行保险监督管理委员会	2021-09-10	2021-09-10	现行有效
165	《中国银保监会关于印发银行保险机构大股东行为监管办法（试行）的通知》（银保监发〔2021〕43 号）	中国银行保险监督管理委员会	2021-09-30	2021-09-30	现行有效
166	《保险中介行政许可及备案实施办法》（中国银行保险监督管理委员会令〔2021〕第 12 号）	中国银行保险监督管理委员会	2021-10-28	2022-02-01	现行有效
167	《2021 年银行保险机构公司治理监管评估结果总体情况》（无编号）	中国银行保险监督管理委员会	2021-11-12	2021-11-12	现行有效
168	《保险集团公司监督管理办法》（中国银行保险监督管理委员会令〔2021〕第 13 号）	中国银行保险监督管理委员会	2021-11-24	2021-11-24	现行有效
169	《中国银保监会办公厅关于精简保险资产管理公司监管报告事项的通知》（银保监发〔2021〕131 号）	中国银行保险监督管理委员会	2021-12-15	2021-12-15	现行有效
170	《中国银保监会办公厅关于印发银行保险机构信息科技外包风险监管办法的通知》（银保监办发〔2021〕141 号）	中国银行保险监督管理委员会	2021-12-30	2021-12-30	现行有效

续表

序号	文件名称及编号	发布主体	发布时间	生效时间	北大法宝有效性
171	《银行保险机构关联交易管理办法》（中国银行保险监督管理委员会令〔2022〕第 1 号）	中国银行保险监督管理委员会	2022-01-10	2022-03-01	现行有效
172	《中国银保监会关于加强保险机构资金运用关联交易监管工作的通知》（银保监规〔2022〕11 号）	中国银行保险监督管理委员会	2022-05-27	2022-05-27	现行有效
173	《保险资产管理公司管理规定》（中国银行保险监督管理委员会令〔2022〕第 2 号）	中国银行保险监督管理委员会	2022-07-28	2022-09-01	现行有效
174	《中国银保监会修订发布〈银行保险机构公司治理监管评估办法〉》（银保监规〔2022〕19 号）	中国银行保险监督管理委员会	2022-11-30	2022-11-30	现行有效
175	《银行保险机构消费者权益保护管理办法》（中国银行保险监督管理委员会令〔2022〕第 9 号）	中国银行保险监督管理委员会	2022-12-26	2023-03-01	尚未生效

资料来源：作者整理。

附录3 我国保险公司治理法律法规文件汇总表

序号	文件名称及编号	发布主体	发布时间	生效时间	北大法宝有效性
1	《国务院对中国人民银行〈关于成立中国人民保险公司董事会的报告〉和〈中国人民保险公司章程〉给中国人民银行的批复》（国函〔1982〕282号）	中国人民银行	1982-12-27	1982-12-27	现行有效
2	《中国人民银行关于金融机构设置或撤并管理的暂行规定》（无编号）	中国人民银行	1984-10-17	1984-10-17	现行有效
3	《保险企业管理暂行条例》（国发〔1985〕33号）	国务院	1985-03-03	1985-04-11	失效
4	《国营金融、保险企业成本管理实施细则》（无编号）	财政部	1986-11-03	1987-01-01	失效
5	《财政部、国家税务总局对保险公司征收营业税有关问题的通知》（〔87〕财税营85号）	国家税务总局	1987-12-26	1988-01-01	失效
6	《中国人民银行对〈关于暂停审批设立各类金融机构的紧急通知〉的补充通知》（银发〔1988〕256号）	中国人民银行	1988-08-25	1988-08-25	现行有效
7	《金融稽核检查处罚规定》（银发〔1989〕136号）	中国人民银行监察部（已撤销）	1989-05-05	1989-05-05	失效
8	《审计署关于对国家金融机构的财务收支实行经常性审计的通知》（无编号）	审计署	1989-07-15	1989-07-15	现行有效

续表

序号	文件名称及编号	发布主体	发布时间	生效时间	北大法宝有效性
9	《中国人民银行关于对〈金融稽核检查处罚规定〉中有关问题的说明的通知》（银发〔1989〕207号）	中国人民银行	1989-07-22	1989-07-22	现行有效
10	《国营金融、保险企业成本管理办法》（财商字〔1990〕第500号）	财政部	1990-12-28	1991-01-01	失效
11	《中国人民银行、国家工商行政管理局关于金融机构办理年检和重新登记注册问题的通知》（银发〔1991〕38号）	中国人民银行国家工商行政管理总局（已撤销）	1991-02-21	1991-02-21	现行有效
12	《中国人民银行金融科学技术进步奖励办法》（银发〔1992〕59号）	中国人民银行	1992-03-17	1992-03-17	失效
13	《上海外资保险机构暂行管理办法》（银发〔1992〕221号）	中国人民银行	1992-09-11	1992-09-11	失效
14	《保险企业会计制度》（无编号）	财政部	1993-02-24	1993-07-01	失效
15	《中国人民保险公司关于印发〈中国人民保险公司全资附属（或合资）企业财务管理的若干规定（试行）〉的通知》（保发〔1993〕95号）	中国人民保险公司	1993-03-06	1993-03-06	现行有效
16	《金融企业会计制度》（〔93〕财会字第11号）	财政部　中国人民银行	1993-03-17	1993-07-01	失效
17	《财政部关于切实加强保险企业财务管理等问题的通知》（〔93〕财商字第261号）	财政部	1993-08-06	1993-08-06	失效
18	《中国人民银行、国家计划委员会关于禁止强制收取保险费的通知》（银发〔1994〕20号）	中国人民银行国家发展和改革委员会（含原国家发展计划委员会　原国家计划委员会）	1994-01-20	1994-01-20	现行有效

19	《中国人民保险公司关于印发〈经营目标责任制管理暂行办法〉的通知》（保发〔1994〕56号）	中国人民保险公司	1994-03-24	1994-01-01	现行有效
20	《中国人民保险公司关于执行新财务会计制度中需要明确的几个问题的通知》（保发〔1994〕58号）	中国人民保险公司	1994-03-26	1994-03-26	现行有效
21	《中国人民保险公司稽核审计部关于印发〈中国人民保险公司新旧会计制度接轨审计方案〉的通知》（保审〔1994〕10号）	中国人民保险公司	1994-04-01	1994-04-01	现行有效
22	《中国人民保险公司稽核审计部关于印发〈内部控制制度（系统）评审方案实施步骤〉的通知》（保审〔1994〕11号）	中国人民保险公司	1994-04-11	1994-04-11	现行有效
23	《中国人民银行印发〈关于向金融机构投资入股的暂行规定〉的通知》（银发〔1994〕186号）	中国人民银行	1994-07-28	1994-07-28	现行有效
24	《中国人民银行关于印发〈金融机构管理规定〉的通知》（银发〔1994〕198号）	中国人民银行	1994-08-05	1994-08-05	失效
25	《中国人民保险公司关于印发〈中国人民保险公司全资直属企业暂行管理办法〉的通知》（保发〔1995〕6号）	中国人民保险公司	1995-01-17	1995-02-01	现行有效
26	《财政部关于加强金融、保险企业财务管理若干问题的通知》（财商字〔1995〕23号）	财政部	1995-02-13	1995-01-01	失效
27	《中国人民保险公司关于在全系统开展经济效益审计的通知》（保发〔1995〕38号）	中国人民保险公司	1995-03-14	1995-03-14	现行有效
28	《中国人民保险公司关于在全系统开展附属企业管理审计的通知》（保发〔1995〕48号）	中国人民保险公司	1995-03-23	1995-03-23	现行有效

29	《中国人民保险公司关于印发〈中国人民保险公司系统工资管理暂行办法〉的通知》（保发〔1995〕51 号）	中国人民保险公司	1995-03-29	1993-10-01	现行有效
30	《中国人民银行关于修订〈上海外资保险机构暂行管理办法〉有关条款的通知（1995）》（银发〔1995〕165 号）	中国人民银行	1995-06-05	1995-06-05	失效
31	《中国人民银行关于印发〈关于对金融机构重大经济犯罪案件负有领导责任人员行政处分的暂行规定〉的通知》（银发〔1995〕261 号）	中国人民银行	1995-09-15	1995-10-01	失效
32	《关于外商投资金融保险企业制定内部财务管理制度的指导意见》（〔96〕财工字第 25 号）	财政部	1996-01-31	1996-01-31	失效
33	《中国人民保险公司关于统一各级机构名称的通知》（保发〔1996〕74 号）	中国人民保险公司	1996-04-16	1996-04-16	现行有效
34	《中国人民保险（集团）公司关于印发〈中国人民保险（集团）公司工作规则（暂行）〉的通知》（保发〔1996〕134 号）	中国人民保险公司	1996-06-14	1996-06-14	现行有效
35	《中国人民保险公司关于印发〈中国人民保险（集团）公司外事工作有关规定〉的通知》（保发〔1996〕168 号）	中国人民保险公司	1996-07-09	1996-07-09	现行有效
36	《中国人民银行关于贯彻〈国务院关于原有有限责任公司和股份有限公司依照〈中华人民共和国公司法〉进行规范的通知〉的通知》（银发〔1996〕308）	中国人民银行	1996-08-27	1996-08-27	现行有效

37	《中国人民银行关于建立全国金融机构基本情况报告制度的通知》（银发〔1996〕312号）	中国人民银行	1996-08-28	1996-08-28	失效
38	《金融机构高级管理人员任职资格管理暂行规定》（银发〔1996〕327号）	中国人民银行	1996-09-13	1996-09-13	失效
39	《中国人民保险（集团）公司关于分公司不得在境外设立机构的通知》（保发〔1996〕324号）	中国人民保险公司	1996-12-16	1996-12-16	现行有效
40	《财政部关于保险公司保险保障基金有关财务管理的通知》（财商字〔1997〕194号）	财政部	1997-05-05	1997-05-05	失效
41	《中国人民银行加强金融机构内部控制的指导原则》（银发〔1997〕199号）	中国人民银行	1997-05-16	1997-05-16	失效
42	《中国人民保险（集团）公司关于印发〈关于加强各级公司财会工作的若干规定〉的通知》（保发〔1997〕167号）	中国人民保险公司	1997-07-21	1997-07-21	现行有效
43	《关于印发〈中国人民保险（集团）公司经济处罚暂行规定〉〈中国人民保险（集团）公司稽核工作暂行规定〉〈中国人民保险（集团）公司稽核工作报告制度〉的通知》（保发〔1997〕188号）	中国人民保险公司	1997-08-19	1997-08-19	现行有效
44	《中国人民保险公司关于建立开工报告制度的暂行规定》（保计财〔1997〕43号）	中国人民保险公司	1997-11-11	1997-11-11	现行有效
45	《中国人民银行关于印发〈中国人民银行关于进一步完善和加强金融机构内部控制建设的若干意见〉的通知》（银发〔1997〕565号）	中国人民银行	1997-12-30	1997-12-30	失效

46	《中国人民银行关于保险公司分支机构审批有关问题的补充通知》（银发〔1998〕2 号）	中国人民银行	1998-01-01	1998-01-01	失效
47	《中国人民保险（集团）公司财务管理规定》（财商字〔1998〕50 号）	财政部	1998-01-26	1998-01-01	失效
48	《中国人民银行关于编报保险企业合并会计报表的通知》（银发〔1998〕116 号）	中国人民银行	1998-03-23	1998-03-23	失效
49	《中国人民银行关于规范保险总公司在京营业机构的批复》（银发〔1998〕2 号）	中国人民银行	1998-05-26	1998-05-26	现行有效
50	《中国人民银行关于审批设立保险公司分支机构有关问题的复函》（银保险〔1998〕43 号）	中国人民银行	1998-05-27	1998-05-27	现行有效
51	《中国人民银行关于印发〈关于对金融机构违法违规经营责任人的行政处分规定〉的通知》（银发〔1998〕221 号）	中国人民银行	1998-05-29	1998-05-29	失效
52	《保险公司会计制度》（财会字〔1998〕60 号）	财政部	1998-12-08	1999-01-01	失效
53	《财政部会计司〈保险公司会计制度〉问题解答》（无编号）	财政部	1998-12-28	1998-12-28	现行有效
54	《中国保险监督管理委员会关于做好保险机构高级管理人员任职资格申报工作的通知》（保监发〔1999〕11 号）	中国保险监督管理委员会（已撤销）	1999-01-11	1999-01-11	失效
55	《保险业对外宣传管理暂行规定》（保监发〔1999〕18 号）	中国保险监督管理委员会（已撤销）	1999-01-19	1999-01-19	失效
56	《中国保险监督管理委员会关于加强对保险公司内部机构及其负责人管理的通知》（保监发〔1999〕64 号）	中国保险监督管理委员会（已撤销）	1999-04-08	1999-04-08	失效

57	《中国保险监督管理委员会关于人身保险业务必须遵循自愿投保原则的通知》（保监发〔1999〕65号）	中国保险监督管理委员会（已撤销）	1999-04-14	1999-04-14	失效
58	《中国保险监督管理委员会关于规范保险机构高级管理人员任职资格申报工作的通知》（保监人教〔1999〕7号）	中国保险监督管理委员会（已撤销）	1999-04-14	1999-04-14	失效
59	《中国人民保险公司对各级公司领导干部的监督管理的规定》（人保发〔1999〕56号）	中国人民保险公司	1999-04-27	1999-04-27	现行有效
60	《中国人民保险公司纪检监察信访工作管理暂行规定》（人保发〔1999〕59号）	中国人民保险公司	1999-05-04	1999-05-04	现行有效
61	《中国人民保险公司关于加大资金管理力度遏制违法违纪案件的紧急通知》（人保发〔1999〕63号）	中国人民保险公司	1999-05-05	1999-05-05	现行有效
62	《中国保险监督管理委员会关于及时报送重要信息的通知》（保监发〔1999〕74号）	中国保险监督管理委员会（已撤销）	1999-05-07	1999-05-07	失效
63	《中国人民保险公司关于对领导干部实行谈话打招呼、函询和诫勉的暂行规定》（人保党发〔1999〕58号）	中国人民保险公司	1999-05-09	1999-05-09	现行有效
64	《中国人民保险公司关于建立各级公司领导干部廉政档案的通知》（人保党发〔1999〕60号）	中国人民保险公司	1999-05-10	1999-05-10	现行有效
65	《中国保险监督管理委员会关于印发〈保险公司购买中央企业债券管理办法〉的通知》（保监发〔1999〕85号）	中国保险监督管理委员会（已撤销）	1999-05-20	1999-05-20	失效
66	《中国人民保险公司关于实行领导干部贯彻执行党风廉政建设责任制情况报告制度的规定》（人保党发〔1999〕74号）	中国人民保险公司	1999-06-21	1999-06-21	现行有效

67	《中国保险监督管理委员会关于规范保险公司重要事项变更报批程序的通知》（保监发〔1999〕130号）	中国保险监督管理委员会（已撤销）	1999-08-03	1999-08-03	失效
68	《中国保险监督管理委员会关于印发〈保险公司内部控制制度建设指导原则〉的通知》（保监发〔1999〕131号）	中国保险监督管理委员会（已撤销）	1999-08-05	1999-08-05	失效
69	《中国人民银行关于批准保险公司在全国银行间同业市场办理债券回购业务的通知》（银货政〔1999〕102号）	中国人民银行	1999-08-12	1999-08-12	现行有效
70	《中国人民银行关于金融机构高级管理人员任职资格有关问题的函》（银函〔1999〕281号）	中国人民银行	1999-08-23	1999-08-23	现行有效
71	《中国保险监督管理委员会关于印发〈保险公司投资证券投资基金管理暂行办法〉的通知》（保监发〔1999〕206号）	中国保险监督管理委员会（已撤销）	1999-10-29	1999-10-29	失效
72	《中国保险监督管理委员会关于保险公司委托会计师事务所开展审计业务有关问题的通知》（保监发〔1999〕235号）	中国保险监督管理委员会（已撤销）	1999-12-03	1999-12-03	失效
73	《中国保险监督管理委员会关于印发〈向保险公司投资入股暂行规定〉的通知》（保监发〔1999〕270号）	中国保险监督管理委员会（已撤销）	1999-12-24	1999-12-24	失效
74	《中国人民银行关于批准美国友邦保险公司上海分公司、安联大众保险公司进入全国银行间债券市场的通知》（银货政〔1999〕176号）	中国人民银行	1999-12-24	1999-12-24	现行有效
75	《中国人民保险公司关于印发〈中国人民保险公司内部审计工作规范的暂行规定〉的通知》（人保发〔2000〕36号）	中国人民保险公司	2000-02-16	2000-02-16	现行有效

76	《中国人民保险公司关于印发〈中国人民保险公司经理经济责任审计暂行规定〉的通知》（人保发〔2000〕39 号）	中国人民保险公司	2000-02-17	2000-02-17	现行有效
77	《保险公司管理规定》（保监发〔2000〕2 号）	中国保险监督管理委员会（已撤销）	2000-03-01	2000-03-01	失效
78	《金融机构高级管理人员任职资格管理办法》（中国人民银行令〔2000〕第 1 号）	中国人民银行	2000-03-24	2000-03-24	部分失效
79	《中国保险监督管理委员会关于重新印发〈向保险公司投资入股暂行规定〉的通知》（保监发〔2000〕49 号）	中国保险监督管理委员会（已撤销）	2000-04-01	2000-04-01	失效
80	《中国保险监督管理委员会关于加强保险公司对持有上市公司股份和法人股集中管理的通知》（保监发〔2000〕90 号）	中国保险监督管理委员会（已撤销）	2000-06-06	2000-06-06	失效
81	《中国保险监督管理委员会关于修改〈保险公司投资证券投资基金管理暂行办法〉部分内容的通知（2000）》（保监发〔2000〕96 号）	中国保险监督管理委员会（已撤销）	2000-06-15	2000-06-15	失效
82	《中国保险监督管理委员会关于处罚违规保险公司的公告》（保监公告第 19 号）	中国保险监督管理委员会（已撤销）	2000-07-05	2000-07-05	现行有效
83	《中国保险监督管理委员会关于规范人身保险经营行为有关问题的通知》（保监发〔2000〕133 号）	中国保险监督管理委员会（已撤销）	2000-07-25	2000-07-25	失效
84	《中国证券监督管理委员会公开发行证券公司信息披露编报规则（第 3 号）——保险公司招股说明书内容与格式特别规定》（证监发〔2000〕76 号）	中国证券监督管理委员会	2000-11-02	2000-11-02	失效

85	《中国证券监督管理委员会公开发行证券公司信息披露编报规则（第 4 号）——保险公司财务报表附注特别规定》（证监发〔2000〕76 号）	中国证券监督管理委员会	2000-11-02	2000-11-02	失效
86	《中国保险监督管理委员会关于试行〈保险公司最低偿付能力及监管指标管理规定（试行）〉有关问题的通知》（保监发〔2001〕53 号）	中国保险监督管理委员会（已撤销）	2001-01-23	2001-03-01	失效
87	《中国保险监督管理委员会关于强化高级管理人员任职前资格审查的通知》（保监发〔2001〕57 号）	中国保险监督管理委员会（已撤销）	2001-02-02	2001-02-02	失效
88	《中国保险监督管理委员会关于规范保险公司分支机构名称等有关问题的通知》（保监发〔2001〕71 号）	中国保险监督管理委员会（已撤销）	2001-03-13	2001-03-13	失效
89	《中国保险监督管理委员会关于试行〈保险公司最低偿付能力及监管指标管理规定〉有关问题的通知》（保监发〔2001〕101 号）	中国保险监督管理委员会（已撤销）	2001-04-03	2001-04-03	失效
90	《中国保险监督管理委员会关于规范中资保险公司吸收外资参股有关事项的通知》（保监发〔2001〕126 号）	中国保险监督管理委员会（已撤销）	2001-06-09	2001-06-19	失效
91	《中国保险监督管理委员会关于加强保险公司分支机构名称规范工作的通知》（保监函〔2001〕170 号）	中国保险监督管理委员会（已撤销）	2001-08-30	2001-08-30	失效
92	《人身保险新型产品信息披露管理暂行办法》（中国保险监督管理委员会令〔2001〕第 6 号）	中国保险监督管理委员会（已撤销）	2001-12-06	2002-01-01	失效
93	《中华人民共和国外资保险公司管理条例》（中华人民共和国国务院令第 336 号）	国务院	2001-12-12	2002-02-01	已被修改

94	《中国保险监督管理委员会关于加强对保险公司设立分支机构管理的通知》（保监发〔2001〕199号）	中国保险监督管理委员会（已撤销）	2001-12-14	2001-12-14	失效
95	《公开发行证券的公司信息披露编报规则第4号——保险公司信息披露特别规定（2022年修订）》（中国证券监督管理委员会公告〔2022〕11号）	中国证券监督管理委员会	2002-01-05	2022-01-05	现行有效
96	《保险公司营销服务部管理办法》（中华人民共和国保监会、中华人民共和国工商行政管理总局令〔2002〕第1号）	中国保险监督管理委员会（已撤销）　国家工商行政管理总局（已撤销）	2002-02-01	2002-02-01	失效
97	《中国保险监督管理委员会关于执行〈保险公司营销服务部管理办法〉有关事项的通知》（保监发〔2002〕25号）	中国保险监督管理委员会（已撤销）	2002-03-01	2002-03-01	现行有效
98	《保险公司高级管理人员任职资格管理规定》（中国保险监督管理委员会令〔2002〕第2号）	中国保险监督管理委员会（已撤销）	2002-03-01	2002-03-01	失效
99	《中国保险监督管理委员会关于修改〈保险公司管理规定〉有关条文的决定》（中国保险监督管理委员会令〔2002〕第3号）	中国保险监督管理委员会（已撤销）	2002-03-15	2002-03-15	失效
100	《中国保险监督管理委员会关于中国平安保险股份有限公司分业经营实施方案的批复》（保监复〔2002〕32号）	中国保险监督管理委员会（已撤销）	2002-04-02	2002-04-02	现行有效
101	《中国保险监督管理委员会关于开展保险公司关联交易自查工作的通知》（保监发〔2002〕53号）	中国保险监督管理委员会（已撤销）	2002-05-14	2002-05-14	现行有效

102	《财政部办公厅关于做好金融、保险企业国有资本保值增值考核试点工作的通知》（财办统〔2002〕16 号）	财政部	2002-08-27	2002-08-27	失效
103	《中国保险监督管理委员会关于加强保险业宣传工作的通知》（保监发〔2002〕96 号）	中国保险监督管理委员会（已撤销）	2002-09-23	2002-09-23	失效
104	《中国保险监督管理委员会关于做好 2002 年年度报告编报工作的通知》（保监发〔2002〕138 号）	中国保险监督管理委员会（已撤销）	2002-12-31	2002-12-31	失效
105	《中国保险监督管理委员会关于重新修订〈保险公司购买中央企业债券管理办法〉的通知（2003）》（保监发〔2003〕9 号）	中国保险监督管理委员会（已撤销）	2003-01-17	2003-01-17	失效
106	《中国保险监督管理委员会关于印发〈保险公司投资证券投资基金管理暂行办法〉的通知（2003）》（保监发〔2003〕6 号）	中国保险监督管理委员会（已撤销）	2003-01-17	2003-01-17	现行有效
107	《中国保险监督管理委员会关于保险中介机构对外投资有关问题的批复》（保监办复〔2003〕9 号）	中国保险监督管理委员会（已撤销）	2003-01-29	2003-01-29	现行有效
108	《中国保险监督管理委员会关于做好分红保险专题财务报告编报工作的补充通知》（保监发〔2003〕19 号）	中国保险监督管理委员会（已撤销）	2003-02-11	2003-02-11	失效
109	《中国保险监督管理委员会关于印发〈财产保险公司分支机构监管指标（试行）〉的通知》（保监发〔2003〕20 号）	中国保险监督管理委员会（已撤销）	2003-02-20	2003-04-01	现行有效
110	《中国保险监督管理委员会关于指定披露保险信息报纸的通知》（保监办发〔2003〕22 号）	中国保险监督管理委员会（已撤销）	2003-02-21	2003-02-21	失效

111	《中国保险监督管理委员会关于对财产保险公司放宽精算责任人条件要求的通知》（保监发〔2003〕26号）	中国保险监督管理委员会（已撤销）	2003-02-27	2003-02-27	失效
112	《关于妥善处理人身保险新型产品客户投诉有关问题的通知》（保监办发〔2003〕24号）	中国保险监督管理委员会（已撤销）	2003-03-18	2003-03-18	失效
113	《中国保险监督管理委员会转发财政部关于实施〈金融企业会计制度〉有关问题解答的通知》（保监办发〔2003〕26号）	中国保险监督管理委员会（已撤销）	2003-03-18	2003-03-18	现行有效
114	《保险公司偿付能力额度及监管指标管理规定》（中国保险监督管理委员会令〔2003〕第1号）	中国保险监督管理委员会（已撤销）	2003-03-24	2003-03-24	失效
115	《中国保险监督管理委员会关于做好2002年度偿付能力报告编报工作的通知》（保监发〔2003〕40号）	中国保险监督管理委员会（已撤销）	2003-03-27	2003-03-27	失效
116	《中国保险监督管理委员会关于保险公司缴纳罚款等有关问题的通知》（保监发〔2003〕41号）	中国保险监督管理委员会（已撤销）	2003-03-28	2003-03-28	失效
117	《中国保险监督管理委员会关于中国人寿保险公司重组上市的批复》（保监复〔2003〕88号）	中国保险监督管理委员会（已撤销）	2003-05-16	2003-05-16	现行有效
118	《中国保险监督管理委员会关于印发〈保险公司投资企业债券管理暂行办法〉的通知》（保监发〔2003〕74号）	中国保险监督管理委员会（已撤销）	2003-05-30	2003-05-30	失效
119	《中国保险监督管理委员会关于提醒投保人防止保险诈骗的公告》（保监公告第51号）	中国保险监督管理委员会（已撤销）	2003-07-04	2003-07-04	现行有效
120	《保险公司高级管理人员任职资格管理规定（2003修正）》（中国保险监督管理委员会令〔2003〕第2号）	中国保险监督管理委员会（已撤销）	2003-07-23	2003-07-23	失效

121	《中国保险监督管理委员会办公室关于对保险公司有关责任人予以处罚相关问题的复函》（保监发〔2003〕118号）	中国保险监督管理委员会（已撤销）	2003-07-30	2003-07-30	现行有效
122	《中国保险监督管理委员会关于印发〈国有保险公司监事会检查报告报送程序规定〉的通知》（保监发〔2003〕113号）	中国保险监督管理委员会（已撤销）	2003-08-19	2003-08-19	失效
123	《中国保险监督管理委员会关于印发〈保险业重大上访事件处理办法〉的通知》（保监发〔2003〕116号）	中国保险监督管理委员会（已撤销）	2003-08-27	2003-08-27	失效
124	《中国保险监督管理委员会关于进一步加强和改进保险业突发事件新闻报道工作的通知》（保监发〔2003〕117号）	中国保险监督管理委员会（已撤销）	2003-08-28	2003-08-28	失效
125	《中国保险监督管理委员会关于企业名称登记有关问题的函》（保监函〔2003〕1077号）	中国保险监督管理委员会（已撤销）	2003-11-11	2003-11-11	现行有效
126	《中国保险监督管理委员会关于2003年度偿付能力报告编报工作有关问题的通知》（保监财会〔2004〕40号）	中国保险监督管理委员会（已撤销）	2004-01-09	2004-01-09	失效
127	《中国保险监督管理委员会关于2003年年度报告编报工作有关问题的通知》（保监财会〔2004〕41号）	中国保险监督管理委员会（已撤销）	2004-01-09	2004-01-09	失效
128	《中国保险监督管理委员会关于保险公司投资银行次级定期债务有关事项的通知》（保监发〔2004〕23号）	中国保险监督管理委员会（已撤销）	2004-03-29	2004-03-29	失效
129	《中国保险监督管理委员会关于外国财产保险分公司改建为独资财产保险公司有关问题的通知》（保监发〔2004〕45号）	中国保险监督管理委员会（已撤销）	2004-05-10	2004-05-10	现行有效

130	《中华人民共和国外资保险公司管理条例实施细则》（中国保险监督管理委员会令〔2004〕第 4 号）	中国银行保险监督管理委员会	2004-05-13	2004-06-15	失效
131	《保险公司管理规定（2004）》（中国保险监督管理委员会令〔2004〕第 3 号）	中国保险监督管理委员会（已撤销）	2004-05-13	2004-06-15	失效
132	《中国保险监督管理委员会关于印发〈保险资金运用风险控制指引（试行）〉的通知》（保监发〔2004〕43 号）	中国保险监督管理委员会（已撤销）	2004-06-01	2004-06-01	失效
133	《中国保险监督管理委员会关于保险公司投资可转换公司债券有关事项的通知》（保监发〔2004〕94 号）	中国保险监督管理委员会（已撤销）	2004-07-23	2004-07-23	失效
134	《中国保险监督管理委员会关于报送偿付能力季度报告的通知》（保监发〔2004〕95 号）	中国保险监督管理委员会（已撤销）	2004-07-28	2004-07-28	失效
135	《中国保险监督管理委员会办公厅关于保险公司高级管理人员任职资格管理有关问题的复函》（保监厅函〔2004〕155 号）	中国保险监督管理委员会（已撤销）	2004-08-11	2004-08-11	现行有效
136	《财政部关于国有保险公司股份制改造后国有资产及财务管理有关事项的通知》（财金〔2004〕74 号）	财政部	2004-08-16	2004-08-16	现行有效
137	《中国保险监督管理委员会关于严禁利用部分公司偿付能力不足信息诋毁同业的紧急通知》（保监厅发〔2004〕83 号）	中国保险监督管理委员会（已撤销）	2004-09-02	2004-09-02	失效
138	《中国保险监督管理委员会关于印发〈外资保险公司与其关联企业从事再保险交易的审批项目实施规程〉的通知》（保监发〔2004〕115 号）	中国保险监督管理委员会（已撤销）	2004-09-15	2004-09-15	失效

139	《中国保险监督管理委员会关于启用中国保险统计信息系统的通知》（保监发〔2004〕123 号）	中国保险监督管理委员会（已撤销）	2004-09-29	2004-09-29	现行有效
140	《保险公司次级定期债务管理暂行办法》（中国保险监督管理委员会令〔2004〕第 10 号）	中国保险监督管理委员会（已撤销）	2004-09-29	2004-09-29	失效
141	《保险机构投资者股票投资管理暂行办法》（中国保险监督管理委员会、中国证券监督管理委员会〔2004〕第 12 号令）	中国保险监督管理委员会（已撤销）　中国证券监督管理委员会	2004-10-24	2004-10-24	现行有效
142	《中国保险监督管理委员会关于保险机构投资者股票投资交易有关问题的通知》（保监发〔2005〕13 号）	中国保险监督管理委员会（已撤销）	2004-10-25	2004-10-25	现行有效
143	《中国保险监督管理委员会关于精算责任人任职资格有关要求的通知》（保监发〔2004〕133 号）	中国保险监督管理委员会（已撤销）	2004-11-11	2005-01-01	失效
144	《保险公司非寿险业务准备金管理办法（试行）》（中国保险监督管理委员会令〔2004〕第 13 号）	中国保险监督管理委员会（已撤销）	2004-12-15	2005-01-15	失效
145	《中国保险监督管理委员会关于印发偿付能力报告编报规则的通知》（保监发〔2004〕153 号）	中国保险监督管理委员会（已撤销）	2004-12-24	2004-12-24	部分失效
146	《中国保险监督管理委员会关于印发偿付能力报告编报规则实务指南的通知》（保监发〔2004〕154 号）	中国保险监督管理委员会（已撤销）	2004-12-24	2004-12-24	现行有效
147	《中国保险监督管理委员会关于印发〈精算报告〉的通知》（保监寿险〔2005〕8 号）	中国保险监督管理委员会（已撤销）	2005-01-05	2005-01-05	失效

148	《中国保险监督管理委员会关于〈保险公司管理规定〉有关条文解释的复函》（保监厅函〔2005〕7 号）	中国保险监督管理委员会（已撤销）	2005-01-12	2005-01-12	现行有效
149	《中国保险监督管理委员会关于保险公司提存资本保证金有关问题的通知》（保监发〔2005〕4 号）	中国保险监督管理委员会（已撤销）	2005-01-19	2005-01-19	失效
150	《中国保监会关于 2004 年度偿付能力报告编报工作有关问题的通知》（保监财会〔2005〕109 号）	中国保险监督管理委员会（已撤销）	2005-02-01	2005-02-01	失效
151	《中国保险监督管理委员会关于保险公司 2004 年年度报告编报工作有关问题的通知》（保监财会〔2005〕94 号）	中国保险监督管理委员会（已撤销）	2005-02-01	2005-02-01	失效
152	《中国保险监督管理委员会关于保险资产管理公司 2004 年年度报告编报工作有关问题的通知》（保监财会〔2005〕95 号）	中国保险监督管理委员会（已撤销）	2005-02-01	2005-02-01	失效
153	《中国保险监督管理委员会关于加强非寿险精算责任人任职管理的通知》（保监发〔2005〕9 号）	中国保险监督管理委员会（已撤销）	2005-02-05	2005-02-05	失效
154	《中国保险监督管理委员会关于保险机构投资者股票投资有关问题的通知》（保监发〔2005〕14 号）	中国保险监督管理委员会（已撤销）	2005-02-07	2005-02-07	现行有效
155	《中国保险监督管理委员会关于增加中国保监会指定披露保险信息报纸的通知》（保监厅发〔2005〕13 号）	中国保险监督管理委员会（已撤销）	2005-02-18	2005-02-18	失效
156	《关于报送保险信息系统基本情况及安全状况等有关情况的函》（保监厅函〔2005〕24 号）	中国保险监督管理委员会（已撤销）	2005-02-28	2005-02-28	现行有效

157	《中国保险监督管理委员会关于印发〈保险公司开业验收指引（试行）〉的通知》（保监发改〔2005〕272号）	中国保险监督管理委员会（已撤销）	2005-03-29	2005-03-29	失效
158	《关于在营销服务部基础上设立支公司等分支机构有关问题的批复》（保监法规〔2005〕274号）	中国保险监督管理委员会（已撤销）	2005-04-01	2005-04-01	现行有效
159	《关于开展保险公司数据质量问题调查的通知》（保监厅发〔2005〕80号）	中国保险监督管理委员会（已撤销）	2005-06-10	2005-06-10	现行有效
160	《中国保险监督管理委员会关于保险公司设立分支机构适用偿付能力要求有关问题的通知》（保监厅发〔2005〕88号）	中国保险监督管理委员会（已撤销）	2005-06-15	2005-06-15	失效
161	《中国保险监督管理委员会办公厅关于进一步做好突发事件的保险新闻宣传工作的通知》（保监厅发〔2005〕104号）	中国保险监督管理委员会（已撤销）	2005-07-25	2005-07-25	现行有效
162	《中国保险监督管理委员会关于防范保险业非法集资活动有关工作的通知》（保监发〔2005〕75号）	中国保险监督管理委员会（已撤销）	2005-08-24	2005-08-24	失效
163	《中国保险监督管理委员会关于保险公司擅自撤销分支机构处理问题的复函》（保监厅函〔2005〕207号）	中国保险监督管理委员会（已撤销）	2005-11-08	2005-11-08	现行有效
164	《中国保险监督管理委员会办公厅关于提前报送2005年保险公司主要指标快报的通知》（保监厅函〔2005〕216号）	中国保险监督管理委员会（已撤销）	2005-11-24	2005-11-24	现行有效
165	《中国保险监督管理委员会关于印发〈关于规范保险公司治理结构的指导意见（试行）〉的通知》（保监发〔2006〕2号）	中国保险监督管理委员会（已撤销）	2006-01-05	2006-01-05	失效

166	《中国保险监督管理委员会关于 2005 年度偿付能力报告编报工作有关问题的通知》（保监发〔2006〕1 号）	中国保险监督管理委员会（已撤销）	2006-01-05	2006-01-05	失效
167	《中国保险监督管理委员会关于印发〈寿险公司内部控制评价办法（试行）〉的通知》（保监发〔2006〕6 号）	中国保险监督管理委员会（已撤销）	2006-01-10	2006-01-10	失效
168	《中国保险监督管理委员会关于印发〈国有保险机构重大案件领导责任追究试行办法〉的通知》（保监发〔2006〕11 号）	中国保险监督管理委员会（已撤销）	2006-01-20	2006-01-20	失效
169	《中国保险监督管理委员会办公厅关于定期报送保险公司基本资料和数据的通知》（保监厅发〔2006〕3 号）	中国保险监督管理委员会（已撤销）	2006-01-25	2006-01-25	现行有效
170	《中国保险监督管理委员会办公厅关于保险监管机构列席保险公司股东（大）会、董事会会议有关事项的通知》（保监厅发〔2006〕5 号）	中国保险监督管理委员会（已撤销）	2006-02-07	2006-02-07	现行有效
171	《中国保险监督管理委员会办公厅关于报送精算报告电子文本有关事项的通知》（保监厅函〔2006〕50 号）	中国保险监督管理委员会（已撤销）	2006-02-28	2006-01-01	失效
172	《保险资金间接投资基础设施项目试点管理办法》（中国保险监督管理委员会令〔2006〕第 1 号）	中国保险监督管理委员会（已撤销）	2006-03-14	2006-03-14	失效
173	《中国保险监督管理委员会关于加强财产保险公司内控建设提高内控执行力有关问题的通知》（保监发〔2006〕30 号）	中国保险监督管理委员会（已撤销）	2006-03-15	2006-03-15	失效
174	《关于开展对保险业资本构成等情况调查的通知》（保监厅发〔2006〕22 号）	中国保险监督管理委员会（已撤销）	2006-03-15	2006-03-15	失效

175	《中国保险监督管理委员会关于印发〈关于保险业开展治理商业贿赂专项工作的实施意见〉的通知》（保监发〔2006〕26 号）	中国保险监督管理委员会（已撤销）	2006-03-17	2006-03-17	失效
176	《中国保险监督管理委员会关于报送保险公司治理结构有关资料的通知》（保监厅发〔2006〕32 号）	中国保险监督管理委员会（已撤销）	2006-04-13	2006-04-13	现行有效
177	《中国保险监督管理委员会关于印发〈关于保险业开展不正当交易行为自查自纠工作的实施意见〉的通知》（保监发〔2006〕65 号）	中国保险监督管理委员会（已撤销）	2006-06-12	2006-06-12	失效
178	《中国保险监督管理委员会关于印发〈关于保险业依法查处商业贿赂案件的实施意见〉的通知》（保监发〔2006〕64 号）	中国保险监督管理委员会（已撤销）	2006-06-12	2006-06-12	失效
179	《中国保险监督管理委员会关于加强对保险机构所属境内非保险类经济实体和境外保险机构财务监管若干事项的通知》（保监财会〔2006〕701 号）	中国保险监督管理委员会（已撤销）	2006-06-30	2006-06-30	现行有效
180	《保险公司董事和高级管理人员任职资格管理规定》（中国保险监督管理委员会令〔2006〕第 4 号）	中国保险监督管理委员会（已撤销）	2006-07-12	2006-09-01	失效
181	《保险公司设立境外保险类机构管理办法》（中国保险监督管理委员会令〔2006〕第 7 号）	中国保险监督管理委员会（已撤销）	2006-07-31	2006-09-01	已被修改
182	《中国保险监督管理委员会关于〈保险公司董事和高级管理人员任职资格管理规定〉具体适用问题的通知》（保监发〔2006〕93 号）	中国保险监督管理委员会（已撤销）	2006-09-07	2006-09-07	失效

183	《中国保险监督管理委员会关于保险机构投资商业银行股权的通知》（保监发〔2006〕98号）	中国保险监督管理委员会（已撤销）	2006-09-21	2006-09-21	失效
184	《中国保险监督管理委员会关于加强保险资金风险管理的意见》（保监发〔2006〕113号）	中国保险监督管理委员会（已撤销）	2006-10-31	2006-10-31	现行有效
185	《金融机构反洗钱规定（2006）》（中国人民银行令〔2006〕第1号）	中国人民银行	2006-11-14	2007-01-01	现行有效
186	《金融机构大额交易和可疑交易报告管理办法》（中国人民银行令〔2006〕第2号）	中国人民银行	2006-11-14	2007-03-01	失效
187	《中国保险监督管理委员会关于加强外资保险公司与关联企业从事再保险交易信息披露工作的通知》（保监发〔2006〕116号）	中国保险监督管理委员会（已撤销）	2006-11-17	2007-01-01	失效
188	《中国证券监督管理委员会关于发布〈公开发行证券的公司信息披露编报规则第3号——保险公司招股说明书内容与格式特别规定〉的通知（2006修订）》（证监发行字〔2006〕151号）	中国证券监督管理委员会	2006-12-08	2006-12-08	部分失效
189	《教育部、中国保险监督管理委员会关于加强学校保险教育有关工作的指导意见》（教基〔2006〕24号）	教育部 中国保险监督管理委员会（已撤销）	2006-12-12	2006-12-12	现行有效
190	《中国保险监督管理委员会关于加强统计数据信息报送工作管理有关事项的通知》（保监统信〔2006〕1348号）	中国保险监督管理委员会（已撤销）	2006-12-12	2006-12-12	失效
191	《中国保险监督管理委员会关于印发偿付能力报告编报规则的通知（2007）》（保监发〔2007〕4号）	中国保险监督管理委员会（已撤销）	2007-01-17	2007-01-17	现行有效

192	《中国保险监督管理委员会关于印发偿付能力报告编报规则实务指南的通知》（保监发〔2007〕5 号）	中国保险监督管理委员会（已撤销）	2007-01-17	2007-01-17	部分失效
193	《中国保险监督管理委员会关于保险公司偿付能力报告编报工作有关问题的通知》（保监发〔2007〕15 号）	中国保险监督管理委员会（已撤销）	2007-02-15	2007-02-15	现行有效
194	《财政部关于印发〈金融企业财务规则——实施指南〉的通知》（财金〔2007〕23 号）	财政部	2007-03-30	2007-03-30	现行有效
195	《中国保险监督管理委员会关于股票投资有关问题的通知》（保监发〔2007〕44 号）	中国保险监督管理委员会（已撤销）	2007-04-04	2007-04-04	现行有效
196	《中国保险监督管理委员会关于印发〈保险公司独立董事管理暂行办法〉的通知》（保监发〔2007〕22 号）	中国保险监督管理委员会（已撤销）	2007-04-06	2007-04-06	失效
197	《中国保险监督管理委员会关于印发〈保险公司风险管理指引（试行）〉的通知》（保监发〔2007〕23 号）	中国保险监督管理委员会（已撤销）	2007-04-06	2007-07-01	现行有效
198	《中国保险监督管理委员会关于印发〈保险公司关联交易管理暂行办法〉的通知》（保监发〔2007〕24 号）	中国保险监督管理委员会（已撤销）	2007-04-06	2007-04-06	失效
199	《中国保险监督管理委员会关于印发〈保险公司内部审计指引（试行）〉的通知》（保监发〔2007〕26 号）	中国保险监督管理委员会（已撤销）	2007-04-09	2007-07-01	失效
200	《中国保险监督管理委员会关于保险业对不正当交易行为自查自纠工作进行检查评估的通知》（保监发〔2007〕30 号）	中国保险监督管理委员会（已撤销）	2007-04-12	2007-04-12	失效

201	《中国保险监督管理委员会关于开展保险业信息系统安全检查工作的通知》（保监厅发〔2007〕28号）	中国保险监督管理委员会（已撤销）	2007-06-06	2007-06-06	现行有效
202	《金融机构报告涉嫌恐怖融资的可疑交易管理办法》（中国人民银行令〔2007〕第1号）	中国人民银行	2007-06-11	2007-06-11	失效
203	《中国保险监督管理委员会关于进一步加强偿付能力管理工作有关问题的通知》（保监发〔2007〕48号）	中国保险监督管理委员会（已撤销）	2007-06-13	2007-06-13	失效
204	《金融机构客户身份识别和客户身份资料及交易记录保存管理办法》（中国人民银行、中国银行业监督管理委员会、中国证券监督管理委员会、中国保险监督管理委员会令〔2007〕第2号）	中国人民银行 中国银行业监督管理委员会（已撤销）中国证券监督管理委员会 中国保险监督管理委员会（已撤销）	2007-06-21	2007-08-01	失效
205	《保险资金境外投资管理暂行办法》（中国保险监督管理委员会、中国人民银行、国家外汇管理局令〔2007〕第2号）	中国保险监督管理委员会（已撤销）	2007-06-28	2007-06-28	现行有效
206	《中国保险监督管理委员会关于印发〈保险公司资本保证金管理暂行办法〉的通知》（保监发〔2007〕66号）	中国保险监督管理委员会（已撤销）	2007-08-02	2007-08-02	失效
207	《中国证券监督管理委员会关于发布〈公开发行证券的公司信息披露编报规则第4号—保险公司信息披露特别规定〉的通知》（证监公司字〔2007〕139号）	中国证券监督管理委员会	2007-08-28	2007-08-28	失效
208	《中国保险监督管理委员会关于开展保险业信息系统安全等级保护定级工作的通知》（保监厅发〔2007〕45号）	中国保险监督管理委员会（已撤销）	2007-09-06	2007-09-06	失效

209	《中国保险监督管理委员会关于印发〈保险公司合规管理指引〉的通知》（保监发〔2007〕91 号）	中国保险监督管理委员会（已撤销）	2007-09-07	2008-01-01	失效
210	《保险公司总精算师管理办法》（中国保险监督管理委员会令〔2007〕第 3 号）	中国保险监督管理委员会（已撤销）	2007-09-28	2008-01-01	已被修改
211	《中国保险监督管理委员会关于编报季度偿付能力报告有关事项的通知》（保监财会〔2007〕1301 号）	中国保险监督管理委员会（已撤销）	2007-10-15	2007-10-15	失效
212	《中国保险监督管理委员会关于高级管理人员任职资格审查名称报送问题的复函》（保监厅函〔2007〕284 号）	中国保险监督管理委员会（已撤销）	2007-10-22	2007-10-22	现行有效
213	《中国保险监督管理委员会关于开展保险公司治理结构专项自查活动的通知》（保监发〔2007〕113 号）	中国保险监督管理委员会（已撤销）	2007-11-20	2007-11-20	失效
214	《中国保险监督管理委员会关于印发精算报告编报规则的通知（2007 修订）》（保监发〔2007〕119 号）	中国保险监督管理委员会（已撤销）	2007-12-03	2007-12-31	失效
215	《中国保险监督管理委员会关于防范利用保险进行违法犯罪活动的通知》（保监发〔2007〕124 号）	中国保险监督管理委员会（已撤销）	2007-12-24	2007-12-24	现行有效
216	《中国保险监督管理委员会关于印发〈保险业内涉嫌非法集资活动预警和查处工作暂行办法〉的通知》（保监发〔2007〕127 号）	中国保险监督管理委员会（已撤销）	2007-12-26	2007-12-26	现行有效
217	《中国保险监督管理委员会关于〈保险公司总精算师管理办法〉实施有关问题的通知》（保监寿险〔2008〕57 号）	中国保险监督管理委员会（已撤销）	2008-01-17	2008-01-01	失效

218	《中国保险监督管理委员会、中国人民银行关于发布〈银行保险业务财产保险数据交换规范〉行业标准的通知》（保监发〔2008〕5号）	中国保险监督管理委员会（已撤销） 中国人民银行	2008-01-18	2008-01-18	失效
219	《中国保险监督管理委员会关于编报年度偿付能力报告有关事项的通知》（保监发〔2008〕12号）	中国保险监督管理委员会（已撤销）	2008-02-04	2008-02-04	失效
220	《中国保险监督管理委员会关于加强寿险公司内部控制自我评估工作有关问题的通知》（保监发〔2008〕16号）	中国保险监督管理委员会（已撤销）	2008-02-21	2008-02-21	失效
221	《中国保险监督管理委员会关于印发〈保险公司董事、监事及高级管理人员培训管理暂行办法〉的通知》（保监发〔2008〕27号）	中国保险监督管理委员会（已撤销）	2008-04-15	2008-04-15	失效
222	《中国保险监督管理委员会关于〈保险公司合规管理指引〉具体适用有关事宜的通知》（保监发〔2008〕29号）	中国保险监督管理委员会（已撤销）	2008-04-18	2008-04-18	失效
223	《财政部、证监会、审计署等关于印发〈企业内部控制基本规范〉的通知》（财会〔2008〕7号）	财政部 中国证券监督管理委员会 审计署	2008-05-22	2009-07-01	现行有效
224	《中国人民银行办公厅关于严格执行〈金融机构大额交易和可疑交易报告管理办法〉的通知》（银办发〔2008〕155号）	中国人民银行	2008-06-22	2008-06-22	现行有效
225	《中国保险监督管理委员会关于印发〈保险公司董事会运作指引〉的通知》（保监发〔2008〕58号）	中国保险监督管理委员会（已撤销）	2008-07-08	2008-10-01	已被修改
226	《中国保险监督管理委员会关于印发〈关于规范保险公司章程的意见〉的通知》（保监发〔2008〕57号）	中国保险监督管理委员会（已撤销）	2008-07-08	2008-10-01	现行有效

227	《中国保险监督管理委员会关于向保监会派出机构报送保险公司分支机构内部审计报告有关事项的通知》（保监发〔2008〕56号）	中国保险监督管理委员会（已撤销）	2008-07-08	2008-08-01	失效
228	《审计署审计结果公告2008年第8号——"国家开发银行、中国农业银行、中国光大银行股份有限公司、原中国人保控股公司、原中国再保险（集团）公司2006年度资产负债损益审计结果"》（审计署审计结果公告2008年第8号）	审计署	2008-09-05	2008-09-05	现行有效
229	《中国保险监督管理委员会关于外资保险公司关联交易范围界定问题的复函》（保监厅函〔2008〕280号）	中国保险监督管理委员会（已撤销）	2008-09-25	2008-09-25	现行有效
230	《中国保险监督管理委员会关于执行〈保险公司董事和高级管理人员任职资格管理规定〉若干问题的通知》（保监发〔2008〕83号）	中国保险监督管理委员会（已撤销）	2008-10-06	2008-10-06	失效
231	《中国保险监督管理委员会关于执行〈保险公司关联交易管理暂行办法〉有关问题的通知》（保监发〔2008〕88号）	中国保险监督管理委员会（已撤销）	2008-10-14	2008-10-14	失效
232	《中国保险监督管理委员会关于实施〈保险公司偿付能力管理规定〉有关事项的通知》（保监发〔2008〕89号）	中国保险监督管理委员会（已撤销）	2008-10-21	2008-10-21	现行有效
233	《中国保险监督管理委员会关于实施分类监管信息报送有关事宜的通知（产险公司）》（保监产险〔2008〕1567号）	中国保险监督管理委员会（已撤销）	2008-12-01	2008-12-01	失效
234	《关于实施分类监管信息报送有关事宜的通知（寿险公司）》（保监寿险〔2008〕1566号）	中国保险监督管理委员会（已撤销）	2008-12-01	2009-01-01	失效

235	《中国保险监督管理委员会关于保险公司高级管理人员2008 年薪酬发放等有关事宜的通知》（保监发〔2008〕112 号）	中国保险监督管理委员会（已撤销）	2008-12-05	2008-12-05	现行有效
236	《保险公司财务负责人任职资格管理规定》（中国保险监督管理委员会令〔2008〕第 4 号）	中国保险监督管理委员会（已撤销）	2008-12-11	2009-02-01	已被修改
237	《中国保险监督管理委员会关于报送保险公司分类监管信息的通知》（保监发〔2008〕113 号）	中国保险监督管理委员会（已撤销）	2008-12-15	2008-12-15	失效
238	《中国保险监督管理委员会关于印发〈加强保险消费者教育工作方案〉的通知》（保监发〔2008〕118 号）	中国保险监督管理委员会（已撤销）	2008-12-26	2008-12-26	现行有效
239	《中国人民银行关于进一步加强金融机构反洗钱工作的通知》（银发〔2008〕391 号）	中国人民银行	2008-12-30	2008-12-30	现行有效
240	《中国保险监督管理委员会关于开展保险公司财务业务数据真实性自查工作的通知》（保监发〔2009〕9 号）	中国保险监督管理委员会（已撤销）	2009-01-22	2009-01-22	失效
241	《中国保险监督管理委员会关于对取得国外精算师资格的拟任总精算师进行考核的公告》（保监公告〔2009〕5 号）	中国保险监督管理委员会（已撤销）	2009-02-12	2009-02-12	现行有效
242	《中国保险监督管理委员会关于 2009 年保险公司合规工作要求的通知》（保监发〔2009〕16 号）	中国保险监督管理委员会（已撤销）	2009-02-13	2009-02-13	现行有效
243	《中国保险监督管理委员会关于修订〈精算报告——分红保险业务报告〉编报规则的通知（2009）》（保监发〔2009〕21 号）	中国保险监督管理委员会（已撤销）	2009-02-24	2009-01-01	失效

244	《中国保险监督管理委员会关于严厉打击制售假保单等违法行为的通知》（保监发〔2009〕19 号）	中国保险监督管理委员会（已撤销）	2009-02-24	2009-02-24	失效
245	《中国保险监督管理委员会关于实施〈保险公司财务负责人任职资格管理规定〉有关事项的通知》（保监发〔2009〕23 号）	中国保险监督管理委员会（已撤销）	2009-02-27	2009-02-27	现行有效
246	《中国保险监督管理委员会关于报送保险机构和高管人员类行政许可申请事项电子化文档的通知》（保监统信〔2009〕222 号）	中国保险监督管理委员会（已撤销）	2009-03-13	2009-04-01	现行有效
247	《中国保险监督管理委员会关于规范保险机构股票投资业务的通知》（保监发〔2009〕45 号）	中国保险监督管理委员会（已撤销）	2009-03-18	2009-03-18	已被修改
248	《中国保险监督管理委员会关于保险资金投资基础设施债权投资计划的通知》（保监发〔2009〕43 号）	中国保险监督管理委员会（已撤销）	2009-03-19	2009-03-19	失效
249	《中国保险监督管理委员会关于增加保险机构债券投资品种的通知》（保监发〔2009〕42 号）	中国保险监督管理委员会（已撤销）	2009-03-19	2009-03-19	失效
250	《财政部关于国有金融机构 2008 年度高管人员薪酬分配有关问题的通知》（财金〔2009〕23 号）	财政部	2009-04-07	2009-04-07	失效
251	《中国人民银行关于进一步严格大额交易和可疑交易报告填报要求的通知》（银发〔2009〕123 号）	中国人民银行	2009-04-16	2009-05-01	现行有效
252	《中国保险监督管理委员会关于债券投资有关事项的通知》（保监发〔2009〕105 号）	中国保险监督管理委员会（已撤销）	2009-09-22	2009-09-22	失效

253	《保险公司中介业务违法行为处罚办法》（中国保险监督管理委员会令〔2009〕第 4 号）	中国保险监督管理委员会（已撤销）	2009-09-25	2009-10-01	现行有效
254	《人身保险新型产品信息披露管理办法》（中国保险监督管理委员会令〔2009〕第 3 号）	中国保险监督管理委员会（已撤销）	2009-09-25	2009-10-01	现行有效
255	《保险公司管理规定（2009）》（中国保险监督管理委员会令〔2009〕第 1 号）	中国保险监督管理委员会（已撤销）	2009-09-25	2009-10-01	已被修改
256	《中国保险监督管理委员会关于贯彻落实〈保险公司中介业务违法行为处罚办法〉有关事项的通知》（保监发〔2009〕112 号）	中国保险监督管理委员会（已撤销）	2009-10-13	2009-10-13	失效
257	《中国银监会关于印发〈商业银行投资保险公司股权试点管理办法〉的通知》（银监发〔2009〕98 号）	中国银行业监督管理委员会（已撤销）	2009-11-05	2009-11-05	现行有效
258	《中国保险监督管理委员会关于印发〈精算报告〉编报规则的通知（2009 修订）》（保监发〔2009〕121 号）	中国保险监督管理委员会（已撤销）	2009-11-12	2010-01-01	失效
259	《中国保险监督管理委员会关于印发〈保险公司信息化工作管理指引（试行）〉的通知》（保监发〔2009〕133 号）	中国保险监督管理委员会（已撤销）	2009-12-29	2010-01-01	现行有效
260	《中国保险监督管理委员会关于保险机构投资无担保企业债券有关事宜的通知》（保监发〔2009〕132 号）	中国保险监督管理委员会（已撤销）	2009-12-29	2009-12-29	失效
261	《保险公司董事、监事和高级管理人员任职资格管理规定》（中国保险监督管理委员会令〔2010〕第 2 号）	中国保险监督管理委员会（已撤销）	2010-01-08	2010-04-01	失效
262	《中国保险监督管理委员会关于精算报告编报有关事项的通知》（保监发〔2010〕15 号）	中国保险监督管理委员会（已撤销）	2010-02-01	2010-02-01	现行有效

263	《中国人民银行关于明确可疑交易报告制度有关执行问题的通知》（银发〔2010〕48号）	中国人民银行	2010-02-10	2010-02-10	现行有效
264	《中国保险监督管理委员会关于规范报送〈保险公司治理报告〉的通知》（保监发改〔2010〕169号）	中国保险监督管理委员会（已撤销）	2010-02-23	2010-02-23	失效
265	《中国保险监督管理委员会关于贯彻实施〈保险公司管理规定〉有关问题的通知》（保监发〔2010〕26号）	中国保险监督管理委员会（已撤销）	2010-03-05	2010-03-05	现行有效
266	《中国保险监督管理委员会关于依法严肃处理保险公司中介业务违法违规机构和责任人员有关问题的通知》（保监中介〔2010〕248号）	中国保险监督管理委员会（已撤销）	2010-03-16	2010-03-16	现行有效
267	《关于印发企业内部控制配套指引的通知》（财会〔2010〕11号）	财政部 中国证券监督管理委员会 审计署 中国银行业监督管理委员会（已撤销） 中国保险监督管理委员会（已撤销）	2010-04-15	2010-04-15	现行有效
268	《保险公司股权管理办法》（中国保险监督管理委员会令〔2010〕第6号）	中国保险监督管理委员会（已撤销）	2010-05-04	2010-06-10	失效
269	《保险公司信息披露管理办法》（中国保险监督管理委员会令〔2010〕第7号）	中国银行保险监督管理委员会	2010-05-12	2010-06-12	失效
270	《中国保险监督管理委员会关于印发〈保险公司分支机构分类监管暂行办法〉的通知》（保监发〔2010〕45号）	中国保险监督管理委员会（已撤销）	2010-05-25	2010-05-25	失效
271	《中国人民银行关于印发〈金融业机构信息管理规定〉的通知》（银发〔2010〕175号）	中国人民银行	2010-06-08	2010-06-08	失效

272	《中国保险监督管理委员会关于明确保险公司分支机构管理有关问题的通知》（保监发〔2010〕49号）	中国保险监督管理委员会（已撤销）	2010-06-10	2010-06-10	现行有效
273	《保险资金运用管理暂行办法》（中国保险监督管理委员会令〔2010〕第9号）	中国保险监督管理委员会（已撤销）	2010-07-30	2010-08-31	失效
274	《中国保监会关于印发〈保险资金投资股权暂行办法〉的通知》（保监发〔2010〕79号）	中国保险监督管理委员会（已撤销）	2010-07-31	2010-07-31	部分失效
275	《中国保监会关于印发〈保险资金投资不动产暂行办法〉的通知》（保监发〔2010〕80号）	中国保险监督管理委员会（已撤销）	2010-07-31	2010-07-31	现行有效
276	《中国保险监督管理委员会关于印发〈保险公司内部控制基本准则〉的通知》（保监发〔2010〕69号）	中国保险监督管理委员会（已撤销）	2010-08-10	2011-01-01	现行有效
277	《中国保险监督管理委员会关于加强保险业反洗钱工作的通知》（保监发〔2010〕70号）	中国保险监督管理委员会（已撤销）	2010-08-10	2010-08-10	现行有效
278	《中国保监会关于印发〈保险公司董事及高级管理人员审计管理办法〉的通知》（保监发〔2010〕78号）	中国保险监督管理委员会（已撤销）	2010-09-02	2011-01-01	现行有效
279	《财政部、中国人民银行、银监会等关于规范金融企业内部职工持股的通知》（财金〔2010〕97号）	财政部 中国人民银行 中国银行业监督管理委员会（已撤销）	2010-09-15	2010-09-15	现行有效
280	《中国保监会关于印发〈人身保险公司全面风险管理实施指引〉的通知》（保监发〔2010〕89号）	中国保险监督管理委员会（已撤销）	2010-10-24	2010-10-24	失效
281	《保险公司财务负责人任职资格管理规定（2010修正）》（中国保险监督管理委员会令〔2010〕第10号）	中国保险监督管理委员会（已撤销）	2010-12-03	2010-12-03	现行有效

282	《中华人民共和国外资保险公司管理条例实施细则（2010 修正）》（中国保险监督管理委员会令〔2010〕第 10 号）	中国保险监督管理委员会（已撤销）	2010-12-03	2010-12-03	失效
283	《保险公司总精算师管理办法（2010 修正）》（中国保险监督管理委员会令〔2010〕第 10 号）	中国保险监督管理委员会（已撤销）	2010-12-03	2010-12-03	现行有效
284	《保险公司次级定期债务管理暂行办法（2010 修正）》（中国保险监督管理委员会令〔2010〕第 10 号）	中国保险监督管理委员会（已撤销）	2010-12-03	2010-12-03	失效
285	《保险资金间接投资基础设施项目试点管理办法（2010 修正）》（中国保险监督管理委员会令〔2010〕第 10 号）	中国保险监督管理委员会（已撤销）	2010-12-03	2010-12-03	失效
286	《关于启用中国保监会外资保险公司再保险关联交易登记系统的通知》（保监厅函〔2010〕579 号）	中国保险监督管理委员会（已撤销）	2010-12-23	2010-12-23	失效
287	《中国保险监督管理委员会关于启用偿付能力监管信息系统的通知》（保监财会〔2010〕1638 号）	中国保险监督管理委员会（已撤销）	2010-12-31	2010-12-31	现行有效
288	《中国保险监督管理委员会关于印发〈保险公司开业验收指引〉的通知》（保监发〔2011〕14 号）	中国保险监督管理委员会（已撤销）	2011-03-30	2011-07-01	现行有效
289	《中国保险监督管理委员会关于改进服务质量落实服务承诺有关问题的通知》（保监发〔2011〕16 号）	中国保险监督管理委员会（已撤销）	2011-03-31	2011-03-31	失效
290	《中国保险监督管理委员会关于印发〈2011 年保险业"小金库"专项治理工作实施方案〉的通知》（保监发〔2011〕15 号）	中国保险监督管理委员会（已撤销）	2011-03-31	2011-03-31	现行有效

291	《中国保险监督管理委员会关于印发〈保险公司资本保证金管理办法〉的通知（2011 修订）》（保监发〔2011〕39号）	中国保险监督管理委员会（已撤销）	2011-07-07	2011-07-07	失效
292	《中国保险监督管理委员会关于印发〈保险业反洗钱工作管理办法〉的通知》（保监发〔2011〕52号）	中国保险监督管理委员会（已撤销）	2011-09-13	2011-10-01	现行有效
293	《中国保险监督管理委员会办公厅关于进一步做好保险业治理"小金库"工作的通知》（保监厅发〔2011〕61号）	中国保险监督管理委员会（已撤销）	2011-11-10	2011-11-10	失效
294	《中国保险监督管理委员会关于禁止保险资金参与民间借贷的通知》（保监发〔2011〕62号）	中国保险监督管理委员会（已撤销）	2011-11-14	2011-11-14	现行有效
295	《中国证券监督管理委员会关于核准新华人寿保险股份有限公司发行境外上市外资股的批复》（证监许可〔2011〕1816号）	中国证券监督管理委员会	2011-11-15	2011-11-15	现行有效
296	《中国保险监督管理委员会关于印发〈保险公司信息系统安全管理指引（试行）〉的通知》（保监发〔2011〕68号）	中国保险监督管理委员会（已撤销）	2011-11-16	2011-11-16	现行有效
297	《中国证券监督管理委员会关于核准新华人寿保险股份有限公司首次公开发行股票的批复》（证监许可〔2011〕1837号）	中国证券监督管理委员会	2011-11-21	2011-11-21	现行有效
298	《中国保险监督管理委员会关于报送保险业反洗钱工作信息的通知》（保监稽查〔2011〕1919号）	中国保险监督管理委员会（已撤销）	2011-12-14	2011-10-01	现行有效

299	《人身保险公司保险条款和保险费率管理办法》（中国保险监督管理委员会令〔2011〕第3号）	中国保险监督管理委员会（已撤销）	2011-12-30	2011-12-30	已被修改
300	《中国保险监督管理委员会关于印发〈保险公司财会工作规范〉的通知》（保监发〔2012〕8号）	中国保险监督管理委员会（已撤销）	2012-01-12	2012-07-01	现行有效
301	《中国保险监督管理委员会关于做好保险消费者权益保护工作的通知》（保监发〔2012〕9号）	中国保险监督管理委员会（已撤销）	2012-01-17	2012-01-17	失效
302	《中国保险监督管理委员会办公厅关于调整外资保险公司部分行政许可项目有关事项的通知》（保监厅发〔2012〕6号）	中国保险监督管理委员会（已撤销）	2012-02-06	2012-02-06	现行有效
303	《中国保险监督管理委员会关于进一步做好〈保险公司治理报告〉报送工作的通知》（保监发改〔2012〕124号）	中国保险监督管理委员会（已撤销）	2012-02-10	2012-02-10	失效
304	《中国保险监督管理委员会办公厅关于报送境内机构在境外设立保险类机构年度财务报表等材料的函》（保监厅函〔2012〕52号）	中国保险监督管理委员会（已撤销）	2012-02-17	2012-02-17	现行有效
305	《中国保险监督管理委员会关于印发〈人身保险公司年度全面风险管理报告框架〉及风险监测指标的通知》（保监寿险〔2012〕193号）	中国保险监督管理委员会（已撤销）	2012-02-27	2012-02-27	失效
306	《中国保险监督管理委员会关于印发〈保险公司非寿险业务准备金基础数据、评估与核算内部控制规范〉的通知》（保监发〔2012〕19号）	中国保险监督管理委员会（已撤销）	2012-03-01	2012-07-01	现行有效

307	《中国保险监督管理委员会关于实施〈保险稽查审计指引〉有关事项的通知》（保监稽查〔2012〕370号）	中国保险监督管理委员会（已撤销）	2012-04-01	2012-04-01	现行有效
308	《中国保险监督管理委员会关于编报保险公司非寿险业务准备金评估报告有关事项的通知》（保监产险〔2012〕651号）	中国保险监督管理委员会（已撤销）	2012-05-30	2012-05-30	失效
309	《中国保险监督管理委员会关于保险公司加强偿付能力管理有关事项的通知》（保监发〔2012〕55号）	中国保险监督管理委员会（已撤销）	2012-06-27	2012-06-27	现行有效
310	《中国保监会关于印发〈保险资金投资债券暂行办法〉的通知》（保监发〔2012〕58号）	中国保险监督管理委员会（已撤销）	2012-07-16	2012-07-16	部分失效
311	《中国保监会关于印发〈保险资金委托投资管理暂行办法〉的通知》（保监发〔2012〕60号）	中国保险监督管理委员会（已撤销）	2012-07-16	2012-07-16	失效
312	《中国保险监督管理委员会关于保险资金投资股权和不动产有关问题的通知》（保监发〔2012〕59号）	中国保险监督管理委员会（已撤销）	2012-07-16	2012-07-16	部分失效
313	《中国保险监督管理委员会关于贯彻依法经营依法监管原则切实维护投保人和被保险人权益的通知》（保监中介〔2012〕811号）	中国保险监督管理委员会（已撤销）	2012-07-16	2012-07-16	失效
314	《中国保监会关于印发〈保险资产配置管理暂行办法〉的通知》（保监发〔2012〕61号）	中国保险监督管理委员会（已撤销）	2012-07-16	2012-07-16	现行有效
315	《中国保险监督管理委员会关于印发〈保险公司薪酬管理规范指引（试行）〉的通知》（保监发〔2012〕63号）	中国保险监督管理委员会（已撤销）	2012-07-19	2013-01-01	现行有效

316	《保险公司控股股东管理办法》（中国保险监督管理委员会令〔2012〕第 1 号）	中国保险监督管理委员会（已撤销）	2012-07-25	2012-10-01	现行有效
317	《中国保险监督管理委员会关于保险资金投资有关金融产品的通知》（保监发〔2012〕91 号）	中国保险监督管理委员会（已撤销）	2012-10-12	2012-10-12	失效
318	《中国保险监督管理委员会关于印发〈保险资金境外投资管理暂行办法实施细则〉的通知》（保监发〔2012〕93 号）	中国保险监督管理委员会（已撤销）	2012-10-12	2012-10-12	部分失效
319	《中国保险监督管理委员会关于印发〈人身保险公司销售误导责任追究指导意见〉的通知》（保监发〔2012〕99 号）	中国保险监督管理委员会（已撤销）	2012-10-23	2013-01-01	现行有效
320	《中国保监会关于贯彻实施〈保险公司董事及高级管理人员审计管理办法〉有关事项的通知》（保监发〔2012〕102 号）	中国保险监督管理委员会（已撤销）	2012-11-02	2012-11-02	现行有效
321	《中国保险监督管理委员会关于贯彻实施〈保险公司薪酬管理规范指引（试行）〉有关事项的通知》（保监发〔2012〕101 号）	中国保险监督管理委员会（已撤销）	2012-11-02	2012-11-02	现行有效
322	《中国保监会办公厅关于报送年度信息披露报告的通知》（保监厅发〔2012〕65 号）	中国保险监督管理委员会（已撤销）	2012-11-02	2012-11-02	失效
323	《中国保监会关于印发〈人身保险业综合治理销售误导评价办法（试行）〉的通知》（保监发〔2012〕105 号）	中国保险监督管理委员会（已撤销）	2012-11-07	2012-11-07	现行有效
324	《中国人民银行关于印发〈金融机构洗钱和恐怖融资风险评估及客户分类管理指引〉的通知》（银发〔2013〕2 号）	中国人民银行	2013-01-05	2013-01-05	现行有效

325	《中国保险监督管理委员会关于加强和改进保险机构投资管理能力建设有关事项的通知》（保监发〔2013〕10号）	中国保险监督管理委员会（已撤销）	2013-01-24	2013-01-24	失效
326	《中国保监会办公厅关于进一步做好保险公司公开信息披露工作的通知》（保监厅发〔2013〕15号）	中国保险监督管理委员会（已撤销）	2013-03-08	2013-03-08	失效
327	《中国保监会关于印发〈保险公司发展规划管理指引〉的通知》（保监发〔2013〕18号）	中国保险监督管理委员会（已撤销）	2013-03-12	2013-03-12	现行有效
328	《中国保监会关于印发〈保险公司分支机构市场准入管理办法〉的通知》（保监发〔2013〕20号）	中国保险监督管理委员会（已撤销）	2013-03-15	2013-04-01	失效
329	《中国保监会办公厅关于规范保险机构向中国保险监督管理委员会报送文件的通知》（保监厅发〔2013〕20号）	中国保险监督管理委员会（已撤销）	2013-04-01	2013-04-01	现行有效
330	《中国保监会关于〈保险公司股权管理办法〉第四条有关问题的通知》（保监发〔2013〕29号）	中国保险监督管理委员会（已撤销）	2013-04-09	2013-04-09	失效
331	《中国保监会关于规范有限合伙式股权投资企业投资入股保险公司有关问题的通知》（保监发〔2013〕36号）	中国保险监督管理委员会（已撤销）	2013-04-17	2013-04-17	失效
332	《中国保监会关于印发〈中国第二代偿付能力监管制度体系整体框架〉的通知》（保监发〔2013〕42号）	中国保险监督管理委员会（已撤销）	2013-05-03	2013-05-03	现行有效
333	《中国保监会关于6家保险公司未按时报送2012年度公司治理报告的通报》（保监发改〔2013〕501号）	中国保险监督管理委员会（已撤销）	2013-05-17	2013-05-17	现行有效

334	《中华人民共和国外资保险公司管理条例（2013 修订）》（中华人民共和国国务院令第 636 号）	国务院	2013-05-30	2013-08-01	已被修改
335	《中国保险监督管理委员会关于印发〈人身保险公司风险排查管理规定〉的通知》（保监发〔2013〕48 号）	中国保险监督管理委员会（已撤销）	2013-06-19	2013-06-19	现行有效
336	《保险消费投诉处理管理办法》（中国保险监督管理委员会令〔2013〕第 8 号）	中国保险监督管理委员会（已撤销）	2013-07-01	2013-11-01	失效
337	《中国保险监督管理委员会关于加强人身保险公司总精算师管理的通知 》（保监寿险〔2013〕620 号）	中国保险监督管理委员会（已撤销）	2013-08-01	2013-08-05	现行有效
338	《中国保险监督管理委员会关于专业网络保险公司开业验收有关问题的通知》（保监发〔2013〕66 号）	中国保险监督管理委员会（已撤销）	2013-08-13	2013-08-13	现行有效
339	《中国保险监督管理委员会关于印发〈人身保险公司服务评价管理办法〉的通知》（保监发〔2013〕73 号）	中国保险监督管理委员会（已撤销）	2013-09-02	2013-10-01	失效
340	《中国保险监督管理委员会关于贯彻实施〈保险消费投诉处理管理办法〉的通知》（保监消保〔2013〕686 号）	中国保险监督管理委员会（已撤销）	2013-11-06	2013-11-06	失效
341	《中国保险监督管理委员会关于自保公司监管有关问题的通知》（保监发〔2013〕95 号）	中国保险监督管理委员会（已撤销）	2013-12-02	2013-12-02	现行有效
342	《中国保险监督管理委员会关于保险资金投资创业板上市公司股票等有关问题的通知》（保监发〔2014〕1 号）	中国保险监督管理委员会（已撤销）	2014-01-07	2014-01-07	现行有效

343	《保险公司董事、监事和高级管理人员任职资格管理规定（2014 修正）》（中国银行保险监督管理委员会令〔2015〕第 1 号）	中国保险监督管理委员会（已撤销）	2014-01-23	2014-01-23	失效
344	《中国保险监督委员会关于加强和改进保险资金运用比例监管的通知》（保监发〔2014〕13 号）	中国保险监督管理委员会（已撤销）	2014-01-23	2014-01-23	部分失效
345	《中国保险监督管理委员会关于印发〈保险公司声誉风险管理指引〉的通知》（保监发〔2014〕15 号）	中国保险监督管理委员会（已撤销）	2014-02-19	2014-02-19	失效
346	《中国保险监督委员会关于外资保险公司与其关联企业从事再保险交易有关问题的通知》（保监发〔2014〕19 号）	中国保险监督管理委员会（已撤销）	2014-03-05	2014-03-05	失效
347	《中国保险监督管理委员会关于印发〈保险公司收购合并管理办法〉的通知》（保监发〔2014〕26 号）	中国保险监督管理委员会（已撤销）	2014-03-21	2014-06-01	失效
348	《保险资金运用管理暂行办法（2014 修订）》（中国保险监督管理委员会令〔2014〕第 3 号）	中国保险监督管理委员会（已撤销）	2014-04-04	2014-05-01	失效
349	《保险公司股权管理办法（2014 修订）》（中国保险监督管理委员会令〔2014〕第 4 号）	中国保险监督管理委员会（已撤销）	2014-04-15	2014-06-01	失效
350	《中国保险监督管理委员会关于保险资金投资集合资金信托计划有关事项的通知》（保监发〔2014〕38 号）	中国保险监督管理委员会（已撤销）	2014-05-05	2014-05-05	失效
351	《中国保险监督管理委员会关于印发〈保险公司资金运用信息披露准则第 1 号:关联交易〉的通知》（保监发〔2014〕44 号）	中国保险监督管理委员会（已撤销）	2014-05-19	2014-05-19	现行有效

352	《中国保险监督管理委员会关于清理规范保险公司投资性房地产评估增值有关事项的通知》（保监财会〔2014〕81号）	中国保险监督管理委员会（已撤销）	2014-05-26	2014-05-26	失效
353	《中国保监会关于印发〈保险资金运用内控与合规计分监管规则〉的通知》（保监发〔2014〕54号）	中国保险监督管理委员会（已撤销）	2014-06-22	2014-06-22	现行有效
354	《中国保险监督管理委员会关于印发〈保险公司所属非保险子公司管理暂行办法〉的通知》（保监发〔2014〕78号）	中国保险监督管理委员会（已撤销）	2014-09-28	2014-09-28	失效
355	《中国保险监督管理委员会关于保险公司投资信托产品风险有关情况的通报》（保监资金〔2014〕186号）	中国保险监督管理委员会（已撤销）	2014-09-29	2014-09-29	现行有效
356	《中国保险监督管理委员会关于保险资金投资优先股有关事项的通知》（保监发〔2014〕80号）	中国保险监督管理委员会（已撤销）	2014-10-17	2014-10-17	现行有效
357	《中国保险监督管理委员会关于印发〈中国保监会关于加强保险消费者权益保护工作的意见〉的通知》（保监发〔2014〕89号）	中国保险监督管理委员会（已撤销）	2014-11-14	2014-11-14	现行有效
358	《中国人民银行关于印发〈金融机构反洗钱监督管理办法（试行）〉的通知》（银发〔2014〕344号）	中国人民银行	2014-11-15	2014-11-15	失效
359	《中国保监会办公厅关于保险资金运用属地监管试点工作有关事项的通知》（保监厅发〔2014〕76号）	中国保险监督管理委员会（已撤销）	2014-12-05	2014-12-05	现行有效
360	《中国保监会关于保险资金投资创业投资基金有关事项的通知》（保监发〔2014〕101号）	中国保险监督管理委员会（已撤销）	2014-12-12	2014-12-12	已被修改

361	《中国保监会关于侵害保险消费者合法权益典型案例的通报》（保监消保〔2014〕213号）	中国保险监督管理委员会（已撤销）	2014-12-31	2014-12-31	现行有效
362	《中国保监会关于印发〈保险公司偿付能力监管规则（1-17号）〉的通知》（保监发〔2015〕22号）	中国保险监督管理委员会（已撤销）	2015-02-13	2015-02-13	失效
363	《中国保监会关于2014年保险公司投诉处理考评情况的通报》（保监消保〔2015〕27号）	中国保险监督管理委员会（已撤销）	2015-03-27	2015-03-27	现行有效
364	《中国保监会关于调整保险资金境外投资有关政策的通知》（保监发〔2015〕33号）	中国保险监督管理委员会（已撤销）	2015-03-27	2015-03-27	现行有效
365	《中国保监会关于进一步规范保险公司关联交易有关问题的通知》（保监发〔2015〕36号）	中国保险监督管理委员会（已撤销）	2015-04-01	2015-04-01	失效
366	《中国保险监督管理委员会关于印发〈保险公司资本保证金管理办法〉的通知（2015修订）》（保监发〔2015〕37号）	中国保险监督管理委员会（已撤销）	2015-04-03	2015-04-03	现行有效
367	《中国保监会关于印发〈保险公司资金运用信息披露准则第2号：风险责任人〉的通知》（保监发〔2015〕42号）	中国保险监督管理委员会（已撤销）	2015-04-10	2015-04-10	现行有效
368	《中国保监会关于加强保险公司再保险关联交易信息披露工作的通知》（保监发〔2015〕44号）	中国保险监督管理委员会（已撤销）	2015-04-17	2015-04-17	现行有效
369	《中国保险行业协会关于发布〈保险公司董事会提案管理指南〉的通知》（无编号）	中国保险行业协会	2015-06-03	2015-06-03	现行有效
370	《中国保监会办公厅关于优化保险公司章程修改等审批程序的通知》（保监厅发〔2015〕42号）	中国保险监督管理委员会（已撤销）	2015-06-07	2015-06-07	现行有效

371	《中国保监会关于加强保险公司筹建期治理机制有关问题的通知》（保监发〔2015〕61号）	中国保险监督管理委员会（已撤销）	2015-07-01	2015-07-01	现行有效
372	《中国保监会关于提高保险资金投资蓝筹股票监管比例有关事项的通知》（保监发〔2015〕64号）	中国保险监督管理委员会（已撤销）	2015-07-08	2015-07-08	失效
373	《中国保监会关于在偿二代过渡期内开展保险公司偿付能力风险管理能力试评估有关事项的通知》（保监财会〔2015〕125号）	中国保险监督管理委员会（已撤销）	2015-07-15	2015-07-15	失效
374	《中国保监会关于印发〈保险公司服务评价管理办法（试行）〉的通知》（保监发〔2015〕75号）	中国保险监督管理委员会（已撤销）	2015-07-31	2015-07-31	失效
375	《中国保监会关于印发〈保险公司经营评价指标体系（试行）〉的通知》（保监发〔2015〕80号）	中国保险监督管理委员会（已撤销）	2015-08-07	2015-08-07	现行有效
376	《保险公司设立境外保险类机构管理办法（2015修订）》（中国保险监督管理委员会令〔2015〕第3号）	中国保险监督管理委员会（已撤销）	2015-10-19	2015-10-19	现行有效
377	《中国保险监督管理委员会关于修改〈保险公司设立境外保险类机构管理办法〉等八部规章的决定》（中国保险监督管理委员会令〔2015〕第3号）	中国保险监督管理委员会（已撤销）	2015-10-19	2015-10-19	部分失效
378	《保险公司管理规定（2015修订）》（中国保险监督管理委员会令〔2015〕第3号）	中国保险监督管理委员会（已撤销）	2015-10-19	2015-10-19	现行有效
379	《人身保险公司保险条款和保险费率管理办法（2015修订）》（中国保险监督管理委员会令〔2015〕第3号）	中国保险监督管理委员会（已撤销）	2015-10-19	2015-10-19	现行有效

380	《中国保监会关于印发〈保险资金运用内部控制指引〉及应用指引的通知（附：保险资金运用内部控制指引（GICIF）、保险资金运用内部控制应用指引第1号——银行存款、保险资金运用内部控制应用指引第2号——固定收益投资、保险资金运用内部控制应用指引第3号——股票及股票型基金）》（保监发〔2015〕114号）	中国保险监督管理委员会（已撤销）	2015-12-07	2016-01-01	现行有效
381	《中国保监会关于印发〈保险公司资金运用信息披露准则第3号：举牌上市公司股票〉的通知》（保监发〔2015〕121号）	中国保险监督管理委员会（已撤销）	2015-12-23	2015-12-23	已被修改
382	《中国保监会关于印发〈保险业功能服务指标体系〉的通知》（保监发〔2015〕129号）	中国保险监督管理委员会（已撤销）	2015-12-30	2015-12-30	现行有效
383	《中国保监会关于正式实施中国风险导向的偿付能力体系有关事项的通知》（保监发〔2016〕10号）	中国保险监督管理委员会（已撤销）	2016-01-25	2016-01-01	失效
384	《中华人民共和国外资保险公司管理条例（2016修订）》（中华人民共和国国务院令第666号）	国务院	2016-02-06	2016-02-06	已被修改
385	《中国保险监督管理委员会、中国人民银行关于发布〈银行保险业务财产保险数据交换规范〉行业标准的通知(2016)》（保监发〔2016〕25号）	中国保险监督管理委员会（已撤销）中国人民银行	2016-03-16	2016-03-16	现行有效
386	《中国保监会关于2015年保险公司信息披露核查情况的通报》（保监统信〔2016〕27号）	中国保险监督管理委员会（已撤销）	2016-03-22	2016-03-22	现行有效

387	《中国保监会办公厅关于进一步加强保险业信访工作的指导意见》（保监厅发〔2016〕24号）	中国保险监督管理委员会（已撤销）	2016-03-23	2016-03-23	失效
388	《中国保监会关于启用偿二代监管信息系统的通知》（保监财会〔2016〕42号）	中国保险监督管理委员会（已撤销）	2016-04-27	2016-04-27	现行有效
389	《中国保监会关于印发〈保险公司资金运用信息披露准则第4号：大额未上市股权和大额不动产投资〉的通知》（保监发〔2016〕36号）	中国保险监督管理委员会（已撤销）	2016-05-04	2016-05-04	现行有效
390	《中国保监会关于进一步加强保险公司合规管理工作有关问题的通知》（保监发〔2016〕38号）	中国保险监督管理委员会（已撤销）	2016-05-06	2016-06-01	现行有效
391	《保险资金间接投资基础设施项目管理办法》（中国保险监督管理委员会令〔2016〕第2号）	中国保险监督管理委员会（已撤销）	2016-06-14	2016-08-01	已被修改
392	《中国保监会关于印发〈广西辖区保险公司分支机构市场退出管理指引〉的通知》（保监发〔2016〕53号）	中国保险监督管理委员会（已撤销）	2016-06-27	2016-06-27	失效
393	《中国保监会关于进一步加强保险公司关联交易信息披露工作有关问题的通知》（保监发〔2016〕52号）	中国保险监督管理委员会（已撤销）	2016-06-30	2016-06-30	失效
394	《中国保监会关于进一步加强保险公司股权信息披露有关事项的通知》（保监发〔2016〕62号）	中国保险监督管理委员会（已撤销）	2016-07-15	2016-07-15	现行有效
395	《中国保监会关于保险公司在全国中小企业股份转让系统挂牌有关事项的通知》（保监发〔2016〕71号）	中国保险监督管理委员会（已撤销）	2016-08-10	2016-08-10	现行有效

396	《中国保监会关于更名设立泰康保险集团股份有限公司并进行集团化改组的批复》（保监许可〔2016〕816号）	中国保险监督管理委员会（已撤销）	2016-08-18	2016-08-18	现行有效
397	《中国保监会关于强化人身保险产品监管工作的通知》（保监人身险〔2016〕199号）	中国保险监督管理委员会（已撤销）	2016-09-02	2016-09-02	现行有效
398	《金融机构大额交易和可疑交易报告管理办法（2016修订）》（中国人民银行令〔2016〕第3号）	中国人民银行	2016-12-28	2017-07-01	已被修改
399	《中国保监会关于印发〈保险公司合规管理办法〉的通知》（保监发〔2016〕116号）	中国保险监督管理委员会（已撤销）	2016-12-30	2017-07-01	现行有效
400	《中国保监会关于印发〈财产保险公司保险产品开发指引〉的通知》（保监发〔2016〕115号）	中国保险监督管理委员会（已撤销）	2016-12-30	2017-01-01	现行有效
401	《中国人民银行办公厅、保监会办公厅关于投保人与被保险人、受益人关系确认有关事项的通知》（银办发〔2016〕270号）	中国人民银行中国保险监督管理委员会（已撤销）	2016-12-30	2016-12-30	现行有效
402	《中国保监会关于印发〈保险公司跨京津冀区域经营备案管理试点办法〉及开展试点工作的通知》（保监发〔2017〕1号）	中国保险监督管理委员会（已撤销）	2017-01-05	2017-02-01	现行有效
403	《中国保监会关于进一步加强保险资金股票投资监管有关事项的通知》（保监发〔2017〕9号）	中国保险监督管理委员会（已撤销）	2017-01-24	2017-01-24	现行有效
404	《中国人民银行关于〈金融机构大额交易和可疑交易报告管理办法〉有关执行要求的通知》（银发〔2017〕99号）	中国人民银行	2017-04-21	2017-04-21	现行有效

405	《中国保监会关于印发〈保险公司章程指引〉的通知》（保监发〔2017〕36 号）	中国保险监督管理委员会（已撤销）	2017-04-24	2017-04-24	已被修改
406	《中国保监会关于强化保险监管 打击违法违规行为 整治市场乱象的通知》（保监发〔2017〕40 号）	中国保险监督管理委员会（已撤销）	2017-04-28	2017-04-28	失效
407	《中国保监会关于保险资金投资政府和社会资本合作项目有关事项的通知》（保监发〔2017〕41 号）	中国保险监督管理委员会（已撤销）	2017-05-04	2017-05-04	现行有效
408	《中国保监会关于进一步加强保险公司开业验收工作的通知》（保监发〔2017〕51 号）	中国保险监督管理委员会（已撤销）	2017-06-22	2017-06-22	现行有效
409	《中国保监会关于进一步加强保险公司关联交易管理有关事项的通知》（保监发〔2017〕52 号）	中国保险监督管理委员会（已撤销）	2017-06-23	2017-06-23	失效
410	《中国保监会关于部分保险机构报送风险排查专项整治自查报告有关问题的通报》（保监资金〔2017〕185 号）	中国保险监督管理委员会（已撤销）	2017-07-16	2017-07-16	现行有效
411	《中国保监会关于印发〈中国保监会关于加强保险消费风险提示工作的意见〉的通知》（保监发〔2017〕66 号）	中国保险监督管理委员会（已撤销）	2017-09-11	2017-09-11	现行有效
412	《中国保监会关于财产保险公司和再保险公司实施总精算师制度有关事项的通知》（保监财险〔2017〕271 号）	中国保险监督管理委员会（已撤销）	2017-11-24	2017-11-24	现行有效
413	《中国保监会关于对安邦保险集团股份有限公司实施接管的决定》（保监发改〔2018〕58 号）	中国保险监督管理委员会（已撤销）	2018-02-12	2018-02-12	现行有效
414	《中华人民共和国外资保险公司管理条例实施细则（2018 修正）》（中国保险监督管理委员会令〔2018〕第 4 号）	中国保险监督管理委员会（已撤销）	2018-02-13	2018-02-13	失效

415	《保险公司董事、监事和高级管理人员任职资格管理规定（2018 修正）》（中国保险监督管理委员会令〔2018〕第 4 号）	中国保险监督管理委员会（已撤销）	2018-02-13	2018-02-13	失效
416	《保险公司股权管理办法（2018）》（中国保险监督管理委员会令〔2018〕第 5 号）	中国保险监督管理委员会（已撤销）	2018-03-02	2018-04-10	现行有效
417	《中国人民银行、中国银行保险监督管理委员会、中国证券监督管理委员会关于加强非金融企业投资金融机构监管的指导意见》（银发〔2018〕107 号）	中国人民银行 中国银行保险监督管理委员会 中国证券监督管理委员会	2018-04-19	2018-04-19	现行有效
418	《保险公司信息披露管理办法（2018）》（中国银行保险监督管理委员会令〔2018〕第 2 号）	中国银行保险监督管理委员会	2018-04-28	2018-07-01	现行有效
419	《中国银行保险监督管理委员会关于印发人身保险公司〈精算报告〉编报规则的通知（2018 修订）》（银保监办发〔2018〕45 号）	中国银行保险监督管理委员会	2018-06-04	2018-06-04	现行有效
420	《中国银保监会关于印发〈个人税收递延型商业养老保险资金运用管理暂行办法〉的通知》（银保监发〔2018〕32 号）	中国银行保险监督管理委员会	2018-06-22	2018-06-22	现行有效
421	《中国人民银行办公厅关于进一步加强反洗钱和反恐怖融资工作的通知》（银办发〔2018〕130 号）	中国人民银行	2018-07-26	2018-07-26	现行有效
422	《中国人民银行令〔2018〕第 2 号——关于修改〈金融机构大额交易和可疑交易报告管理办法〉的决定》（中国人民银行令〔2018〕第 2 号）	中国人民银行	2018-07-26	2018-07-26	现行有效

423	《中国银保监会关于银行业和保险业做好扫黑除恶专项斗争有关工作的通知》（银保监发〔2018〕45 号）	中国银行保险监督管理委员会	2018-07-30	2018-07-30	现行有效
424	《中国人民银行反洗钱局关于印发〈法人金融机构洗钱和恐怖融资风险管理指引（试行）〉的通知》（银反洗发〔2018〕19 号）	中国人民银行	2018-09-29	2019-01-01	现行有效
425	《中国银保监会办公厅关于明确保险资产负债管理报告报送要求的通知》（银保监办发〔2019〕98 号）	中国银行保险监督管理委员会	2019-04-03	2019-04-03	现行有效
426	《中国银保监会关于开展"巩固治乱象成果　促进合规建设"工作的通知》（银保监发〔2019〕23 号）	中国银行保险监督管理委员会	2019-05-08	2019-05-08	现行有效
427	《中国银保监会关于印发〈保险资产负债管理监管暂行办法〉的通知》（银保监发〔2019〕32 号）	中国银行保险监督管理委员会	2019-07-24	2019-07-24	现行有效
428	《中国银保监会关于印发保险公司关联交易管理办法的通知》（银保监发〔2019〕35 号）	中国银行保险监督管理委员会	2019-08-25	2019-08-25	现行有效
429	《中国银保监会办公厅关于取消部分证明材料的通知》（银保监办发〔2019〕181 号）	中国银行保险监督管理委员会	2019-08-27	2019-08-27	现行有效
430	《中华人民共和国外资保险公司管理条例（2019 修订）》（中华人民共和国国务院令第 720 号）	国务院	2019-09-30	2019-09-30	现行有效
431	《中华人民共和国外资保险公司管理条例实施细则（2019 修订）》（中国银行保险监督管理委员会令〔2019〕第 4 号）	中国银行保险监督管理委员会	2019-11-29	2019-11-29	已被修改

432	《中国银保监会办公厅关于明确取消合资寿险公司外资股比限制时点的通知》（银保监办发〔2019〕230号）	中国银行保险监督管理委员会	2019-12-06	2020-01-01	现行有效
433	《中国银保监会关于将澳门纳入保险资金境外可投资地区的通知》（银保监发〔2019〕48号）	中国银行保险监督管理委员会	2019-12-16	2019-12-16	现行有效
434	《中国银保监会办公厅关于进一步做好银行业保险业反洗钱和反恐怖融资工作的通知》（银保监办发〔2019〕238号）	中国银行保险监督管理委员会	2019-12-30	2019-12-30	现行有效
435	《银行业保险业消费投诉处理管理办法》（中国银行保险监督管理委员会令〔2020〕第3号）	中国银行保险监督管理委员会	2020-01-14	2020-03-01	现行有效
436	《中国银保监会关于印发银行保险机构涉刑案件管理办法（试行）的通知》（银保监发〔2020〕20号）	中国银行保险监督管理委员会	2020-05-22	2020-07-01	现行有效
437	《中国银保监会办公厅关于印发保险资金参与金融衍生产品交易办法等三个文件的通知（附：保险资金参与国债期货交易规定、保险资金参与股指期货交易规定）》（银保监办发〔2020〕59号）	中国银行保险监督管理委员会	2020-06-23	2020-06-23	现行有效
438	《中国银保监会关于开展银行业保险业市场乱象整治"回头看"工作的通知》（银保监发〔2020〕27号）	中国银行保险监督管理委员会	2020-06-23	2020-06-23	现行有效
439	《中国银保监会办公厅关于优化保险公司权益类资产配置监管有关事项的通知》（银保监办发〔2020〕63号）	中国银行保险监督管理委员会	2020-07-17	2020-07-17	现行有效
440	《中国银保监会办公厅关于保险资金投资债转股投资计划有关事项的通知》（银保监办发〔2020〕82号）	中国银行保险监督管理委员会	2020-09-04	2020-09-04	失效

441	《财政部、国务院国资委、银保监会关于加强会计师事务所执业管理切实提高审计质量的实施意见》（财会〔2020〕14号）	财政部 国务院国有资产监督管理委员会 中国银行保险监督管理委员会	2020-09-25	2020-09-25	现行有效
442	《中国银保监会关于优化保险机构投资管理能力监管有关事项的通知》（银保监发〔2020〕45号）	中国银行保险监督管理委员会	2020-09-30	2020-09-30	已被修改
443	《中国银保监会关于保险资金财务性股权投资有关事项的通知》（银保监发〔2020〕54号）	中国银行保险监督管理委员会	2020-11-12	2020-11-12	现行有效
444	《中国银保监会、发展改革委、中国人民银行、中国证监会关于印发金融机构债权人委员会工作规程的通知》（银保监发〔2020〕57号）	中国银行保险监督管理委员会 国家发展和改革委员会（含原国家发展计划委员会 原国家计划委员会）中国人民银行 中国证券监督管理委员会	2020-12-28	2020-12-28	现行有效
445	《中国人民银行反洗钱局关于印发〈法人金融机构洗钱和恐怖融资风险自评估指引〉的通知》（银反洗发〔2021〕1号）	中国人民银行	2021-01-15	2021-01-15	现行有效
446	《保险公司偿付能力管理规定（2021修订）》（中国银行保险监督管理委员会令〔2021〕第1号）	中国银行保险监督管理委员会	2021-01-15	2021-03-01	现行有效
447	《中华人民共和国外资保险公司管理条例实施细则（2021修正）》（中国银行保险监督管理委员会令〔2021〕第2号）	中国银行保险监督管理委员会	2021-03-10	2021-03-10	现行有效

448	《中国银保监会人身保险监管部关于人身保险公司 2020 年公司治理监管评估结果的通报》（人身险部函〔2021〕102号）	中国银行保险监督管理委员会	2021-03-16	2021-03-16	现行有效
449	《金融机构反洗钱和反恐怖融资监督管理办法》（中国人民银行令〔2021〕第 3 号）	中国人民银行	2021-04-15	2021-08-01	现行有效
450	《保险公司董事、监事和高级管理人员任职资格管理规定（2021）》（中国银行保险监督管理委员会令〔2021〕第 6号）	中国银行保险监督管理委员会	2021-06-03	2021-07-03	现行有效
451	《中国银保监会办公厅关于加强保险公司省级分公司以下分支机构负责人管理的通知》（银保监办发〔2021〕74 号）	中国银行保险监督管理委员会	2021-06-16	2021-06-16	现行有效
452	《中国银保监会办公厅关于印发非银行金融机构行政许可事项申请材料目录及格式要求的通知》（银保监办发〔2021〕83 号）	中国银行保险监督管理委员会	2021-07-12	2021-07-12	现行有效
453	《中国银保监会关于印发保险公司分支机构市场准入管理办法的通知（2021）》（银保监发〔2021〕37 号）	中国银行保险监督管理委员会	2021-09-02	2021-09-02	现行有效
454	《保险公司非寿险业务准备金管理办法》（中国银行保险监督管理委员会令〔2021〕第 11号）	中国银行保险监督管理委员会	2021-10-14	2021-12-01	现行有效
455	《中国银保监会关于实施保险公司偿付能力监管规则（II）有关事项的通知》（银保监发〔2021〕52 号）	中国银行保险监督管理委员会	2021-12-30	2022-01-01	现行有效
456	《中国银保监会关于印发保险公司偿付能力监管规则（II）的通知》（银保监发〔2021〕51号）	中国银行保险监督管理委员会	2021-12-30	2021-12-30	现行有效

457	《中国银保监会关于精简保险资金运用监管报告事项的通知》（银保监规〔2022〕1号）	中国银行保险监督管理委员会	2022-01-12	2022-01-12	现行有效
458	《金融机构客户尽职调查和客户身份资料及交易记录保存管理办法》（中国人民银行、中国银行保险监督管理委员会、中国证券监督管理委员会令〔2022〕第1号）	中国人民银行 中国银行保险监督管理委员会 中国证券监督管理委员会	2022-01-19	2022-03-01	现行有效
459	《保险公司股东权利义务手册》（中保协发〔2022〕12号）	中国保险行业协会	2022-03-30	2022-03-30	现行有效
460	《中国银保监会关于保险资金投资有关金融产品的通知》（银保监规〔2022〕7号）	中国银行保险监督管理委员会	2022-04-24	2022-04-24	现行有效
461	《中国银保监会关于印发保险资金委托投资管理办法的通知》（银保监规〔2022〕9号）	中国银行保险监督管理委员会	2022-05-09	2022-05-09	现行有效
462	《中国银行保险监督管理委员会财险部〈关于进一步加强和改进合规管理工作的通知〉》（财险部函〔2022〕266号）	中国银行保险监督管理委员会财险部	2022-10-14	2022-10-14	现行有效

资料来源：作者整理。